中国金融四十人论坛

CHINA FINANCE 40 FORUM

致力于夯实中国金融学术基础，探究金融界前沿课题，引领金融理念突破与创新，推动中国金融改革与实践。

中国金融四十人论坛书系
CHINA FINANCE 40 FORUM BOOKS

银行业金融机构
信息科技风险监管研究

RESEARCH ON INFORMATION TECHNOLOGY RISK
SUPERVISION OF BANKING INSTITUTIONS

阎庆民 谢翀达 骆絮飞 ◎著

中国金融出版社

责任编辑：张　铁
责任校对：张志文
责任印制：陈晓川

图书在版编目（CIP）数据

银行业金融机构信息科技风险监管研究（Yinhangye Jinrong Jigou Xinxi Keji Fengxian Jianguan Yanjiu）/阎庆民，谢翀达，骆絮飞著．—北京：中国金融出版社，2013.4
（中国金融四十人论坛书系）
ISBN 978 - 7 - 5049 - 6832 - 6

Ⅰ.①银…　Ⅱ.①阎…　②谢…　③骆…　Ⅲ.①信息技术—应用—金融机构—金融风险防范—研究—中国　Ⅳ.①F832.1 - 39

中国版本图书馆 CIP 数据核字（2013）第 050174 号

出版
发行　**中国金融出版社**

社址　北京市丰台区益泽路 2 号
市场开发部　（010）63266347，63805472，63439533（传真）
网 上 书 店　http://www.chinafph.com
　　　　　　　（010）63286832，63365686（传真）
读者服务部　（010）66070833，62568380
邮编　100071
经销　新华书店
印刷　北京松源印刷有限公司
尺寸　180 毫米 × 250 毫米
印张　20.25
字数　309 千
版次　2013 年 4 月第 1 版
印次　2013 年 12 月第 3 次印刷
定价　50.00 元
ISBN 978 - 7 - 5049 - 6832 - 6/F.6392
如出现印装错误本社负责调换　联系电话（010）63263947

中国金融四十人论坛书系编委会

序

信息科技革命浪潮势不可挡。如果说农业革命将人类从游牧部落变成城市居民，工业革命带来现代机械化经济，那么信息科技革命将彻底改变世界，改变商业、社会和经济。信息科技的重要性已被提升到国家战略高度。党的十八大报告提出，坚持走中国特色信息化道路，建设下一代信息基础设施，发展现代信息技术产业体系，健全信息安全保障体系，推进信息网络技术广泛运用，推动信息化和工业化深度融合。

银行业作为资金和技术密集型行业，高度依赖信息科技。信息科技对金融基础设施、金融安全网建设发挥着重要的支撑作用，正在急剧改变银行经营模式和服务手段，不断拓展银行服务的空间。当前，信息科技在银行中的作用集中体现在四个方面：一是拓展服务渠道。网上银行、手机银行、自助银行的发展，突破银行经营的地域和时间限制，实现随时随地服务。二是实现业务处理电子化。现在银行业务都要通过信息技术平台实现，其中约有2/3的交易通过电子交易实现，电子交易提升银行服务效率，降低服务成本。三是提升管理能力。银行通过建立客户关系管理、数据分析、风险管理等信息管理系统，提升管理效能和风险控制能力。四是保障信息安全。通过建立灾备系统、集中监控、数据安全等信息安全系统，维护银行信息安全。

但是，随着互联网、移动网络、云计算、智能终端等技术的快速发展，信息科技在带来银行服务便利化的同时，引发的风险也日益凸显。当前，我国银行业信息科技风险管理面临诸多挑战：一是核心技术受制于人。国内银行使用的关键硬件和基础软件都是进口的，制造商处于绝对垄断地位，与硬件设备相关的技术服务也集中在少数供应商手中。二是网络安全形势严峻。银行服务体系对网银等电子渠道的依赖程度加深，网络攻击呈组织化规模化利益化态势，任何流程缺陷或者安全漏洞都有可能导致客户信息泄露或不当利用，产生严重后果。三是信息科技外包依赖度和集中度较高。特别是许多中小银行信息科技大量依赖外包，而对外包机构的管理控制不到位，存在风险隐患。四是银行业务快速扩张，新系统上线快，安全管控经验不足，信息科技人才缺乏，管理和维护跟不上，加之信息技术受众面广，一旦业务系统和网络出现故障，很可能导致系统性风险和灾难性后果。

鉴于信息科技风险具有复杂性、突发性、破坏性等特征，加强银行信息科技风险监管变得十分重要和紧迫。研究银行业信息科技风险监管的理论、工具和方法，加强信息科技风险的预警、识别、评估和度量，也因此成为加强系统性风险防范、提高监管有效性的重要内容。

阎庆民同志主持的银行业金融机构信息科技风险监管研究，是中国金融四十人论坛重大研究课题。课题组历时一年，对信息科技风险监管问题进行深入研究，形成高质量的报告。报告并不长，但视野宽广，在银行业信息科技风险监管方面作了有益探索，提出许多新理念、新思想、新措施，有不少突破和创新。一是将信息科技风险从操作风险中分离出来进行独立管理和计量。课题全面论证了信息科技风险的特征、与操作风险的区别，认为现有操作风险管理体系没有全面覆盖信息科技风险，提出将信息科技风险从操作风险中拆分并进行独立管理。二是初步构建了信息科技风险监管框架。研究报告结合银行业信息科技风险特点，将信息科技风险领域划分为若干领域，包括信息科技治理、风险管理、业务连续性、信息科技运行、信息系统研发测试维护、信息安全等。初步建立了涵盖非现场监管、现场检查、风险评估与监管评级等在内的持续监管框架。三是设计信息科技风险核心监管指标，提出了两类信息科技风险监管核心指标。一类是基于结果的核心监管指标，包括信息系统可用率、重大生产事件数、系统交易成功率、信息系统中断导致的资金损失占比、重大信息安全事件数、客户投诉率等；一类是基于过程的核心监管指标，包括信息科技治理、信息科技风险管理、信息系统运行、信息安全、信息系统开发测试维护、业务连续性管理等。四是根据信息科技损失特点设计资本计量方法。研究报告从金额和时间两个维度定义信息科技风险损失，参照操作风险标准法计量的思路，提出用时间加金额的方式量化计算科技风险损失，提出科技风险的计量框架、模型和方法。

总体而言，我认为这是一项具有开创意义的研究，必将推动银行业信息科技风险管理和监管工作。当然，信息科技风险监管是个新问题，非常复杂。

目前，国际上尚未形成成熟的信息科技风险监管框架。从实践看，各国信息科技风险监管各有侧重，但共同关注的领域包括数据安全、业务持续运营、电子银行安全、跨境风险等。要从根本上提升中国银行业信息科技服务能力和风险管控能力，必须立足国情，实施信息科技自主可控战略、持续发展战略、流程服务创新战略，建立有效的银行信息科技监管框架，坚持过程控制与目标控制相结合，探索有效的信息科技风险监管方法和手段，提升科技支撑作用，维护金融安全。

尚福林

2013 年 3 月

前　言

信息科技是银行业务运营的基础平台，也是现代银行必不可少的重要基础设施。当前，信息科技比以往任何时候都更快地改变着银行业的格局，信息技术成倍缩短产品创新速度，优化银行内部专业分工，快速提高管理能力，显著提升客户体验，信息科技已与业务高度融合，成为我国银行业打造核心竞争力、持续发展的关键环节。信息科技创造价值的同时，也衍生风险。随着信息科技在银行业的广泛应用，银行几乎所有的业务运营和管理活动都高度依赖于信息系统，随之而来的信息科技风险对银行业稳健发展带来巨大挑战，资金安全、信息安全、业务中断等风险事件对银行产生全面影响，科技风险甚至成为唯一可能使银行业务在瞬间全部瘫痪的重要风险。随着互联网、移动网络、云计算等技术的快速发展，信息科技还将对金融模式、服务格局、金融市场发展产生深远的影响，并对现有的风险管理与监管理论、模式带来新的挑战。因此，加强银行业信息科技风险的研究，深入思考、探索信息科技风险管理和监管的理论、工具和方法，探讨解决当前银行业信息科技风险管理面临的突出问题，推动银行业将信息科技风险纳入全面的风险管理体系，在当前具有非常重要的现实意义和前瞻价值。

虽然信息科技的发展历史悠久，但信息科技风险仍是一个全新的概念，有关信息安全管理理论研究虽已有三十多年的历史，但信息科技风险管理和监管的理论仍处于起步和探索阶段。本书通过对中国银行业信息科技风险监管面临的突出问题、信息科技风险的定义、分类和成因等的深入分析，研究探讨了信息科技风险与操作风险、全面风险管理间的关系，明确了信息科技风险的定位，构建了信息科技风险监管框架，并对信息科技风险核心监管指标和信息科技风险资本计量方法进行了思考和设计。本书的研究，为监管部门不断完善银行业信息科技风险监管理论方法，进一步提高监管有效性，提供参考意见和思路。

目录

第一章

银行业信息科技风险管理概述

计算机的出现对人类社会的发展和生活方式产生了巨大影响，尤其是20世纪末国际互联网的普及和应用，使获取、转换、传递信息的成本急剧下降，改变了各行各业的经营方式，并最终带来社会经济发展方式的巨大改变。进入信息化时代，各行各业的经营方式都不断适应着信息科技的发展，银行业也不例外。回顾我国银行业改革发展历程，信息化建设从起步到发展、从引进学习到自主创新，信息科技深刻改变了银行业传统的经营模式和服务手段，显著提升了银行客户体验，从根本上改变了银行自身的经营管理模式，快速推动了银行的改革与业务创新，促进了银行风险管理水平的全面提升，引领了业态变革，推动了银行商业模式转型，成为核心竞争力之一。

近年来，在我国银行业向集约化、自动化、流程化、智能化发展过程中，各银行对信息科技的认识逐步加深，投入不断加大。截至2011年末，银监会信息科技监管重点监测的254家银行业金融机构共建立各类数据中心296个，工、农、中、建等国内大中型商业银行信息科技网络遍布国内城乡及世界发达国家（地区），核心信息系统业务交易笔数屡创新高，其中，工商银行日交易峰值超过2亿笔，建设银行日交易峰值已达1.9亿笔。信息科技已经成为银行业务日常运营的操作平台、业务创新的基础工具和管理决策的重要手段。银行信息科技发展水平及其与银行业务的融合程度，已经成为影响现代银行业务客户服务以及衡量经营管理水平高低的重要因素，成为全球各大银行打造核心竞争力的关键领域。总体而言，我国银行业充分把握了信息化发展机遇，在信息科技有力支撑下，业务规模不断扩大，经营管理水平逐步提高，整体实力显著增强。

信息技术的广泛应用提高了交易效率、办公效率，也增强了银行业对信息科技的依赖性。信息科技创造价值，同时衍生风险，随着业务快速发展和数据高度集中，银行业金融机构信息系统运行环境越来越庞大、复杂，银行业信息科技风险日益集中、不断增大。近年来大型国际机构发生的典型信息科技风险事件如表1-1所示。

表1-1　　　　　　　　大型国际机构典型信息科技风险事件表

时间	机构	事件
2003	美国银行	2003年1月，美国银行（Bank of America）13000台ATM机因病毒瞬间宕机，该行客户无法通过ATM完成存取款交易。

续表

时间	机构	事件
2005	日本瑞穗证券公司（Mizuho Securities）	2005年12月，日本瑞穗证券公司（Mizuho Securities）误将客户的"以61万日元卖出1股J-COM公司股票"指令输入为"以每股1日元卖出61万股"，东京股票交易所（Tokyo Stock Exchange）电脑系统对该公司取消下单的指令不能给予回应，随后瑞穗的错单全部成交，引发了投资者抛售股票，使日经指数重挫超过300点，瑞穗证券损失超过400亿日元。
2006	花旗银行	2006年日本最大的美资银行花旗银行（Citibank Japan）出现交易系统故障，5天内约27.5万笔公用事业缴费遭重复扣划，或交易后未作月结记录，造成该行在日本的重大声誉损失。
2010	埃森哲	2010年5月6日的"闪电暴跌"（Flash Crash）中，世界最大管理咨询公司埃森哲（Accenture）的股价在惊心动魄的20分钟内跌至每股1美分。事件的发生，并非因为单个机构的不力，真正的罪魁是系统中各个部分的活动，它们看似没有关联、毫不起眼，但一旦同时发生，便能掀起一场金融"完美风暴"。
2011	澳大利亚国民银行	2011年11月24日，澳大利亚国民银行电脑系统的一个文件出现故障，随即整个支付系统被堵塞。在随后的两天中，不仅国民银行电脑系统的故障没有能及时修复，而且影响进一步扩大。包括联邦银行、澳盛银行、西太银行、汇丰银行和花旗银行等在内的澳大利亚主要银行都证实，它们一些客户的转账也受到国民银行技术故障的影响而无法进行。
2012	骑士资本集团	2012年美国规模最大、技术最先进的经纪自营商——骑士资本集团，因为新安装的软件出现一个小小的故障，结果导致大量交易数据错误，造成4.4亿美元的损失，损失额度超过其3.65亿美元的现金资产头寸。事情发生后，公司第一天股价跌了32%，第二天跌了53%。
2012	BATS Global Markets	美国第三大证券交易所BATS Global Markets的母公司首次公开发行（IPO）时，开盘价是15.36元，技术问题使得1秒半的时间，股价跌到了0.001美元，一分不值，只得停止交易，IPO失败。

　　实践说明，信息科技的安全运行和健康发展，直接影响到银行稳健经营，关乎银行声誉、金融安全和社会稳定。信息科技风险可能导致银行全部业务瞬间瘫痪，已经成为银行业金融机构的主要风险之一，是银行风险管理的重要对象。相对于信息科技建设的飞速发展，我国银行业科技信息管理方面还比较薄弱，重建设、轻管理，重眼前、轻长远的现象还普遍存在，尚缺乏对信息科技风险的全面认知和信息科技风险管理的统筹考虑。

第一节 信息科技风险定义、分类及特点

一、信息科技风险的定义

风险是一个古老的词汇，信息科技风险却是随着信息技术广泛应用而新生的词汇，最早出现在 20 世纪 90 年代。目前业界对于信息科技风险尚缺乏统一的认识，国际上存在三种主流的定义。

一是从逻辑角度给出抽象的定义。如国际标准组织（ISO）指出，信息科技风险是一个给定的威胁（Threat）对一项或者一组信息科技资产的脆弱点进行攻击，并对整个组织造成伤害的一种潜在的可能性，信息科技风险就是该威胁发生的可能性与其造成损失的乘积。

二是从技术角度给出偏技术化的定义。如美国国家标准技术机构（National Institute of Standards and Technology，NIST）指出，信息科技风险是指对信息系统脆弱部位的有意或者无意的攻击，及其对组织可能造成的损失。与信息科技相关的风险主要是由于非授权的信息披露、验证和信息损坏，无意或者故意泄露信息，以及其他人为的或者自然的因素等原因引起。

三是从应用角度给出偏重于管理的定义。如国际信息系统审计协会（ISACA）对信息科技风险的定义：信息科技风险即组织内使用、获取、操作、参与、应用信息科技所造成的业务风险。

中国银行业监督管理委员会指出，信息科技风险是指信息科技在商业银行运用过程中，由于自然因素、人为因素、技术漏洞和管理缺陷产生的操作、法律和声誉等风险。

从国内银行业信息科技风险管理实践来看，中国银行业监督管理委员会关于信息科技风险的表述更具体，更贴近中国银行业信息科技风险管理的实际情况。

二、信息科技风险分类

业界从多种角度对信息科技风险进行了分类，包括日常管理领域、风险

来源、风险影响的对象和风险对组织的影响等。

按信息科技日常管理领域分，可划为：开发风险，即信息系统在采购、开发、测试、上线的管理过程中存在的风险；运维风险，即信息系统在日常运行和维护管理的过程中存在的风险；信息安全风险，即信息系统数据在使用、维护和管理过程中存在的风险；以及外包风险、业务持续性风险等。

按信息科技风险来源分，可划为四类：一是自然原因导致的风险，包括地震、台风等自然灾害造成的风险；二是系统风险，由信息系统相关软硬件缺陷引起，包括基础设施和硬件设备老化、应用和系统软件质量缺陷等；三是管理缺陷导致的风险，主要体现在由管理制度的缺失或组织架构的制衡机制不完善，管理流程不足；四是由人员违规操作引起的操作风险。

按信息科技风险影响的对象分，可划为三类：一是数据风险，银行提供的金融服务反映在信息科技领域就是数据处理，一旦管理不善将出现客户信息泄密、资金差错等数据风险；二是运行平台风险，金融服务涉及的数据处理都需要稳健的运行平台，硬件设备、网络、操作系统、数据库、中间件以及应用系统内在缺陷或管理差错，将影响信息系统运行平台的质量，出现运行平台风险；三是物理环境风险，信息系统的安全运行有赖于适宜的物理环境，地震、雷雨、群体事件以及机房设备故障将影响机房供电、温度、湿度等，形成物理环境风险。

按信息科技风险对组织的影响分，可划为四类：一是安全风险，即信息被篡改、盗用或被非授权组织使用的风险；二是可用性风险，即由于系统的失败、自然灾害等导致信息或应用程序不可用的风险；三是绩效风险，指由于系统、应用程序或人员的表现不佳，从而导致公司交易和运营效率降低和公司价值下降的风险；四是合规风险，指对信息的处理加工不能满足法律、监管要求或 IT 和公司政策需求而导致公司声誉受损的风险。

三、银行业信息科技风险特点

当前银行业信息科技风险特点主要表现在以下几方面：

信息科技风险专业性强、复杂程度高，新技术运用产生了新的风险。作为金融业务与信息技术结合的产物，银行业信息科技风险不但兼具两者的专业性特点，由于技术的交叉，又衍生出了新的特性。特别是近年来，互联网、云计算、移动通讯、智能终端、社交网络等新兴技术的出现，打破了传统业务模式，也对传统风险防范体系提出了严峻挑战，银行需要不断提升自身防范能力和技术水平，才能更好地防范信息科技风险。

信息科技风险的影响范围广，破坏性强。在当前银行数据大集中的背景下，一旦总行核心系统和主干网络出现故障或受到攻击，可能立刻传导到各分支机构，引发连锁反应，造成全行性的业务停顿的灾难性后果。银行业务的强外部性也使得银行的风险容易外化，成为个人、企业乃至经济运行整体的风险，一旦信息科技系统出现风险，可能波及银行体系外的经济活动参与者，造成无法估量的损失和社会影响。

信息科技风险突发性强，应急处置难度增大。从科技风险发生的过程来看，外部因素的突然变化往往引致风险事件的触发，如自然灾害、电子元器件故障、电力中断和网络瘫痪等，网络社会复杂的基础设施进一步放大了突变的可能性。这些因素变化事前难以预测，但事件发生后可能对银行信息科技系统影响巨大，银行必须在较短时间内对风险成因、路径作出快速的分析和应对，这对银行的应急处置能力提出了较高的挑战。

信息科技风险隐蔽性强。目前，银行主要业务流程均已实现信息化，业务的开展依赖于信息平台。如果应用系统的设计者对银行业务流程不熟悉，或对风险点考虑不周全，可能在系统设计之初就留下了缺陷和隐患。这些问题往往存在于系统底层，日常管理和维护难以发现，在经过长期大规模应用后才能引发事端，体现出较强的隐蔽性。

此外，由于金融机构日益依赖外包服务来提供信息科技服务职能，也给金融机构引入了相关风险，如果缺乏有效的外包战略及风险管理和监督机制，信息科技外包有可能造成科技能力丧失、业务中断、信息泄露、服务水平下降等，对金融机构产生战略、声誉、合规影响。

第二节　银行业信息科技风险管理发展历程及现状

一、银行业信息科技风险管理发展历程

银行业信息科技风险管理是伴随着 IT 业界信息科技风险管理发展历程而不断完善和成熟的。回顾信息科技风险管理理论的历史，不难发现其经历了技术导向、控制导向到风险导向的三个阶段（如图 1－1 所示）。

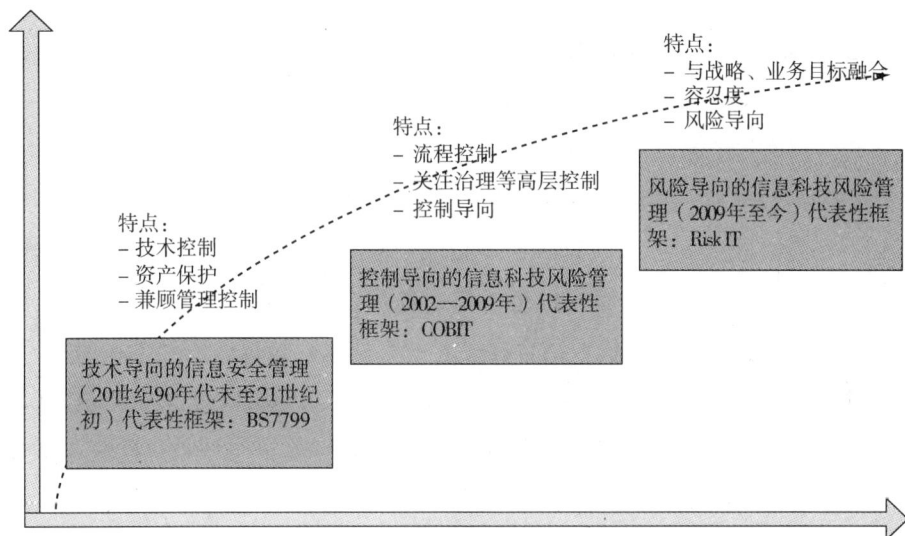

特点：
－ 与战略、业务目标融合
－ 容忍度
－ 风险导向

风险导向的信息科技风险管理（2009年至今）代表性框架：Risk IT

特点：
－ 流程控制
－ 关注治理等高层控制
－ 控制导向

控制导向的信息科技风险管理（2002—2009年）代表性框架：COBIT

特点：
－ 技术控制
－ 资产保护
－ 兼顾管理控制

技术导向的信息安全管理（20世纪90年代末至21世纪初）代表性框架：BS7799

图 1－1　信息科技风险管理体系发展进程图

（一）技术导向

早期的信息科技风险管理主要关注信息技术的使用，是以资产安全和保护为主要目的，同时兼顾控制。这一时期的信息科技风险管理主要围绕着利用现代的安全技术手段来应对一些微观的信息科技风险，如计算机病毒防护、计算机网络蠕虫防护、操作系统脆弱性补丁以及基础的最终用户意识等。此阶段的代表性管理框架主要有 1995 年英国标准协会（BSI）提出的用于信息安全管理实用规则的 BS7799 标准，及作为早期信息科技风险管理代表理论的

ISO 17799 标准。

（二）控制导向

体系化的信息科技内部控制体系最早出现于 2002 年，美国技术标准局（NIST）在其文献 SP800 - 30 中首次提出"信息系统风险"的概念。以控制为导向的时代为信息科技风险管理引入了一系列成熟的风险管理流程和方法，并且将信息安全、审计以及合规等控制手段有效地融合到一起。以控制为导向的信息科技管理方式使银行能够将各个微小的信息科技风险管理融入到整个业务流程中。相对于以技术为导向的方式，后者有能力专注于更加宏观的信息科技风险，主要注重风险的应对与控制改进，同时推行全面的信息安全管理。具有代表性的管理框架除了上述 SP800 外，主要还包括著名的 ISACA COBIT 框架以及基于 ISO 17799 标准制定的 ISO 27005 标准等。

（三）风险导向

2009 年至今，开始以风险为导向的信息科技风险管理。具备全面意义上的信息科技风险管理框架出现在 ISACA 于 2009 年发布的 Risk IT 框架中，从此将信息科技风险管理带入以风险为导向的时代。信息科技风险被融入到企业全面风险管理中，成为整个企业治理框架中的重要组成部分。在全面风险框架下开展的信息科技风险管理，不仅采用主动的信息科技风险管理策略，同时与企业战略和业务目标相融合，是一种综合的风险管理办法。如何合理并有效地将风险与控制有机地结合在一起成为信息科技风险管理的关键所在。具有代表性的管理框架主要包括 ISACA 的 Risk IT 以及 2011 年发布的 SP800 - 30 修订版。以风险为导向的管理体系成为未来银行业信息科技风险管理的发展趋势。

二、我国银行业信息科技风险管理现状

银行业经过多年的探索实践，信息科技风险管理框架、技术保障体系建设、业务连续性管理、外包管理都取得明显的进步，生产系统稳定性不断增强。主要体现在：

一是初步建立信息科技风险管理体系。我国大型银行业金融机构正在逐步完善信息科技风险管理制度、建立健全信息科技管理组织体系和信息科技风险管理体系，并将信息科技风险管理纳入银行总体风险管理框架。个别银行已开始探索科学化、体系化的科技风险识别、监测和处置方法。

二是信息安全技术保障日趋完善。银行业金融机构已制定了信息安全架构和等级化保护标准，明确分级保护策略及等级保护管理流程，细化物理、系统、网络、应用及数据的安全技术措施，完善信息系统需求、设计、开发、测试等环节的安全评估机制，建立了等级化的信息安全技术纵深保障体系。

三是信息系统稳定性不断增强。我国银行业金融机构高度注重基础设施投入，加强信息系统开发管控、系统测试管理、系统运维标准建设和生产安全管理，信息系统生产运行的稳定性不断提升，领先银行的信息系统可用性总体保持在 99.9% 以上。

四是逐步重视业务连续性管理。大多数银行业金融机构已意识到信息系统运行的稳定性对日常业务运营和管理的影响，开始着手建设并完善业务连续性管理和外包管理，包括制定全行范围的业务持续性计划，建立供应商准入、服务过程管理及退出机制，业务持续性和外包管理能力不断增强。另一方面，大型商业银行已推进"两地三中心"建设，业务应急与技术应急协调能力不断增强，银行业与电力、公安等部门协调机制不断强化，突发事件应急能力不断提升。

三、我国银行业信息科技风险管理存在的不足

尽管我国银行业不断加大投入，完善基础设施、优化系统，加强安全技术保障，但在信息科技风险管理方面仍存较多不足，还需要长期、深入、持续地建设和完善。

一是对信息科技风险认识尚不到位。银行业金融机构仍然存在重视信息科技建设、轻信息科技风险管理；重信息系统开发、轻信息系统运行；重眼前业务发展、轻长期科技发展规划等问题，缺乏对信息科技风险的持续关注和统筹安排。

二是信息科技管理框架的风险导向仍显不足。信息科技风险防范重要性日益凸显，我国部分银行已在内部初步建立了规范化的信息科技开发和运维体系以规避风险，但是能够基于以风险为导向的理念开展信息科技风险管理工作的银行较少，缺乏明确的风险偏好与风险容忍度，尚未建立体系化的涵盖风险识别、评估、应对、监测、计量等的风险管理框架。造成上述现状的原因是多方面的，但缺乏能够与银行业特点密切结合的风险管理理论和框架是其重要原因之一。国际上虽然有信息科技风险管理的相关理论，但多为通用

的方法论而并非针对银行业，因此还不能够直接被国内银行采用以构建有效的银行业信息科技风险管理体系。

三是科技风险管理机制仍不完善。我国银行业信息科技风险管理机制仍不完善，存在科技风险汇报路线和决策机制不明确，专业从事信息科技风险管理的人员不足等问题。少数银行即使已经建立起信息科技风险管理的专门组织机构，但信息科技风险管理制度和流程的完整性亦存在不足，缺乏清晰的人员岗位角色、有效的汇报和沟通机制等。

四是缺乏有效的信息科技风险管理工具。现有信息科技风险管理理论阐述了信息科技风险的控制以及应对，但其往往侧重于提供一套行业通用的方法论和工具，并未对金融业信息科技风险特点，如风险资本计量的方式进行探讨和研究。而银行全面风险管理理论对控制科技风险的具体方法手段阐述较少。因此，制定一套适用于银行业，又能够兼顾信息科技风险管理和风险计量要求的信息科技风险管理框架体系十分必要。

面对这些问题，国内银行业逐步重视信息科技风险管理理论研究，开始探索适用于本行业的信息科技风险管理方法和实践，更好地支持和推动中国银行业整体信息科技风险管理水平的提升。

第二章

商业银行信息科技风险管理实践分析

针对目前我国银行业金融机构的信息科技风险管理现状和问题，本书通过对银行业内有代表性的商业银行进行信息科技风险管理的实践调研，分析和总结国内大型商业银行、股份制商业银行以及外资商业银行在信息科技风险管理方面的实践，希望能够为国内同业提供可资借鉴的工作方法和经验。

本书将分别从信息科技风险的管理架构、管理流程和管理领域等方面，对商业银行信息科技风险管理的实践进行分析和总结。

第一节　信息科技风险管理架构

为保障对信息科技风险的有效管理以及相关信息科技管理制度的有效推行，国内领先的大型商业银行和股份制商业银行都已建立了职责明确的信息科技风险管理组织架构，涵盖董事会、风险管理委员会、高级管理层（行长、主管副行长等）、独立的信息科技部门和内审部门，并在全行层面提出明确的信息科技风险管理策略，用于指导、开展并监督全行信息科技风险管理工作。银行信息科技风险管理的主要职能设置如下：

- 董事会承担信息科技风险管理的最终责任，其主要职责包括：确保全行信息科技风险管的总体有效性与合规性；致力于全行层面的信息科技风险文化建设，规范职业道德行为和廉洁标准，提高全体人员对信息技术风险管理重要性的认识；确保良好的公司治理与信息科技治理体系，形成分工合理、职责明确、相互制衡、报告关系清晰的信息科技风险管理组织架构和激励机制等。

- 风险管理委员会（或信息科技相关委员会）主要负责建立信息技术风险的应对策略，根据银行面临的主要信息技术风险，确定可接受的风险级别，并确保相关风险能够被识别、计量、监测和控制；负责监督各项职责的落实，定期向董事会汇报信息技术战略规划的执行、信息科技预算和实际支出、信息技术运行和管理的整体状况等。

- 高级管理层负责信息科技风险管理政策的落实和监控，其主要职责包括：审查批准信息技术战略规划，确保其与银行的总体业务战略和重大策略保持一致；评估信息科技风险管理工作的总体效果和效率；加强信息技术专业队伍的建设，建立人才激励机制等。

- 信息科技部负责信息科技风险管理工作的具体实施，其主要职责包括：确定信息技术战略规划，并确保其符合银行的总体业务战略和风险管理策略；对信息科技部门内部管理职责进行明确的界定，确保各关键岗位人员应具有相应的专业知识和技能，并进行必要的培训和持续教育等。

- 在分行层面成立分行信息科技部门，执行总行信息科技部发布的信息科技风险管理规定和制度，形成切合当地分行实际的实施细则；负责分行本地系统和终端设备的运行、维护和监控管理，提供日常信息服务和运行支持，并直接向总行信息科技部报告。

- 内部审计部门负责对银行的信息科技风险管理进行独立审计，其主要职责包括：设立专门的信息技术审计岗位，负责信息技术审计制度和流程的实施；制定和执行信息技术审计计划，对信息科技风险管理流程和重大开发项目等进行审计。

大部分国内大型商业银行和领先的股份制商业银行，按照巴塞尔新资本协议的要求，构建了基于"三道防线"的信息科技风险管理体系：

- 由使用信息系统的业务应用部门，以及直接承担信息技术开发、测试、运行和日常基础管理的部门承担信息科技风险管理第一道防线职能；

- 由承担信息科技风险管理、信息安全、业务连续性管理、信息科技人力资源和财务，以及信息科技合规和信息标准等管理职责的中后台部门承担信息科技风险管理第二道防线职能；

- 由独立的内部审计部门承担信息科技风险管理第三道防线职能。

其中，强化第二道防线在信息科技风险管理工作中的作用是这些国内领先商业银行的重点建设领域。

部分国际领先外资商业银行的信息科技风险管理组织架构与国内领先商业银行类似，建立了明确的信息科技风险管理职能和三道防线体系。在管理组织上，外资商业银行在中国分支机构的信息科技部一般还接受母行的管理和领导，遵循母行统一的信息科技风险管理文化和策略。一些领先的外资商业银行提出了定量和定性相结合的信息科技风险管理偏好和策略。

第二节 信息科技风险管理流程

银行业信息科技风险管理流程一般包括：信息科技风险识别和评估、风险监测、风险控制和风险报告。

一、信息科技风险识别与评估

国内大型商业银行和领先的股份制商业银行制定了定期的风险识别和评估流程，及时识别银行在信息技术应用和管理过程中存在的潜在风险和威胁，并通过恰当的风险评估标准和机制，对潜在的信息技术风险进行评估。根据信息技术风险评估结果以及风险的重要性水平，银行可制定相应的风险防范措施，确保对重大信息技术风险的有效控制。

为确保系统而全面的识别信息科技风险，国内大型商业银行和领先的股份制商业银行通常采用的方法包括：结合历史信息科技风险事件、日常检查审计发现的问题以及信息科技风险管理工作重点，综合运用专家调查法、情景分析法、流程图法和过程分解法等方法和手段，将影响生产运行、应用研发、信息安全、科技治理等方面的风险因素识别出来，形成具体、完整的风险清单（风险热图）。

具体的风险评估流程一般包括工作准备、评估启动、信息采集、评估分析和总结等。根据风险评估情况，银行将确定风险所在的领域，评价风险对业务的潜在影响，并结合风险出现的可能性和影响程度确定风险的级别，分析查找原因，确定风险防范措施及所需资源的优先级别。风险评估结果将作为科技制度和规范修订的重要依据，以持续改进相关制度和流程。

银行还定期开展有针对性的专项信息科技风险评估工作，组织开展重要时期信息安全风险评估，或根据监管机构要求开展风险评估；针对评估中发现的情况，及时进行分析，明确整改措施和完成时限，为有效防范信息科技风险奠定基础。

部分大型国际外资商业银行的信息科技风险识别和评估体系较为成熟，一些领先的外资商业银行还基于已有的定量和定性相结合的风险偏好制定了相应的风险评估标准，以指导具体风险评估工作。

二、信息科技风险监测

国内大型商业银行和领先的股份制商业银行普遍建立了适应自身特点的信息科技风险监测体系，监测的内容基于信息科技风险识别和评估的结果，涵盖了主要的信息科技风险领域，针对关键的信息科技风险设置了相应的指标和阈值并进行日常监测。同时，每年结合监测情况及风险变化情况，对监测指标内容和阈值进行优化，不断提升指标体系的完整性和科学性。

目前国内大型商业银行正持续优化各类管理系统和平台，采用电子化手段对指标数据进行采集、分析和报告，不断提升指标管理的自动化水平，为管理层提供直观的风险视图和决策依据。领先的国内股份制银行也正在逐步建立信息科技风险监控指标系统，对信息科技风险进行监控，及时识别出关键风险并进行分析、提示、督导整改。

部分国际领先外资商业银行的信息科技风险指标体系较为成熟和完善，由于信息科技风险事件的历史数据保存较为完整，风险指标及阈值的设置往往会参考这些历史数据，并结合既定的风险偏好和策略，指标设置和预警更加合理、有针对性。

三、信息科技风险控制和报告

针对信息科技风险管理的主要领域，国内大型商业银行和领先的股份制商业银行制定了一系列信息科技管理制度和流程，以实现对信息科技风险的有效管控。这些信息科技风险管理相关制度和流程主要涉及 IT 战略规划、信息安全、系统开发和变更、系统运行和维护、业务持续性管理、IT 外包管理、IT 审计等领域。

在风险报告方面，银行一般根据信息技术风险管理的开展情况，制定定期（年度、季度）的银行信息技术风险管理报告，并向内部风险管理委员会和外部相关监管机构报告。一些领先的银行还会定期对各部门和业务单位信息科技风险管理工作实施情况和有效性进行检查和检验，包括对信息科技风险管理策略进行评估，并组织对各有关部门（信息科技部、其他业务部门）的信息科技风险管理实施情况及有效性进行检查，汇总形成全行的信息科技风险管理报告，并对发现的问题进行整改，实现信息科技风险管理的持续改进。部分领先的银行还实现利用信息系统记录和跟踪风险评估和控制测试。在风险和控制自我评估中，将发现的缺陷纳入到跟踪系统中进行追踪，并将缺陷的产生原因详细记录在整改计划系统中，系统中所记录问题的整改需经验收后方可关闭。部分国际大型外资商业银行的信息科技风险管控和报告与国内大型商业银行类似。少数领先的外资商业银行能够借鉴国际领先的信息科技管理标准，以保证集团范围内信息科技风险的统一管理、评估和报告，如 COBIT4.1 和 ISO 27000 等。通过建立统一的策略和标准，以成本效益风险驱动的方法来保证信息系统的完整性和安全性，同时也便于满足监管和法律对信息技术和安全的合规性要求。

第三节　信息安全

信息安全是银行开展信息科技风险管理工作的重要环节，要求银行建立健全的信息安全内部控制体系，通过管理和技术手段，确保银行信息系统和数据的机密性、完整性和可用性。

一、信息安全管理

（一）信息安全管理体系

目前，国内大型商业银行和领先的股份制商业银行普遍已制定信息安全战略规划和管理体系，包括确立信息安全的目标、信息安全政策与标准体系、信息安全管理体系、信息安全运作体系和信息安全技术体系，并在日常的安全管理中推行。由于信息安全的重要性和特殊性，在信息安全管理领域国内银行普遍采用较为谨慎、严格的管理思路，相应的安全管理体系和流程也相对比较完善和成熟，且普遍参考了国际业界的领先标准和实践（如 ISO 17799 等）。随着海外业务的不断发展，海外业务的信息科技安全管理已成为一项急需加强的基础性工作，部分领先银行启动了海外信息科技安全管理体系建设工作。在收集整理了海外各个主要国家和地区的安全监管法规材料的基础上，总结形成了海外信息科技安全监管需求库。该数据库用于国家间安全监管比较，便于知悉国家间信息安全管理要求的差异和监管重点，为银行海外机构开业及安全合规工作提供了有力支持。

外资商业银行的信息安全管理体系通常是根据国际标准（如 ISO 17799/27000）及信息安全管理的最佳实践建立，规定了全行必须遵守的信息安全保护要求，包括组织信息安全、资产管理（包括信息分类和保护）、人员安全、物理和环境安全、通信和操作安全、访问控制、信息系统的采购、开发和维护、信息安全事故管理、业务连续性管理以及合规管理等各方面。外资商业银行要求信息安全管理工作应实现政策、标准、流程和技术的结合，业务部门与技术管理部门共同努力确保遵守银行信息安全管理政策及相关规定。

（二）信息安全培训

信息安全培训包括针对全行员工的安全意识培训、针对信息技术相关岗位的安全技能培训和针对信息安全管理/技术人员的专业安全培训。

国内大型商业银行和领先的股份制商业银行普遍十分重视信息安全的教育和培训及团队建设。一方面，银行通过科技队伍的建设管理合理确保全行科技人员的稳定性，对开展各项信息安全管理工作提供有力保障。银行配备了具备相关专业背景、技能和资质（如 CISSP 等）的人员作为专职信息安全管理人员；各业务条线、分行等部门和机构配备了具有相关专业背景和技能的人员作为专职或兼职的信息科技安全管理人员，确保信息安全管理工作的有效开展。通过建立系统、网络、设备、信息安全等信息科技专业团队，培养科技专家队伍，提高解决专业技术难题的水平；通过优化职责和流程、组织培训和交流等多种方式，进一步提升队伍的专业能力；部分银行建立起初、中、高级信息科技序列专业资格认证体系。部分银行的信息安全培训面向的是全行所有员工，对于新入职员工也统一组织进行安全政策和制度的学习和培训。培训的方式通常是以集中培训、在线学习、综合管理系统宣传平台等不同形式，组织在岗人员进行信息科技风险和信息安全相关培训、学习。

部分领先的外资商业银行强调员工对信息安全政策的理解和认识嵌入银行的企业文化之中。在员工的信息安全培训和意识教育方面，一些外资商业银行要求所有新员工（包括正式员工、合同工和临时人员）在入职 60 天内必须进行所有相关的信息安全培训。对于特别岗位人员，如应用开发人员、信息安全管理人员、系统账号管理员、信息安全审计人员等每年均需要完成必要的信息安全培训。

二、信息安全控制

（一）逻辑访问控制

国内大型商业银行和领先的股份制商业银行普遍都建立了安全访问平台，实现严格的逻辑访问控制。部分银行还建立了面向全行网络、系统和应用提供统一身份认证和权限控制服务，并可支持为各应用系统提供加密服务，为全行重要生产数据提供覆盖全生命周期的安全策略、数据访问控制等服务。一些银行完成了包括网络准入、电子文件加密、基础安全控制、客户端合规检查、信息防泄露管理等信息安全防护技术措施的推广，形成客户端安全技术防护体系。

（二）网络安全控制

国内大型商业银行和领先的股份制商业银行普遍与外部机构建立协防机制，防范恶性及大规模攻击行为；统一规划互联网、外联网安全防护标准，部署防护墙、入侵检查系统、信息过滤系统等，防范边界风险隐患；合理划分内部网络区域，有效隔离生产网、办公网及测试网，严格控制互联网用户；加强桌面安全管控，通过技术手段实现对敏感信息、软件程序、移动介质等的安全硬控制。

（三）物理安全控制

国内商业银行都普遍建立机房安全防护及应对紧急情况的措施，包括安装火灾探测设备、灭火系统及温感、烟感探测器、漏水探测设备并对机房地板做防水处理等；同时，银行要求机房配备了不间断电源。国内商业银行大都建立了比较完整的机房安全管理制度，严格巡检、机房出入、人员授权、监视和记录，规范机房操作。信息中心生产机房和灾备机房均按照国家 A 类机房标准建造，各分行机房按照总行统一规范进行建设。外资商业银行机房和设备维护多为外包管理，要求供应商严格遵循外包服务水平协议所约定的银行安全管理要求。

（四）软件安全控制

国内商业银行普遍统一部署构建桌面安全防护体系，为全行计算机终端提供统一的病毒防范和漏洞补丁管理等服务。部分领先的商业银行已建立严格的起非授权软件的监控和检查管理制度和流程，重视并定期检查员工是否使用非授权软件，但仍有部分银行（特别是中小银行）在此方面存在欠缺，有待进一步完善。

第四节 信息系统开发、测试和维护

在信息系统开发的管理架构和制度建设方面，目前国内大型商业银行和领先的股份制商业银行一般通过总行层面的信息科技相关领导小组对重大的信息系统开发进行评审，并对重大的变更进行讨论和决策。银行在信息科技部下设专门的开发管理团队，负责全行的信息科技系统的开发、测试和维护工作。领先银行建立了涵盖立项批准、可行性分析、制定需求、方案设计、程序开发、系统测试、项目验收、项目推广等全生命周期项目管理制度和流程，重视信息系统开发的规范化和标准化管理，在实践中采用了国际通用的开发成熟度方法和项目管理方法论进行日常的系统开发和项目管理。

不同规模的银行在信息系统开发管理的成熟度、内部控制有效性和人员团队建设方面存在差异。目前国内大型商业银行和领先的股份制商业银行信息技术实力较强，会建立强大的信息技术研发中心。这些研发中心技术力量相对较强，能够独立实施信息系统的研发工作，较少依赖外包商实施，降低了开发过程中信息泄露和技术标准不一致等关键性风险。部分银行还建立了专业的信息系统开发测试团队提高测试质量和效果。

外资银行使用的信息系统分为本地系统和与母行共享系统，本地系统一般独立管理，而共享系统的开发、测试和维护管理则由母行负责，相应的管理制度也遵循母行的系统开发，外资银行对共享系统的管理、控制力度仍有待进一步加强。

第五节　信息科技运行

国内大型商业银行和领先的股份制商业银行普遍认识到信息科技运行管理是信息科技风险管理的重要组成部分，建立了完整的信息系统运行维护管理体系，实行运行维护集中管理。银行还建立了信息系统运行的技术标准架构，并发布相关信息技术运行标准，涵盖 IT 基础架构、互联网接入、各系统技术标准等内容。

一些领先银行还采用国际先进的管理标准和方法（如 ITIL 等）对信息系统运行维护工作进行指导，形成标准化的信息科技运行服务体系和管理办法，建立起信息系统运行维护管理计划，采用全行范围的集中管控平台和运行管理的知识库，进一步提升了生产故障事件、服务需求事件的响应和处理效率，提高运行管理工作的效果。

国内领先银行还通过日常的运行监控机制确保稳定、有效的系统运行，监控内容涵盖银行核心业务系统的作业执行情况、主机的操作系统、数据库和应用系统的状态，系统响应时间和处理量、系统承载能力、任务处理失败的次数、系统使用的峰值和均值、系统容量等。

国内大型商业银行和领先股份制商业银行对系统的可用性和性能给予了足够的重视，建立了一系列管理手段和机制确保系统的有效运行。银行为主要信息系统建立了反映其物理位置、逻辑分布的拓扑图和各业务系统之间交互关系的系统架构图，并根据银行业务的运行和发展需要，定期对系统的部署、性能和容量评估和发展趋势预测，制定性能和容量计划，开展生产系统整合和性能容量监测和合理性优化工作。

一些领先的银行建立了针对信息科技资产（设备和软件）可用性的管理流程，完善了信息科技资产的评估和运维管理，定期组织对信息科技资产进行可用性检查和合理性评估，确保现有的信息资产能够满足信息系统运行的需要，且不会造成过度支出和浪费。

第六节 业务连续性管理

目前，国内大型商业银行和领先的股份制商业银行在业务持续性管理方面已完成了基础性的工作，建立了业务连续性管理的组织架构，制定了业务连续性管理制度，确定了相关部门的职责分工、业务连续性日常管理工作内容、业务应急处置机制和流程，开展业务连续性计划培训和演练，进行业务连续性管理评估和持续改进。总体而言，业务连续性管理工作大多集中在灾难恢复/灾备管理、应急计划/预案等方面。主要工作流程包括以下几个方面：

一、业务影响分析和风险评估

业务影响分析和风险评估是业务持续性管理的基础，也是目前银行实际工作中遇到的最大挑战。主要工作内容包括：

- 梳理银行现有的产品、业务条线、流程、系统；
- 基于产品、业务条线和业务流程的性质、规模和复杂程度，分别评估业务中断所造成的损失及影响，并作为操作风险点进行记录，评估得出相应的风险等级，识别关键的业务持续性风险；
- 识别、评估目前已有的业务持续性风险的控制措施的设计和执行有效性，进一步确定剩余风险，并再次筛选出关键的业务持续性风险；
- 总结上述评估流程，形成相关的业务持续性风险分析评估报告/清单。

二、确定恢复策略和目标

- 基于业务持续性风险评估结果，结合银行的总体目标和经营规模，针对银行所面临业务持续性风险的水平和银行整体的风险偏好，确定业务连续性管理战略，定义不同级别的总体业务恢复原则和恢复策略；
- 根据已有的恢复等级原则和恢复策略，针对各类产品、业务流程和信息系统确定具体的灾难恢复等级和业务恢复目标，包括业务恢复时间目标和业务恢复点目标。

三、业务持续性管理工作规划

- 分析银行当前的业务持续性管理水平，对照监管要求以及业内较佳实践进行差异分析，确定银行未来业务持续性管理的目标蓝图，涵盖组织架构和人员、管理政策制度、管理流程、系统和工具；
- 结合现状评估的结果和未来目标蓝图规划，制定具体的实施路线图以及相应的实施工作计划和方案。

四、开展具体的业务持续性管理工作

银行结合已有的业务持续性管理体系和具体工作要求，持续开展日常的业务持续性管理和支持工作。根据既定的实施规划和方案，开展业务持续性管理体系建设和完善工作，推进信息系统灾备体系建设，制定应急预案，定期开展信息系统应急实战演练，强化相关人员的培训，持续提升业务连续性管理水平。

总体来说，国内银行的业务持续性管理也大都处于起步阶段，除较为完善的基础设施配置外，在软性方面如业务持续性风险评估和应对规划的精细化程度、实际业务恢复性测试演练和业务连续性计划的执行等尚待进一步的完善。

第七节　外　　包

目前国内大型商业银行和领先的股份制商业银行的信息科技外包服务主要集中在软硬件的运行和维护，核心业务、涉及商业秘密和客户信息安全的服务以及核心的系统开发和变更等工作一般不进行外包。银行建立了包含事前、事中、事后全流程的外包风险控制体系，包括外包立项、采购、项目执行以及项目后评价等环节，针对外包服务开展风险评估，明确外包管理中的职责分工，注重信息安全，规范设备管理，限制远程登录。

国内领先银行普遍建立了供应商的审批和合同签订流程，适用于相关的外部技术资源采购（软件、硬件、服务），采购方式通常分为公开招标、邀请招标、竞争性谈判、询价和单一来源等方式。银行根据项目的需求、供应商主要产品和服务、资质等级要求从信息技术供应商信息库中选择采购候选供应商，并建立起比较完备的集中采购授权审批制度。相对于这些领先银行，出于资源、成本和效率考虑，国内中小型股份制商业银行和外资商业银行的外包范围较为广泛，除一般的软硬件维护工作外，一些比较核心的系统开发、变更等工作也采用外包模式。

在此方面，外资商业银行一般会明确具体的外包策略和相应的风险应对措施，对于关键的信息科技外包将会启用严格的外包风险管理和监控机制，如在外包商选择或续约时，会首先对其进行风险评估，包括审核其人员招聘制度、声誉，是否有公开报道的投诉和诉讼、设施和服务提供能力、业务连续性计划、财务稳定性和专业经验、安全管理、内控制度、遵守银行的政策和标准的能力，并参考其他用户和征信机构对其的评价，以及银行业监管机构的评估和内、外部审计执行能力方面。在对信息科技外包商日常管理方面，国际领先外资商业银行信息科技部门定期审阅外包商服务水平进行并提供管理报告。每年根据预定的关键绩效指标对其遵守相关流程控制情况以及服务表现进行综合评估。如果外包商会接触到保密信息，信息科技部门将按照信息安全标准要求对其进行信息安全评估。

第八节 内外部审计

目前国内大型商业银行和领先的股份制商业银行已认识到内部审计作为银行风险管理的第三道防线的重要作用，针对信息科技的内部审计成为信息科技风险管理的重要手段，各银行普遍在内部审计部门设置了信息科技审计团队，负责信息技术风险审计工作。在人员技能方面，各银行都很重视信息科技审计队伍的建设，信息科技审计人员需要具有多年银行工作经验，较为扎实的银行业务基础知识，以及信息系统开发维护相关经验，并且很多人员都通过了国内外相应的工作资格认证，如 CISA、CIA 等。同时，各银行还聘请外部审计资源协助进行信息科技的内部审计工作，要求外部审计专家进行知识和技能的传递，在保证审计工作质量之外，提高了银行自身信息科技审计队伍的技术能力和水平。

银行各自建立了一套信息科技审计制度体系、工作标准规范体系，包括信息科技审计规范、实施办法和审计工具等，统一的银行信息科技审计工作标准，提高了信息科技审计工作的有效性。

根据国内监管机构的要求，国内商业银行都会每三年进行一次信息科技工作的全面审计，聘请外部审计机构执行并出具审计报告。银行每年都将根据信息科技审计规范体系编制年度审计计划，以定期开展信息科技审计工作。年度审计计划中既包括常规的信息科技审计工作，也包括具有针对性的专项审计。信息科技审计过程中所发现的问题，由审计团队进行沟通、整理和汇总，并按照审计发现跟踪和纠正机制进行相应的跟进处理和修正。随着国内各银行的业务服务种类的增多和规模的增长，其对信息技术的依赖程度也在逐年增大，信息科技审计团队和人员需要承担的审计任务和审计工作覆盖的范围也日益增加。

第九节　问题与挑战

根据上述分析，目前我国商业银行已建立了明确的信息科技风险管理架构，清晰定义了董事会、风险管理委员会、高管层以及信息科技部门关于信息科技风险管理的职责分工，制定并颁布了一系列和实际业务发展水平相适应的银行信息科技风险管理制度和技术规范，在各个主要风险领域开展具体的信息科技风险管理工作，并取得了初步的成效。然而，在具体的信息科技风险管理领域，国内商业银行在管理的精细化程度以及与操作风险管理的衔接上仍存在需要进一步提升的空间。

在信息科技风险偏好和策略方面，一些商业银行尚未建立明确的、定量化的信息科技风险管理策略和风险偏好，与全行风险管理（包括操作风险管理）的偏好和策略缺乏明确的联系。由于缺乏定量的风险偏好分析，商业银行在开展信息科技风险管理过程中，在具体的工作领域缺乏量化的指导，例如信息系统风险评估和管控的具体标准、关键信息科技风险指标的阈值、信息科技损失事件收集的起点等主要根据主观判断制定，对信息科技相关风险还无法有效识别、度量、评估和监测，信息科技风险指标的设置在数量上和质量上均有待提升。

在与操作风险管理的衔接方面，目前大多数国内商业银行的信息科技风险管理和操作风险管理工作开展未形成有机的结合。在管理架构上，管理职能和汇报路线上存在交叉和重复，具体职能边界没有进行清晰定义，在实际履职过程中存在工作效率以及协同方面的困扰；在风险偏好和策略方面，风险偏好和策略在制定和执行过程中尚未建立有机的联系，甚至存在不一致；在具体的风险识别、评估、管控和监测中，两者独立开展但缺乏有效的协同。银行在具体开展操作风险管理和信息科技风险管理的过程中普遍存在较大的困惑，二者的关系是什么？应该如何衔接？具体工作应如何开展等？都是国内银行业迫切需要解决的问题。

综上分析，我们认为目前国内商业银行已基本建立了完整的信息科技风险管理体系，但在风险管理的精细化和协同性方面仍存在提升的空间，风险管理体系的建设和发展仍是个长期的过程，需要结合银行全面风险管理体系和管理水平的不断提高而持续完善，并随着整个社会及银行业风险管理文化、人员风险管理意识的提升而不断优化。在信息科技水平不断发展、业务和管理对信息系统依赖程度不断提高、监管机构和银行高级管理层对风险管理及信息科技风险管理逐步重视的内外部有利环境下，我国银行业的信息科技风险管理水平在未来必将迈向一个更高的台阶。

第三章

银行业信息科技风险与操作风险及全面风险管理的关系

在日常的信息科技风险管理活动中，银行普遍面临与操作风险及全面风险管理间存在工作交叉和重复的问题，许多业内人士也困扰于如何厘清各方面的关系，以便更合理、有效地开展信息科技风险管理工作。在此，我们将对银行业信息科技风险进行深入研究剖析，对科技风险管理与操作风险及全面风险管理之间的联系和区别进行全面分析和阐述。

第一节　银行业全面风险管理理论

一、银行业全面风险管理理论发展历程

银行业对风险的认识是伴随银行业市场的发展而发展的，巴塞尔委员会出台银行业风险的各项监管协议过程大致反映了这一发展历程。在银行业，主要类型的风险管理发展先后次序为信用风险、市场风险、操作风险，风险管理逐渐由单一的信用风险向信用风险、市场风险、操作风险以及全面风险管理转变。

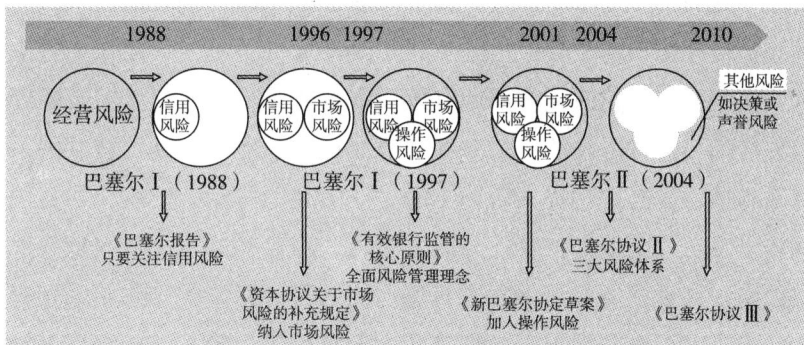

资料来源：《操作风险管理指引》，澳大利亚金融管理局和澳大利亚国家银行，2006。

图 3 - 1　巴塞尔委员会银行业风险监管协议出台过程

（一）信用风险

20 世纪 80 年代拉美的债务危机对西方银行业产生了巨大冲击，受债务危机影响，信贷风险给国际银行业带来了相当大的损失。银行业普遍开始注重对信贷风险的防范与管理，并开始开发一些模型和工具用于信贷风险管理。联邦德国赫斯塔特银行（Herstatt Bank）和美国富兰克林国民银行（Franklin National Bank）两家著名的国际性银行的倒闭，也促使各国监管机构在惊愕之余开始全面审视对拥有广泛国际业务的银行的监管问题。巴塞尔委员会在1988 年 7 月通过的《关于统一国际银行的资本计算和资本标准的协议》（简

称《巴塞尔Ⅰ》）的适时出台，首次系统地定义了银行间信用风险的含义和范畴。

1991年11月，巴塞尔委员会在认识到准备金对银行经营的重要性及其在不同条件下的性质差异后，重新详细定义了可计入银行资本用以计算资本充足率的普通准备金与坏账准备金，以确保用于弥补未来不确定损失的准备金计入附属资本，而将那些用于弥补已确认损失的准备金排除在外。

巴塞尔委员会在1994年初步认识到，除OECD成员国与非成员国之间存在国别风险之外，OECD成员国之间同样也存在国别风险，因而其一改《巴塞尔协议》中对所有经合组织成员国均确定零主权风险权重这一极其简单化的衡量方法，于1994年6月重新规定对OECD成员国资产的风险权重，并调低了墨西哥、土耳其、韩国等国家的信用等级。

1988年出台的资本协议是现代国际银行业监管体系的一个里程碑，它的出现有助于提高国际金融体系的安全性、稳健性和国际银行业竞争的公平性。但随着经济全球化和金融自由化的发展，1988年的资本协议在保证资本要求与银行真实风险状况相匹配方面的有效性有所减弱。2001年1月，在巴塞尔委员会发表的新资本协议的第二个征求意见稿中，巴塞尔委员会试图采用一系列新措施来取代巴塞尔资本协议Ⅰ的"一刀切"框架。银行在各自国家监管者的指导下，可以根据自身业务的复杂性与风险管理水平的高低，选取适合的风险资本计量方法。那些具有雄厚实力和良好风险管理水平的银行，在监管者的允许下，可以利用内部评级法来测算信用风险，从而提高银行资本对风险的敏感性。

（二）市场风险

随着世界经济一体化、金融国际化浪潮的涌动，金融领域的竞争尤其是跨国银行间的竞争日趋激烈，金融创新日新月异使银行业务趋于多样化和复杂化，银行经营的国内、国际环境及经营条件发生了巨大变化，银行规避管制的水平和能力也大为提高。这使1988年制定的《巴塞尔协议》难以解决银行实践中出现的新情况、新问题，尤其是没有考虑对银行经营影响越来越大的市场风险。20世纪90年代以来，由于金融市场自由化速度的加快和国际银行业的迅速扩张，加上新技术的广泛运用，国际金融市场间的联系空前紧密，世界金融形势变得错综复杂。随着衍生金融品种及其交易规模的迅猛增长，银行业越来越深地介入了衍生品种的交易，或是以资产证券化和控股公司的形式来逃避资本金管制，并将信用风险转化为市场风险或操作风险，银行与金融市场的交互影响也越发显著。

同时，20 世纪 90 年代以来，随着经济和市场的整合，多元化经营机会不断涌现，银行也在经历着变化。15 年至 20 年前，大多数西方银行 90% 的收入来源于利息收入。如今，新的盈利来源，比如投资银行和衍生工具带来的手续费收入在商业银行利润表中的比例越来越突出。大型商业银行靠衍生工具业务赚得的利润占盈利总额的 15%～20%，这也使得盈利的波动性变得更大，对于市场风险的管理变得越来越重要。

以上情况使巴塞尔委员会认识到，尽管 1988 年版《巴塞尔协议》的执行已经在一定程度上降低了银行的信用风险，但以金融衍生工具为主的市场风险却经常发生，这说明仅靠资本充足率已不足以充分防范金融风险。最典型的案例是巴林银行，其资本充足率 1993 年底时远远超过 8%，1995 年 1 月还被认为是安全的；但到 2 月末，这家老牌银行便宣告破产了。

在这种背景下，巴塞尔委员会于 1996 年 1 月发布了《资本协议市场风险补充规定》（*Amendment to the Capital Accord to Incorporate Market Risk*），首次将市场风险纳入资本监管要求，允许银行在监管当局的指导下，采用标准法或内部模型法来计算其市场风险资本。这一补充规定为金融机构处理市场风险制定了统一的标准，也为国际金融业之间的公平竞争创造了有利条件，在强化国际银行制度以及金融市场稳健和健康发展方面向前迈出了重要一步。1997 年 9 月，巴塞尔委员会发布了《利率风险管理原则》（*Principles for the Management of Interest Rate Risk*），提出了对银行利率风险管理有效性进行评估的十一项原则，为各国的利率风险审慎监管提供了有用的框架。

2004 年 6 月，巴塞尔协议 II 正式问世。在市场风险管理方面，2004 年发布的巴塞尔协议 II 基本沿用了巴塞尔委员会 1996 年 1 月发布的《资本协议市场风险补充规定》的框架。2006 年 6 月，巴塞尔委员会出台了巴塞尔协议 II 的综合版本（*International Convergence of Capital Measurement and Capital Standards: A Revised Framework—Comprehensive Version*），将 1996 年的补充规定包括在内，并进行了一些改进。在巴塞尔协议 II 中，市场风险被定义为因市场价格波动而导致表内外头寸损失的风险，包括交易账户中受到利率影响的各类工具及股票所涉及的风险、银行的外汇风险和商品（如贵金属等）风险。综合完整、浑然一体的巴塞尔协议 II 的最终形成，标志着市场风险管理迈向了一个全新的层次。

巴塞尔委员会并没有停止在市场风险管理方面的努力。针对巴塞尔协议Ⅱ在 2007 年至 2009 年金融危机中暴露出的缺陷，巴塞尔委员会出台了一系列更加严格、全面的市场风险监管改革方案。2009 年 7 月，巴塞尔委员会发布了《交易账户新增风险资本计提指引》（*Guidelines for Computing Capital for Incremental Risk in the Trading Book*），对交易账户市场风险管理框架进行了完善。与此同时，巴塞尔委员会也发布了《巴塞尔协议Ⅱ市场风险框架修订稿》（*Revisions to the Basel Ⅱ Market Risk Framework*），并于 2011 年 2 月再次进行了调整，至此，市场风险的监督和管理得到了进一步的加强。

（三）操作风险

操作风险管理在全球金融界的兴起主要是由以下三方面原因导致的。首先，20 世纪 80 年代和 90 年代以来金融业的迅速发展导致了金融机构面临的操作风险越来越突出，这主要表现在以下一些方面：大量的自动化技术的应用将手工操作错误的风险转化为系统失败的风险，同时加大了金融机构对在全球范围内整合的 IT 系统的依赖性；新的金融产品不断涌现，而且越来越复杂，尤其是具有很高杠杆性的衍生产品爆炸式发展；电子和网络银行业务在全球范围的应用使金融机构在更大范围面临欺诈和系统安全问题；大规模的金融机构收购兼并浪潮也对金融机构系统和流程的整合和人员的管理等操作风险管理问题提出了挑战；金融机构向大批量服务供应商发展的趋势也对其系统的连续性和备份管理提出了更高的要求；抵押、保险、信用衍生产品和资产证券化等风险缓释技术的大量应用尽管可以降低金融机构对市场和信用风险的暴露，但却可能导致法律等操作风险的提高；更多地利用业务外包和参与清算和结算系统的做法，也可能在降低某些风险的同时增大另外一些形式的风险。

其次，金融机构在管理实践中对操作风险的认识大大提高，尤其是认识到操作风险实际上是许多交易业务和信贷业务损失的根源，操作风险是一种独立的风险，对其管理也应该有独立的系统、流程和方法。一个典型的例子是，1995 年巴林银行因从事衍生产品交易而突然破产为全球金融业提供了深刻的风险管理教训，同时也促使金融业和监管者认识到，真正导致巴林银行灾难性损失的并非衍生产品交易和市场风险本身，而是巴林银行在内部控制和操作风险管理方面的失败。

最后，针对企业和金融机构内部控制和操作风险管理的相关法律和监管规定的出台，进一步推动了操作风险管理的兴起。具有代表性的法律是美国在 2002 年出台的《萨班斯—奥克斯利法案》和巴塞尔委员会在 2004 年出台的新资本协定，前者要求企业的管理者对内部控制的有效性负有法律责任，后者要求金融机构将操作风险计入监管资本要求。

1997 年 7 月全面爆发的亚洲金融危机，更是引发了巴塞尔委员会对金融风险全面而深入的思考。从巴林银行、大和银行的倒闭到亚洲金融危机，人们看到，金融业存在的问题不仅仅是信用风险或市场风险等单一风险的问题，而是由信用风险、市场风险外加操作风险互相交织、共同作用造成的。1997 年 9 月巴塞尔委员会推出的《有效银行监管的核心原则》，表明巴塞尔委员会已经确立了全面风险管理的理念，该文件共提出涉及银行监管 7 个方面的 25 条核心原则。尽管这个文件主要解决监管原则问题，却未能提出更具操作性的监管办法和完整的计量模型，但它为此后巴塞尔协议的完善提供了一个具有实质性意义的监管框架，为新协议的全面深化留下了宽广的空间。

在 1999 年《巴塞尔协议 II》（通常称"巴塞尔新资本协议"）讨论稿中使用了操作风险的概念，并提出涉及银行监管的一些原则问题。其中操作风险概念的内涵和外延并不十分明确，泛指银行市场风险和信用风险以外所有的风险，例如金融机构遭受外部人员的欺诈、内部人员舞弊、机构内的信息系统崩溃导致营业中断、战争灾害等突发事件导致固定资产损失等各类风险。

巴塞尔委员会在 2001 年 9 月发布 *Working Paper on the Regulatory Treatment of Operational Risk*，其中首次对操作风险进行了明确的界定，提出操作风险是指由不完善或有问题的内部程序、人员及系统或外部事件所造成损失的风险，包括法律风险，但不包括策略风险和声誉风险，并基于该定义要求银行计提相应的风险资本。

值得注意的是，尽管新巴塞尔资本协议促使了操作风险概念的统一，对于操作风险的定义至今仍然是当今操作风险管理讨论中的重要问题。所谓统一的操作风险定义只是相对于过去而言，在金融机构风险管理的实践中，操作风险的概念和分类多样化的现象依然存在。同时，我们也要认识到，这种现象也是合理的。因为，尽管为实现管理规范化和管理经验的有效交流以及实现统一公平监管而促使操作风险概念的规范和统一是现代操作风险管理发展的表现和必然，但是，任何定义都离不开实际的工作需要，是为实践需要服务的，新巴塞尔资本协议提出不包括战略风险和声誉风险的操作风险定义，就是为了其统一计量操作风险监管资本和对金融机构实施操作风险监管的监管需要。金融机构在其管理实践中完全应该根据自身的业务范围和特征以及业务操作环境，来确定适合自身管理需要的具体操作风险定义。

因此，从定义服务于管理的角度出发，金融机构对操作风险的定义不仅应该反映监管要求和业界的发展趋势，当然更应该反映自身的业务范围和性质以及管理的实际需要。巴塞尔委员会在其 2003 年发布的《操作风险管理和监管的稳健实践》中明确指出："委员会认识到操作风险在业界有多种的含义，银行为了其内部的目的可以选择采用自己的定义。"但是，无论采用何种定义，银行自身对操作风险清楚的理解，对有效的操作风险的管理和控制至关重要。定义涵盖银行所面临的所有的重大操作风险并反映重大操作损失的主要原因是非常重要的。

（四）全面风险管理

当前全球银行业执行的全面风险管理是以巴塞尔资本协议为基本框架。为了使银行能够预留足够的资本以应对各种风险暴露，2004 年 6 月，经过数次征求意见和修正，新版巴塞尔协议终于问世。G10 的央行行长和监管当局负责人举行会议，一致同意公布《资本计量和资本标准的国际协议：修订框架》（*International Convergence of Capital Measurement and Capital Standards：A Revised Framework*），即新资本充足率框架，现在普遍称之为巴塞尔资本协议 II。巴塞尔资本协议 II 制定了一系列关于风险与资本管理的方针政策，提供了一套针对银行业监管的国际标准，旨在使资本分配能够与风险联系更为紧密，为银行业监管机构提供了资本标准以及风险管理有关的监管建议，巴塞尔资本协议 II 立即在全球范围内掀起一股监管热潮。

新资本协议出台后，巴塞尔委员会并没有停止在全球银行监管方面的努力。2006 年 6 月，出台了巴塞尔资本协议 II 的完整版本（*International Convergence of Capital Measurement and Capital Standards：A Revised Framework—Comprehensive Version*），其中包括：1988 年巴塞尔资本协议 I 中保留的内容、1996 年的《关于巴塞尔资本协议 I 中市场风险的补充规定》、2004 年的巴塞尔资本协议 II 框架和 2005 年的《巴塞尔资本协议 II 在交易活动和双重违约结果处理中的应用》（*The Application of Basel II to Trading Activities and the Treatment of Double Default Effects*），这意味着巴塞尔资本协议 II 最终完成，将指引着全球银行监管走向一个全新的层次。在巴塞尔新资本协议中，信息科技风险被纳入全面风险管理中，与信用风险、市场风险并列操作风险范畴内。

针对巴塞尔资本协议Ⅱ在 2007 年至 2009 年金融危机中暴露出的缺陷，巴塞尔委员会出台了一系列更加严格、全面的监管改革方案，我们称之为巴塞尔资本协议Ⅲ。巴塞尔资本协议Ⅲ是对巴塞尔资本协议Ⅱ的丰富、完善和强化，而不是替代。巴塞尔协议Ⅲ继续坚持风险监管的思路，进一步强化资本监管，并将资本监管与流动性风险监管相结合，将微观审慎监管与宏观审慎监管相结合，更加体现了全面风险管理的发展趋势。

二、巴塞尔新资本协议对银行风险的监管理念

2001 年巴塞尔新资本协议草案明确了银行业资本监管的发展趋势，即将资本要求与银行风险管理紧密相连。资本监管是巴塞尔新资本协议的核心思想，在信用风险、市场风险、操作风险的管理方面，着重通过资本限制控制银行业务规模，控制风险。新资本协议作为一个完整的银行业资本充足率监管框架，由三大支柱组成：

- 最低资本要求（资本约束）；
- 对资本充足率的监督检查（监管约束）；
- 信息披露要求（市场约束）。

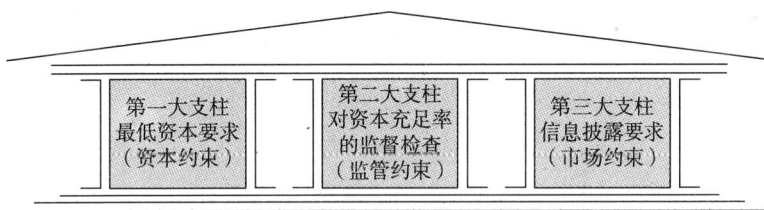

图 3-2 巴塞尔新资本协议三大支柱

巴塞尔新资本协议覆盖了金融机构所面临风险的主要风险，反映了国际金融领域全面风险管理发展的需要。新协议的一个主要变化和改进是首次将包括法律风险在内的由人员、系统和业务流程以及外部事件引致的操作风险纳入到资本要求框架，这使得资本协议所覆盖的风险范围由 1988 年的信用风险和 1996 年的交易账户市场风险进一步扩展到金融机构全面风险。

巴塞尔新资本协议的起草是站在监管机构的视角上提出对银行业风险管

理和稳健经营的要求，因此其指导原则更加侧重于宏观层面上如何保证银行能够有充足的资本应对其经营过程中的风险与损失，也即更加关心如何利用资本来计量市场风险、信用风险以及操作风险的损失。作为一种监管要求，强制银行计提相应的资本准备，此举根本目的在于通过监管资本要求，约束银行的经营资本，达到控制行业规模和风险、确保银行业稳健经营、防范出现倒闭或危机的目的。

　　新资本协议下关注的三大风险中，信息科技风险仅仅被默认为操作风险的一部分，巴塞尔委员会并未对信息科技风险的管理进行特别关注，或提出任何具体要求。鉴于巴塞尔新资本协议对银行业的深远影响，银行业对风险的统一认识和管理理论目前还未体现出对日益突出的信息科技风险的特别考虑。这也引起了多个银行业监管机构和银行的注意和重视，例如中、美、英、澳等国家的监管机构都陆续出台了针对银行业信息科技风险的监管指引、办法以及评级细则。相对应地，许多银行也从汇报路线、管理框架等多方面为信息科技风险设置了专门的管理体系，以弥补新资本协议框架对信息科技风险考虑不足的问题。

第二节 信息科技风险管理理论

一、信息科技风险管理理论

关于风险管理方面的框架和标准，许多专业组织、学术机构都曾发布过其针对风险管理所设计的管理框架，且各个框架的侧重点均有所不同。这些风险管理的框架都关注于如何采用一种通用的风险管理方法，可以适用于各类行业、各类企业、各类风险的风险管理。在国际上，关于信息科技风险管理的框架中，知名的框架主要有以下几个：

（一）ISACA 的 Risk IT 框架

ISACA（美国信息系统审计与控制协会）的 Risk IT 框架是 2009 年 ISACA 基于企业全面风险管理的基础上提出的。该框架以风险为导向，既明确了信息科技风险的分类，也阐述了信息科技风险与企业全面风险之间的关系。它强调将信息科技风险的管理与企业的战略目标、全面风险管理进行融合，充分利用全面风险管理的工作成果、组织架构和相关资源。ISACA 的 Risk IT 管理框架由风险治理、风险评估和风险应对三个部分组成，是第一套以风险为导向的全面的信息科技管理框架，明确了各项信息科技风险的分类领域，对信息科技风险与企业全面风险之间的关系进行了阐述。

Risk IT 框架提供了一套聚焦 IT 相关经营风险的清晰方法，这些风险包括项目延迟交付、监管、不合规、过时的 IT 架构以及 IT 服务交付问题等。Risk IT 提供的指引有助于高管和管理层识别所面临的关键问题，并在考虑风险后作出更优的决策，指导企业对 IT 相关风险进行有效的管理。Risk IT 框架是对 COBIT 理论的补充和扩展，而且作为单独指引使用时也十分有效。关键之处在于，不管是只有一人经营的商店还是跨国联合企业，所有使用信息技术的企业都能从 Risk IT 框架中受益。该框架的优势在于可针对任意地理位置的任何类型的企业进行定制。

（二）美国国家标准与科技协会 SP800 标准

SP800 框架由美国商务部下属的国家标准与科技协会（NIST）于 2002 年

发布。SP800 框架提供了信息科技风险评估的详细流程，形成了完善的以风险为关注点的评估控制体系。在 2011 年发布的修订版本中明确了风险容忍度的概念，使之成为最新的以风险为导向的信息科技风险管理框架。该框架的特点是对信息安全方面（如身份验证等）的控制类型提出了明确的分类标准。SP800 框架可作为机构的风险管理程序的一部分，用于系统开发生命周期帮助确保每个信息系统都应用了恰当的安全控制，而且这些控制措施经过评估能确定其实施的正确性和按预期效果运营的程度，并生成满足系统安全性要求的预期结果。

但从风险的角度，该框架未提供明确的风险分类，也未针对信息科技风险与其他风险的关系进行详细的阐述。

（三）国际标准组织 ISO 17799/ BS7799 体系

ISO 17799 是国际标准组织于 2000 年 12 月颁布的，依据英国标准协会（British Standards Institute，BSI）的信息安全管理标准（BS 7799）转换而来。BS7799 是英国标准协会于 1995 年 2 月制定的信息安全管理标准，分两个部分，第一部分于 2000 年被 ISO 采纳，正式成为 ISO/IEC 17799 标准，2005 年经过最新改版，发展成为 ISO/IEC 17799：2005 标准。

ISO 17799 /BS 7799 信息安全管理标准要求建立一套完整的信息安全管理体系，为企业信息安全管理工作提供指导。ISO 17799 /BS 7799 包含安全方针、信息安全组织、资产管理、人员安全、物理和环境安全、通信和运营管理和访问控制等 11 方面的共 133 项控制措施。企业可以选择在其内部应用这些控制措施，实现信息资产的安全保护和管理。

国际标准组织还颁布了 ISO 27000 系列的信息安全管理体系实施规范，作为 ISO 17799 在实施中的补充，其中详细说明了建立、实施和维护信息安全管理体系的要求，指出实施机构应该遵循的风险评估标准，指导企业使用该规范对其信息安全管理体系进行审核和认证。作为一套管理标准，ISO 27000 系列指导相关人员怎样去应用 ISO 17799，其最终目的，还在于建立适合企业需要的信息安全管理体系。

（四）国际标准组织 ISO 27005 体系

ISO 2700n 是国际标准组织于 2008 年提出的。ISO 2700n 系列标准以一个通用的方式描述了信息安全风险管理的完整过程。其附件包括一整套信息安全风险评估的方法示例以及可能发生的威胁、缺陷以及用以应对的安全控制。

该框架为风险管理流程制定了框架，因而可被视为国际性的基础信息风险管理标准。其中 ISO 27001 用于为建立、执行、检查和改进信息安全管理体系（ISMS）提供指引。采用 ISMS 是企业的一项战略性决策，ISMS 的设计和实施受业务需求和目标、安全需求、所采用的过程以及组织的规模和结构的影响。ISO 27001 标准可以作为评估组织满足顾客、组织本身及法律法规的信息安全要求的能力的依据，无论是组织自我评估还是评估供方能力，都可以采用，也可以用作独立第三方认证的依据。ISO 27002 的主要组成内容可以体现为 11 个控制类别，涵盖了安全政策、组织信息安全、资产管理、人力资源安全、物理和环境安全、通讯和操作管理、访问控制、信息系统的采购、开发和维护、信息安全事件管理、业务连续性管理。ISO 27005 标准提供了一套全面的信息安全风险管理流程，特别适合自下而上的信息科技风险管理。管理流程包括确定范畴、风险评估、风险处置、风险接受、风险沟通和风险监视和评审。

但 ISO 27005 未明确具体的信息科技风险分类原则，也未对信息科技风险与业务风险之间的关系进行有针对性的阐述，同时也并没有为信息安全风险管理提供任何具体的方法。各个组织必须自己确定风险管理方法，如信息安全管理系统的范围，基于风险管理的背景等方面。

（五）ISACA 的 COBIT 框架

COBIT 框架（信息与相关技术控制目标）是由 ISACA 在 1996 年所公布的信息系统安全与技术管理和控制的标准。它基于以前的一些成熟的标准，可以客观地衡量信息系统的质量。COBIT 框架主要由概述、框架、控制目标、管理指南、审计指南、应用工具集等部分组成。COBIT 框架包含 4 个控制域，分别是：IT 规划与组织（Planning and Organization）、系统获取与实施（Acquisition and Implementation）、交付与支持（Delivery and Support）、监控与评估（Monitoring and Evaluation）。

COBIT 框架以信息技术传递信息来满足企业需求为前提提高流程的针对性和流程的所有权，将信息技术按照四个领域划分为 34 个流程，为每一流程提供高层次的控制目标。根据企业对质量和安全的要求，提供七种信息标准来定义企业业务对信息技术的要求，由详细的 216 个控制目标来支持。

COBIT 是一套完全以控制为导向的信息科技管理方法，该方法论明确提出了风险与控制的分类方法，由于它的框架范围涵盖了信息科技管理的主要领域，也成为目前信息科技管理和信息科技风险管理普遍参考的重要标准之一。然而，由于其控制导向的实质，因此并未过多考虑如风险容忍度等风险因素，更多的是提供了一套详述各项控制的核对表，而且 COBIT 虽然提供了信息科技管理控制的实践方法，但是并未阐述各个层次的具体操作指南和实施步骤，不同的企业应该如何利用其进行定制化的管理，也并未对成熟度评估提供定量化的实施方法。

（六）COSO 企业风险管理（ERM）

在 2004 年 9 月，COSO 委员会颁布了《企业风险管理——整合框架》报告。报告从内部控制的角度出发，研究了全面风险管理的过程以及实施的要点，这是一套集工具、技术和方法为一体的以控制为导向的信息安全策略评估与计划框架，它包括八个相互关联的构成要素：内部环境、目标设定、事件识别、风险评估、风险应对、控制活动、信息与沟通和监控。COSO 企业风险管理框架代表了一种全面风险管理的理念，是以风险为导向的风险管理框架，包括风险管理需要涵盖的方方面面。但是 COSO 企业风险管理框架并没有针对信息科技风险进行专门的阐述，建立指导性的框架，需要企业根据自身的风险管理状况进行管理。

（七）澳大利亚—新西兰风险管理标准（AS/NZS 4360）

澳大利亚—新西兰风险管理标准 AS/NZS4360 是世界上第一个国家风险管理标准，是澳大利亚和新西兰的联合标准。AS/NZS 4360 把风险管理看作一个过程，并给出了这个过程的一般定义，即风险管理应分为沟通和咨询、建立环境、风险识别、风险分析、风险处置、风险监控与回顾七个步骤。但是 AS/NZS 4360 对于风险之间的关系和企业的整体风险表述不够充分，对于单个风险治理可能有效，而企业层面的风险管理需要继续深化。同时该框架的对象也并非针对银行业，因此没有给出银行的全面风险管理的具体对象和风险类型。

（八）卡内基梅隆大学提出的 OCTAVE 框架

OCTAVE（可操作的威胁、资产和脆弱性评估框架）是应美国国防部的要求，由美国软件工程协会在 1999 年在卡内基梅隆大学开发出的一套集工具、技术和方法为一体的以控制为导向的信息安全策略评估与计划框架。OCTAVE 准则是一套以实践经验为基础，以风险为驱动的信息安全评估标准。OCTAVE 方法是一种从系统的、组织的角度开发的新型信息安全保护方法，主要针对大型组织，中小型组织也可以对其适当裁剪，以满足自身需要。它的实施包含建立基于资产的威胁配置文件（Threat Profile）、标识基础结构的弱点和开发安全策略和计划三个阶段。OCTAVE 方法是基于 OCTAVE 准则建立的，在应用过程中是 NIST SP800 管理方法的有效补充。

二、信息科技风险管理框架的比较研究

信息科技风险的概念、管理方法是随着信息科技的发展和广泛应用而逐步发展起来的，信息科技风险定义演变的背后，体现了信息科技快速发展、与业务高度融合的发展趋势。区别于其他的风险类型，信息科技风险是基于信息科技的应用而逐步推进的，具有区别于传统风险类型的独特特性。

企业在实施信息科技风险管理时，通常会根据企业的实际情况而采用不同的风险管理框架。实际上对于目前复杂的企业环境，尚没有一个单一标准化的解决方案可以识别并应对所有的信息科技风险。因此，根据所需满足的管理目标和实际管理工具的不同，应采用不同的风险管理框架。通常可以从以下三个维度来评估各个风险评估框架间的差异性：

- 信息科技覆盖的深度，即各风险评估框架中对于信息科技风险的内容关注的程度，是否深入到信息科技管理和控制的不同层面；
- 风险管理范围的全面性，即各风险管理框架是否包含信息科技风险管理的策略、流程、机制、风险管理成熟度等内容；
- 风险导向方法与控制导向方法间的平衡性。

图 3 - 3 列示了上述介绍的风险管理框架之间的对比，其中横轴代表信息科技覆盖的深度，纵轴代表风险管理范围的全面性。通过该图中不同风险管理框架所处的位置，我们可以清晰地理解各个框架与信息科技领域的相关性以及各个框架对风险现象理解程度的定量计量。企业应该尽量采用处于右上象限的风险管理框架，进行本企业的信息科技风险管理的实践。

主流信息科技风险管理框架的对比结果显示，不同的国际组织和国家都针对信息科技风险管理制定了管理框架，并且大部分能够在对风险管理和信息科技的覆盖面上达到一定的程度。在实施信息科技风险管理时，企业可以优先考虑 ISACA 的 Risk IT 和 COBIT 管理框架，并根据自身的实际情况进行裁剪，建立针对性的信息科技风险管理框架。同时，其他的信息科技风险管理框架也提供了很好风险管理的实践，可指导企业进行相关管理工作。因此企

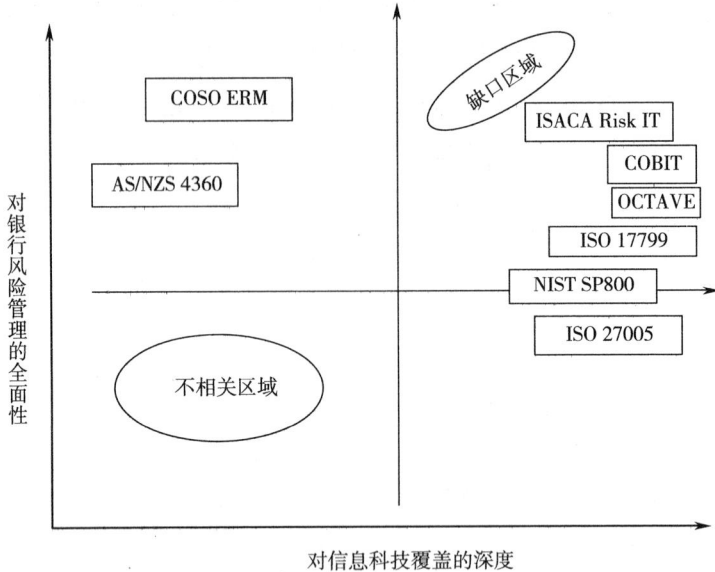

图 3－3　信息科技风险管理框架比较

业应该综合考虑现有的信息科技风险管理框架的优势，从总体管理框架到详细风险管理的实践都能够很好地参照各类管理框架，实现信息科技风险管理目标。

毋庸置疑，COSO ERM 企业风险管理体系是国际国内广泛接受的风险管理框架，虽然其并非信息科技风险的针对性的管理框架。但是鉴于巴塞尔协议也提出全面风险管理的要求，因此银行业的企业应该认真思考如何将 COSO ERM 企业风险管理与其他信息科技风险管理框架相结合，互为点面，实现真正的全面风险管理。

从对比结果可知，目前还没有一套完全契合银行业实践的信息科技风险管理框架，已有的框架要么过于关注信息科技风险理论本身而忽略了风险管理的特征，要么在风险覆盖面上较为宽泛，对风险管理对象的考虑不够充分，并未解读信息科技风险与操作风险之间的关系。虽然最新出现的一些全面风险管理框架能够较好地兼顾这两者，但在行业方面又比较宽泛，不能完全契合银行信息科技风险的特点。尤其是现有的信息科技风险管理框架都存在一个银行业风险管理所不能接受的问题，即无论哪种框架，无论其信息科技和风险管理内容的覆盖程度如何，都没有建立定量化的风险识别、评估和管理机制。毕竟相对于银行信息科技的应用范围、复杂程度和重要性来说，定量化的风险管理框架是提高风险管理效率和效果的重要支柱。

现有的信息科技风险管理框架集中论述了风险管理策略、流程、机制、风险管理成熟度等方面，着重阐述了信息科技风险的有效控制以及应对，虽然覆盖内容很丰富，但这些理论往往都侧重于提供一套通用于各行业的一种方法论和工具，并未对不同行业信息科技风险特性，以及资本计量进行探讨和深入研究。而银行业的风险管理框架下，资本计量是最为显著和重要的一个要求，因此现有信息科技风险管理理论对银行业还需要进一步补充风险计量的要求，并与银行总体的风险资本相关联，形成一个相对完善的科技风险管理体系。

从行业特点来看，银行业金融数据和客户信息高度集中、业务开展高度依赖信息科技、业务具有高度的复杂性、营业机构物理分布广泛以及面临多个监管机构的多重监管，所以其信息科技风险具有一损俱损的高风险性，所带来的危害不但包括经济损失，而且会有较大的社会影响。由于银行业的业务及其高度依赖信息科技的特点，国际上现有的信息科技风险管理框架无法有效满足银行业信息科技风险管理的要求。

因此，制定一套针对银行业特点，适用于银行业需求，能够兼顾信息科技风险管理和风险计量要求的信息科技风险管理框架体系是十分必要的。

综上所述，银行业的信息科技风险管理具有其特殊性，应充分地考虑和吸收国际上现有的信息科技风险管理框架，实现风险管理范围和信息科技领域的全覆盖。银行业的信息科技风险管理框架可以考虑从如下几个方面利用现有的框架：

- 充分考虑巴塞尔协议的要求，实现全面风险管理，不仅把信息科技风险管理作为全面风险管理的组成部分，而且将其作为实现风险管理目标的重要支柱。

- 将 COSO 企业风险管理（ERM）作为全面风险管理的基础性框架，以保证风险管理的全面性。

- 在框架层面可以借鉴 ISACA 的 Risk IT 和 COBIT 作为信息科技风险管理的基础；在实践层面可以借鉴其他的信息科技风险管理和信息安全管理框架，以保证信息科技覆盖的深度。

- 此外，信息科技风险的量化和资本计量也应该纳入新的银行科技风险管理框架，以实现风险管理的科学量化。

- 银行业信息科技风险管理框架应该具有足够的灵活性，具有持续改进和完善的能力，以应对银行业复杂多变的经营环境和信息科技风险的进化发展。

第三节　银行业信息科技风险管理的重要性和特殊性

一、银行业信息科技特点及其风险管理的重要性

在参照国内相关研究文献的基础上，可总结出当前银行业信息科技的突出特征。

（一）银行业务高度依赖信息科技

当前银行业务的实现基本上都依赖信息系统完成，信息系统的故障或其他意外可能直接导致业务无法正常运行。除此之外，信息系统也是承载银行所有客户、内部信息的载体，信息系统的故障可能造成数据丢失、外泄甚至无法恢复，对客户和银行持续运作、声誉产生负面影响。未来金融服务电子化、网络化的发展趋势，加剧了银行业对信息科技的依赖程度，局部的信息科技问题可能被放大，并对整个行业的经营和发展产生深远影响。

（二）系统环境日益复杂

随着银行机构综合化发展步伐加快和业务的急剧扩张，信息系统数量呈现突破式增长，银行的系统总体架构变得愈加复杂，软件、硬件、基础设施、服务、数据标准、接口、用户等多方因素间的关联关系更加复杂，即使是专业的信息科技管理人员，也很难全面的掌握信息系统中的人员、流程、技术、外部事件等各基本因素间的关系，管理的难度非常大。

（三）业务与信息科技不断融合

当前，银行业务产品不断创新，信息科技与业务流程高度融合，信息系统与业务流程之间的对应关系也日益复杂多变。银行业几乎每项产品和服务都与信息科技有关联，共享的信息系统资源和信息科技服务同时支撑着银行不同的业务类型和产品线，一个系统支持多个渠道、一个硬件跨领域存储数据的现象极为普遍。虽然信息科技被多种业务和流程普遍共享能优化资源投入、提高效率，但也造成业务、产品与信息系统间复杂的对应关系。同时，业务交易、业务控制融汇于信息系统功能及其数据流中，信息科技甚至改变

了业务模式和交易流程，业务与科技的管理边界逐步模糊并开始出现管理内容的交叉。

（四）信息科技的外部性特点显著

银行业信息科技的发展和变革改变了传统模式下客户、银行业务人员和银行信息科技人员构成的简单关系，更多的外部节点第三方支付商、移动运营商、外包服务商等实体参与了金融业务服务，并成为交易流程中的重要组成部分。外部机构的介入可能产生对银行信息科技的不利因素，延长了信息科技的管理链条，进一步加大了科技风险发生的可能性。

信息科技对银行业运行和金融稳定有着特殊的重要性（如图3-4所示）。银行业对信息科技的高度依赖，使得信息系统的安全性、可靠性和有效性直接关系到整个银行业的安全和金融体系的稳定。信息系统是银行业务正常经营的基本条件，中国拥有全球最多的人口，我国银行业面对全球最大规模的客户群体，交易量巨大，一些大型银行目前核心系统日交易峰值已超过2亿笔，支撑如此巨量业务的信息系统规模庞大，管理复杂度非常高。银行的数据集中造成了风险的高度集中，信息系统一旦中断，将对银行全国的业务、客户造成全局性影响，可以这样说，科技风险是目前唯一能使银行业务在瞬间全部瘫痪的重要风险。同时，银行业信息科技的安全性与客户利益息息相关，数据丢失、数据外泄等风险事件，对客户的资金安全和权益可能产生影响，在当前复杂的网络环境下，一旦发生较为严重的外部欺诈、攻击，或者机构内部员工操守问题，可能引起银行业甚至金融业系统性的资金安全风险，造成经济损失和社会影响。信息科技风险不仅关系银行业务经营，关系消费者资金安全，更关系国家金融安全与社会稳定。

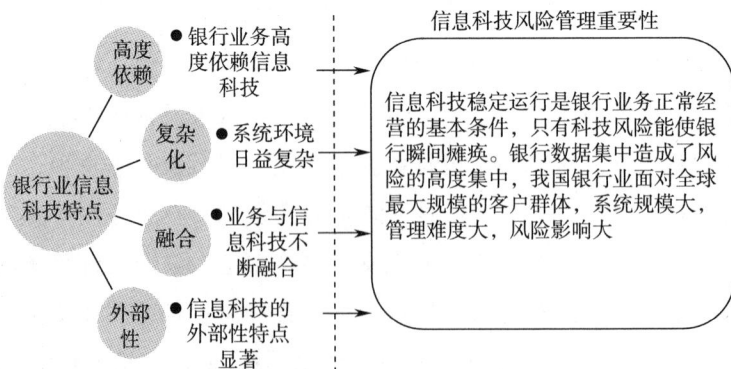

图3-4 银行业信息科技特点及信息科技风险管理重要性

二、银行业信息科技风险管理的特殊性

（一）银行业信息科技风险的成因、构成要素、风险传递方式

为了更好地阐述银行业信息科技风险的这些特殊性，我们需要对信息科技风险的成因、构成要素、风险传递方式等细节进行深入探讨。下面基于对银行业信息科技的基本特点，从风险的基本属性出发，对银行业信息科技风险进行分析。根据企业风险传导机理的研究观点（国家自然科学基金项目70472027），从"风险"的属性出发，任何造成损失的风险都包含风险因素、风险触发活动、风险载体、风险传导路径、传导对象、损失（风险结果）等基本要素。这些基本要素可以表述为图 3 – 5 所示的关系。

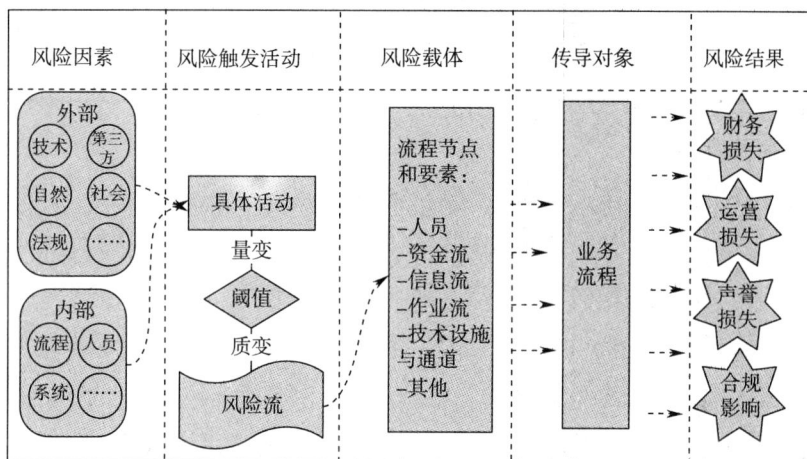

图 3 – 5 风险基本要素关系示意图

1. 风险因素

风险发生的前提是有风险因素，即银行日常经营环境中客观存在的、有可能造成损失的内外部威胁因素和漏洞，在不少文献中被称为"风险源"。通常，风险产生因素往往在直观上表现为各类可能导致损失的内外部原因，包括人员、流程、交易对手、第三方、自然灾害、技术、市场价格等。由于当前各个商业银行大量使用信息科技外包以及不断创新应用新技术，银行日常经营环境中存在着复杂的有可能造成损失的内外部风险因素，这些科技风险因素是很难控制的。

2. 风险触发活动

风险触发活动可以理解为银行日常经营、管理活动中一系列有目的性、

关联性的活动集合。这些活动的动态发展和变化引起银行外部环境和内部系统的非预期变化。当这些活动中的风险因素在银行的内外部环境中逐步积累到一定程度，偏离了理想状态，就会以风险的形式爆发出来，为银行的业务和经营活动带来不确定性。它是风险因素转化为风险乃至损失的实现途径，也是风险开始"有形化"传导的起点。信息科技风险的触发活动通常由于风险的管理因素、技术因素的复杂性，造成活动发生的偶发性和不确定性特点突出。

3. 风险阈值

风险的阈值是风险由量变引起质变的临界点，也是银行所愿意承受的风险的临界值。风险阈值可以表述为在某一时点上，影响某种风险的各个风险因素通过相互作用，引起风险破坏力逐渐累积到一个临界值，风险就开始被释放出来，并依附于风险的各种载体，沿不同的路径在银行内部进行传递和蔓延。

4. 风险载体

风险载体是指能传递或运载风险的有形或无形的承载物，随着银行内外部环境状态的改变，伴随着风险触发活动的发生，风险会依附于某些有形或无形的事物而被传递到银行经营活动的一系列功能节点及作业流程。它是风险与被传导对象之间的"媒介"和"桥梁"，具有承载性和传导性两大基本特征。承载性是指风险载体承载着银行风险的各种风险因素，传导性是指风险载体具有传导风险信息和内容的功能。信息科技是实现银行业务的载体，一般不直接造成经济损失，而是通过造成业务中断、信息泄露等造成间接损失，因而其损失通常难以计量。

5. 风险传导路径

风险传导是指风险借助流程、数据流、技术设施等载体依照银行内部的业务价值链条在流程的各个节点间累积和扩散的过程。在风险传导过程中，由于风险因素特征和载体特征的不同，风险传导往往伴随着不同的传导效应。典型的风险传导效应包括：

（1）蝴蝶效应。初始条件的极小偏差将会引起结果的极大差异。

（2）连锁效应。对于互相联系的各环节，任何一环出现问题可能波及其他关联的环节，从而造成整体的损失。

（3）破窗效应。对常见风险习以为常，漏洞不能得到及时的修复，会起到消极的示范效应，造成更多损害发生的可能。

（4）锁定效应。风险传导依赖于某种路径，一旦选择了某个发展方向和路径，就不再发生方向性的变化，且类似的情况会沿着相似的路径重复发生。

（5）耦合效应。两个或两个以上的风险或事件通过各种相互作用而彼此影响，风险传导的驱动力，传导载体与路径之间存在着这种耦合效应。

6. 风险传导对象

风险传导对象是风险传导的末端，可以理解为风险最终反映为实际损失的现实表现形式，是导致损失的直接原因，例如信息系统、具体的业务流程、银行资产等。基于信息科技关联性影响严重的特点，单个信息系统发生问题有可能影响多个业务。再加上信息科技风险在传导时的蝴蝶效应、连锁效应以及耦合效应较为明显，其影响范围通常较广且具备不确定性。

7. 风险结果

信息科技风险发生的结果表现为影响银行经营目标的各种损失，不仅包括直观的经济损失、财务及管理报告信息不准确、客户服务能力与水平降低，而且会引起市场竞争优势降低、经营效率下降、违背监管合规要求、声誉受损等社会影响。

（二）银行业信息科技风险的特征

通过对信息科技风险传导的分析可以看出，银行业的信息科技风险具有区别于其他类型风险的特征：风险因素复杂、不确定性突出、损失难以计量以及影响范围广、风险层级多的特殊性。

1. 风险因素复杂

银行业的信息系统环境是复杂的。一方面，系统的复杂性直接导致了信息科技管理难度加大，人为错误以及控制失效的风险发生几率也随之大幅提高。另一方面，复杂信息科技环境下，风险威胁因素难以被及时识别和应对，风险的载体众多，因而复杂的信息系统环境也决定了信息科技风险的复杂性。银行业的信息科技风险因素成多元化发展趋势，互相耦合的作用较为明显。

2. 不确定性突出

由于当前银行业务的实现基本上都依赖信息系统，而信息科技风险的传递路径存在较强的不确定性，同样的风险对不同的业务可能产生不同的影响，单个信息科技风险在不同系统、不同时段时发生造成的财务、运营、声誉等损失也存在不同程度的不确定性。同时，一般信息科技风险演变成风险事件受到很多不确定性因素的影响，事件影响难以预计。

3. 损失难以计量

由于科技风险损失一般作用于银行业务而造成损失，并且多与业务可用性、信息泄露相关，其损失难以用资本来计量。因而一旦发生系统中断，业务损失将被成倍放大且伴随着无法估量的声誉损失，产生的影响在短期内是较难修复的。

4. 影响范围广

信息科技风险的影响广。由于银行业务对信息科技的高度依赖，核心网络或单一的信息系统故障可能影响到银行全国性、所有业务不能正常开展，并对客户的权益、资金安全产生影响。此外，电力、通讯、支付清算、银行间交换网络等金融基础设施如果出现意外，可能使整个银行业的业务运行突然"停摆"，并产生跨国境影响。国际上出现的信息科技事故表明，如果银行系统中断 1 小时，将直接影响该行的基本支付业务；中断 1 天，将对其声誉造成极大伤害；中断 2 至 3 天以上不能恢复，将直接危及其他银行乃至整个金融系统的稳定。

5. 风险外延性

银行的信息科技建立在硬件、网络、操作系统、数据库、应用系统等设备和软件产品的基础上，由于技术自身先天存在的不确定性，技术缺陷、漏洞或产品服务问题，都可能产生重大信息科技风险影响，可以说，信息科技风险水平高低不仅取决于内部管理，而且和外部产品、服务供应商关系密切。

6. 风险层级多

银行的业务经营和管理多依赖于业务信息系统和管理信息系统的支持，许多业务和管理层面的风险都是通过自动化的系统控制来实现有效的风险管控，例如信息系统根据设定的业务规则进行自动的业务数据校验等，业界将这部分风险称为业务流程层面的信息科技风险。

除此之外，信息科技治理层面也存在相应的信息科技风险，如信息科技治理架构和岗位设置不合理、信息科技人员资质和经验不足等风险；具体的信息科技管理领域也存在相应的信息科技风险，如系统开发和测试过程中存在的开发风险、用户权限管理中存在的安全风险等。这两类信息科技风险不同于业务流程层面的信息科技风险，但三者之间相互联系。治理层面的信息科技风险是基础，它的管控效果将影响其他两类风险的水平；管理层面的信息科技风险是核心，它的管控效果直接影响信息系统的可依赖程度，并间接决定业务流程层面信息科技风险的水平；业务流程层面的信息科技风险是与银行核心业务和管理直接相关的，它的管控效果直接决定着能否有效支持银行日常业务经营和管理的正常运行。

如何更好地实现对信息科技风险的管理，需要一个契合信息科技风险基本特征的框架。在该框架下，信息科技风险的特殊性都能够被有效考虑，并能持续优化。也正是由于银行业信息科技风险管理的重要性与特殊性，各国银行业监管机构以及国内外金融机构都对信息科技风险的管理愈加重视。

三、银行业信息科技风险管理实践

（一）国内外监管机构关注信息科技风险

随着信息科技在银行业的广泛运用，信息科技风险作为一种特殊风险，其影响也越来越大，逐步成为银行业面临的重大风险之一。各国和地区的银行业监管机构引起了充分的重视，针对银行业信息科技风险建立了独立的监管主体。另外，各国和地区监管机构纷纷制定了体系化的针对信息科技风险管理的框架指引，以界定信息科技风险的领域、管理流程、管理方法以及管理机制。例如中国银监会制定了《商业银行信息科技风险管理指引》；美国FFIEC（金融检查委员会）制定了《URSIT技术风险评级体系》；英国金融管理局制定了《金融服务中数据安全》、《业务持续性操作指引》；香港金融管理局制定的《科技风险管理的一般原则》、《电子银行篇》、《外包篇》等。同时，各国和地区的监管机构也在监管方式上不断创新，从最初的监管重大风险事件，直到完善的现场检查及近些年的非现场监管等监管方式丰富完善，均体现了当前各国和地区银行业监管机构对信息科技风险的管理愈加重视。

（二）金融机构积极关注信息科技风险

信息科技风险作为一种特殊的风险类型，除了监管机构外，也已经引起了各国金融机构的特别关注。在应对日益突出的信息科技风险方面，全球范围内的各类机构也不断在信息科技管理和风险管理方面探索着符合自身实际情况的信息科技风险管理实践。为了解这些管理实践，我们参阅了国际知名咨询机构的一些调研结论，例如，某国际知名会计师事务所在2012年针对欧洲17家公司（主要是金融机构）的信息科技风险管理实践进行了一系列简单的调查，在报告 *Heads of IT Risk* 中指出：所有金融的科技风险都汇报给公司高管层，其中有41%的金融机构信息科技风险汇报给CIO；有24%汇报给首席风险官；有35%汇报给安全委员会。其他一些商业咨询机构的调研报告对信息科技风险管理还存在以下发现：

1. 信息科技风险作为一种特殊的风险类型，已经引起了大部分公司的关注。在多数情况下，信息科技风险直接向负责信息科技的管理层汇报，凸显了信息科技风险的专业性。

2. 信息科技风险的管理模式有独立管理、在操作风险框架下管理和作为信息安全的一部分进行管理等三种模式，信息科技风险的基本管理流程（如风险识别、评估、应对、监控、汇报等流程）以及管理工具（如KRI、风险控制评估、损失数据收集等）开始逐渐被应用，但是信息科技风险容忍度、资本计量、信息科技风险管理文化等方面尚缺乏明确的定义，相关的实践也不充分；高级管理层对信息科技风险有一定的认识，但是对信息科技风险还不能有效地应对，在大部分情况下信息科技风险不能应用到企业的决策过程中。

第四节 信息科技风险与操作风险及全面风险管理的关系

一、信息科技风险与其他操作风险的比较

按照巴塞尔委员会的定义，操作风险是指由不完善或有问题的内部程序、人员及系统或外部事件所造成损失的风险，并由此表现为七种形式：内部欺诈、外部欺诈、雇用合同及工作状况产生的风险事件、客户与产品及商业银行引起的风险事件、有形资产损失、经营中断和系统出错、涉及执行与交割及交易过程管理的风险事件。该定义下的操作风险可被认为是商业银行全面风险中除去信用风险、市场风险、战略风险与声誉风险以外的其他风险总和，信息科技风险属于操作风险的范畴。但是，把信息科技风险视为操作风险一个子类的惯性思维是建立在这样一种前提下的：即信息科技风险与操作风险中的其他风险一样，在风险损失结果、风险管理体系、管理方法和计量等方面具有高度相似性和相关性。经过研究分析，我们认为科技风险与操作风险当前处在不同的发展阶段，其管理理论、管理方法等方面有着一定的差异性，具体体现在：

（一）管理体系

操作风险的管理方法在新资本协议提出后得到不断的完善和发展，其管理流程包括风险识别、风险评估和量化、风险管理和风险转移、风险监测和风险报告五个环节。它依托于 KRI（关键风险指标体系）、RCSA（风险与控制自评估）和损失数据库三大管理工具，使用风险控制自评估工具进行风险的识别与评估，使用关键风险指标对风险水平进行持续监测和预警，使用损失数据收集对风险损失持续的跟踪、分析，并结合这些工具的输出结果进行风险计量。操作风险管理通常依赖各业务条线内部管理，管理的具体标准和方法随着业务流程的特点而不同，还未形成每类业务普适性的标准化管理和控制规范。

信息科技风险管理的理论和方法论历史相对久远，经历了技术导向的信

息安全管理方法、以控制导向的内部控制方法等发展阶段，在最近几年，特别是 COSO 框架提出以后，开始进入风险导向的科技风险管理阶段。其中，技术导向和控制导向的风险管理体系，以及以风险为导向的识别、评估和应对的风险管理体系均相对比较成熟，但是在风险的监测、计量方面尚不成熟，缺乏独立的信息科技风险监测和计量的理论、方法和工具支持。

（二）管理方法

操作风险管理方法通常是从银行的业务运营和管理角度梳理与流程、人员和系统相关的风险，在具体执行中通常是将银行按照八大业务条线进行分解，分析各业务条线在每一个流程环节上面临的操作风险以及现有的风险管理措施，并找出存在的风险管控缺陷和不足的领域，进而确定应该采取的管理措施及其先后顺序。总体来说，是以梳理业务流程为基础，在此基础上分析流程中可能面临的风险点，进行固有风险评估，并评估相应内部控制措施的有效性，进而判断剩余风险是否在银行可接受的范围之内。

信息科技风险管理同样关注业务流程中的信息科技风险，也会在业务流程梳理的过程中识别与信息科技相关的风险点和控制点，评估风险的级别以及控制的有效性。但是，信息科技风险的特殊性在于信息科技风险除了上述业务经营和管理的流程风险需关注外，信息科技治理层面以及具体信息科技管理层面的风险也是其重要风险因素，涵盖了信息科技治理架构以及包括信息安全、系统开发和测试、系统运行维护等具体的信息科技管理领域。这些信息科技管理领域中存在的信息科技风险区别于业务流程层面的信息科技风险，虽然不直接影响具体的业务运营和管理，但是其风险管控结果将直接影响银行信息系统的可依赖程度，并间接影响在信息系统中完成的业务运营和管理流程和活动。因此，对于这部分信息科技风险，很难使用一般操作风险的方法进行管理，在目前银行业界的实务管理中也是通过一套相对独立的信息科技风险管理方法论进行管理。

（三）损失特点

一般操作风险往往是基于业务条线和业务流程角度进行考虑的，因此风险的损失可以与该业务条线的资金敞口、收入、利润等因素建立起直接的联系。这类操作风险损失一般表现为资金损失或资金风险敞口，易于用货币金额衡量。

信息科技风险通常不产生直接的风险损失，而是间接的通过业务流程、人员等因素而最终导致资金、业务、声誉、合规等方面的损失。这种风险损失的间接性特点决定大部分的科技风险损失（如系统中断、信息泄露等）只在特殊情况下可以用货币金额衡量其损失。通常情况科技风险损失往往难以使用货币金额方式进行表示。

（四）风险计量

操作风险资本计量方法经多年研究已基本成熟，其主要计量方法包括基本法、标准法和高级法。操作风险基本法下和标准法下的风险计量结果体现为银行业务收入的一定百分比。操作风险高级法下，风险资本计量以具体的损失事件为计量基础，兼顾风险的定性分析、情景分析等结果计量科技风险。常见的高级法包括打分卡法、内部计量法、损失分布法、情景分析和极值理论等。

信息科技风险的计量方法还处于探索和讨论阶段，理论层面的发展尚不成形，目前尚缺乏有效计量信息科技风险资本的方法。在信息科技风险管理理论中，风险计量停留在通过将风险评级并直接对应成资金的简单赋值阶段。随着操作风险管理的逐步成熟，银行也开始探索使用操作风险计量方法计量科技风险，但遇到诸多挑战。

二、当前面临的问题和独立管理信息科技风险的意义

（一）当前面临的问题

当前银行业大多将信息科技风险作为操作风险的一部分，纳入了银行全面风险管理体系中，但随着行业发展和技术进步，在操作风险模式下管理信息科技风险也存在一定的困难。

1. 目前的操作风险管理方法难以实现对信息科技风险的有效管理

通过上述银行全面风险管理理论和信息科技风险管理理论发展历程和现状的分析，操作风险的管理主要依赖业务流程风险控制及 RCSA、KRI、LDC 等工具的有效实施，有针对性地对科技风险的管理方法涉及较少，并难以兼顾到信息科技风险的专业技术特性。在与业务流程直接相关的信息科技风险外，信息科技风险管理的另一个重要基础是有效识别信息科技管理本身的风险，并通过相关管理模型和体系有效控制其风险，这部分信息科技风险管理也有较为完善、成熟的先进理论和标准支持（如 COBIT、Risk IT 等业界标准框架），业界也积累了丰富的实践经验，可针对信息科技风险的特点开展有针

对性的风险管理。

2. 操作风险资本计量方法难以计量信息科技风险

首先，在操作风险基本指标法下和标准法下，风险资本计量的结果体现为银行业务收入的一定百分比。在这两种计量方式下，银行对信息科技的依赖程度，以及对信息科技风险的管理水平相对于最终的资本计量而言，几乎没有任何敏感性。换言之，风险监管资本计量未能充分考虑信息科技风险因素，信息科技风险的高低与最终的风险资本计量结果没有必然关系。在这两种计量方法下，对任何两家银行，无论其中一家银行信息科技风险出现过多么大的问题（如屡次发生系统中断、客户数据泄露）而另一家银行信息科技风险管理是多么的稳健（如5年内未出现任何重大事故），只要其收入相同，最终计量的风险资本是完全一样的。

其次，在操作风险的高级计量方法下，风险资本计量以具体的损失事件为计量基础，兼顾风险的定性分析、情景分析等结果进行风险计量。常见的高级计量法包括打分卡法、内部计量法、损失分布法、情景分析和极值理论等。由于科技风险损失间接性和难以计量的特性（如系统中断1小时，其损失金额会随不同情景和假设条件变化很大），在操作风险高级计量的应用实践中，信息科技风险的计量一直存在非常大的困难。因此在高级计量法下，信息科技风险造成的损失及其相应的监管资本究竟有多少，是银行业未来进行信息科技风险计量应重点探索的领域。

（二）独立管理信息科技风险的意义

基于科技风险特点及其作为操作风险一部分进行管理遇到的问题，将信息科技风险从操作风险中拆分并独立管理，能更有效地管理信息科技风险，具体体现在：

1. 独立管理有助于正确认识科技风险的重要性

当前银行业信息科技飞速发展，信息科技的基础设施作用使科技风险可能产生全局性影响，信息科技风险已经成为银行业的重要风险之一。随着信息化社会的发展和技术快速进步，信息科技对银行的价值将进一步凸显，银行对信息科技的依赖度将持续加强，并与业务深度融合，对银行业战略发展产生更加深远的影响。目前，信息科技风险在全面风险管理、操作风险管理中所处的地位，与科技风险对银行业的重要作用和地位不相匹配，现有的操作风险管理体系还没有全面覆盖信息科技风险的内涵。将信息科技风险独立管理，有助于银行正确认识信息科技的价值和科技风险的重要性，建立对科技风险恰当的风险管理态度，加快建立信息科技风险的管理体系和机制，建立系统化的风险识别、监测、评估与控制方法。同时，也有助于监管部门进一步理顺科技风险监管与其他风险监管的关系，并在监管体系设计、监管策略、监管资源配置等方面相应规范。

2. 独立管理能更有效的控制信息科技风险

独立管理信息科技风险，可在操作风险管理理论的基础上，进一步深入、持续推进信息科技风险管理理论研究，针对信息科技风险的技术性、专业性特点，建立有针对性的信息科技风险管理框架，开发管理工具，确保更加有效的管理银行信息科技风险。独立管理信息科技风险，可以根据信息科技风险特点开发更准确反映信息科技风险状况的风险资本计量模型，对信息科技风险的计量将更加精确，并从资本角度有效地推动信息科技风险管理的改善。

三、银行业信息科技风险管理在全面风险管理中的定位

基于本章节前部分的论述，深入思考银行业科技风险与操作风险间的关系，及科技风险在全面风险管理中的定位，我们可以有如下总结：

1. 从信息科技风险的重要性来看，目前的新资本协议框架下的全面风险管理体系，并未对信息科技及由此产生的科技风险给予必要的重视。在当前互联网技术突破式发展，人类社会进入大数据时代，在信息化社会的背景下，信息科技作为银行业重要基础设施和核心发展能力，对银行业风险控制和发展起到至关重要的全局性作用，由此产生的风险可能导致银行危机和机构的脆弱性，而目前的全面风险管理体系并未对科技风险给予应有的关注。

2. 从信息科技风险的特殊性来看，信息科技风险的诱发因素复杂、不确定性突出、风险影响范围广、损失难以计量、风险的外延性突出，与信用风险、市场风险、操作风险中的其他风险相比，在风险成因、传导机制和表现上有着显著的差异性。

3. 从信息科技风险管理理论实践来看，信息科技风险管理理论经过三十多年的发展，具备一定的理论基础，信息科技管理各领域的控制规范相对成熟，管理方法自成体系，信息科技风险完全具有从操作风险管理体系中提出来被单独管理的基础。当然，现有的风险管理理论其行业特征还不突出，风险计量方面还欠缺方法。

4. 从信息科技风险和操作风险比较分析上看，信息科技风险和一般操作风险在管理体系、方法、损失特点和风险资本计量等方面有诸多差异，使用操作风险管理理论来管理科技风险，遇到了管理和计量等多方面的挑战。独立管理信息科技风险不仅可以提升对科技风险的重视程度，推动银行业对科技风险给予与其重要性相匹配的风险管理态度，也助于银行业持续深入研究科技风险管理理论，使用专业化的管理方法，更加有效的管理信息科技风险。

此外，独立管理信息科技风险也具备可行性，信息科技风险管理理论发展历史悠久，众多研究机构、大学、银行监管机构、银行等金融机构也都在信息科技风险管理理论、模型和方法等方面进行不断的探索，对信息科技的风险管理可参考技术保护、资产保护、内部控制、风险管理等众多研究方法，无论从理论角度，还是从实践角度，建立适合银行实际情况和科技发展程度的风险管理框架都具备可行性。

基于上述论述，建议将银行业信息科技风险独立管理和计量，其在全面风险管理中的定位如图 3-6 所示。

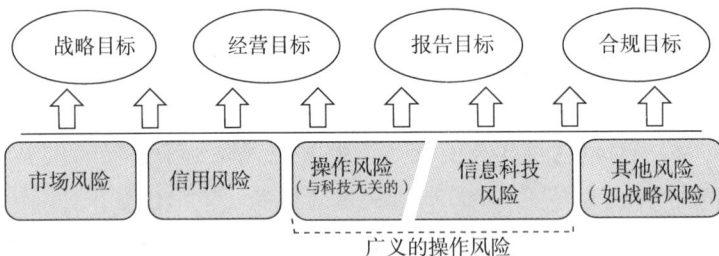

图 3-6　银行业信息科技风险在全面风险中的定位

1. 信息科技风险应被视为一种独立的、重要的风险类型被单独管理，与操作风险的管理分开。

2. 应根据信息科技损失的特点设计与操作风险标准法和高级法匹配的计量模型，体现信息科技风险对银行资本的影响和敏感性。

针对独立管理信息科技风险的设想，银行业可以考虑对操作风险的定义和管理范围进行调整，并相应调整内部的风险管理体系和组织机制，并由此影响到监管体系的调整。同时，考虑通过科技风险独立的资本计量形式，促进银行业对信息科技风险管理的关注，且信息科技风险损失应与操作风险损失明确划分，避免损失重复计算。

中国金融四十人论坛
CHINA FINANCE 40 FORUM

第四章

银行业信息科技风险监管

第一节 国际银行业信息科技风险监管现状

为全面了解目前全球范围内银行业信息科技风险监管情况，本书以美国、荷兰、中国香港、新加坡四个国家或地区为例，分别对各国家或地区信息科技监管的主要原则和方法进行进一步的分析和研究。

一、国际信息科技风险监管现状综述

（一）美国

美国的信息科技风险监管起步最早。联邦金融机构检查委员会（FFIEC）早在 1978 年就建立了信息系统评级体系，比著名的 CAMELS 评级体系还早 1 年。20 世纪 20 年代中期，美国信息科技风险监管进入高速发展时期，监管策略、法规、方法、人才培养等方面均迅速发展，成为世界上对银行信息科技风险监管最细致、最全面的国家。

在监管策略上，美国银行业监管机构认为信息科技监管是整体金融监管的有机组成部分，健全的信息科技风险管理应由四大要素组成：董事会和高管层的有效监督，充分的风险管理策略、审批程序和约束条款，具备风险评估、监测和控制的管理信息系统，以及全面的内部控制。在实际操作上，美国联邦金融机构检查委员会（FFIEC）建立了审计（A）、管理（M）、开发与获取（DA）、支持与交付（SD）四个考察评估项目，缩写为 AMDS。具体定义如下：

（1）审计（A），反映审计人员及审计工作的执行情况。

（2）管理（M），包含管理者面对信息科技相关活动（如开发、外包等）所做的工作和表现出的风险管理能力，以及与 IT 相关的法律规章等。

（3）开发与获取（DA），反映在信息科技开发、获取、实施以及变更过程中涉及的管理、质量和技术问题。

（4）支持与交付（SD），反映信息科技部门所提供的服务等相关问题，以及业务连续性和信息科技服务提供商的情况。

在监管手段上，美国建立了对信息科技风险的评估方法和检查规范。

（1）风险矩阵及评估指标运用。风险矩阵是美国金融监管的通用手段，其信息科技风险衡量指标包括：一是固有风险以高、中、低表征；二是风险趋势，以上升、平稳、下降表征；三是风险管理，以强、合适、弱表征；四是综合类指标，也以高、中、低区别。风险矩阵并不排除文字说明，每一项指标得分后面均有详细的依据。

（2）检查手册。信息科技监管比较著名的手册是《信息技术检查手册》（*Information Technology（IT）Examination Handbook*），其中列入了几乎所有相关法规的合规范畴和条款。检查人员的主要任务就是要熟悉并用好这些手册。

（二）荷兰

荷兰中央银行是国际上较早开始关注科技风险的监管机构之一，在 20 世纪 90 年代就有针对电子数据处理的审计检查。在 2010 年前整个荷兰央行的监管目标主要关注于防止单家机构倒闭风险，对机构进行持续有效、风险为导向的监管。而从 2010 年开始，监管目标更加关注整个银行业的风险，并开始思考企业文化和管理者行为对风险的影响。

在科技监管策略上，荷兰央行认为监管者必须确认金融机构具备识别并采取适当措施管理信息科技风险的能力。荷兰央行提出金融机构风险管理应具备"三道防线"：一是管理和控制措施的拥有者；二是内控、风险、合规部门；三是内部审计，整个风险管理过程必须受到监事会、审计委员会的监督。

在操作层面，荷兰央行将专业化的信息科技监管重点集中在规模较大的金融机构上，特别对大型的机构指定信息科技主监管员并进行年度检查，对中等规模机构原则上每三年进行一次检查。

监管手段上，荷兰央行对金融机构采用 FIRM（金融机构风险管理）评级，通过综合评级将金融机构风险由低到高分为 T1 至 T4 级别，并据此规划监管资源、安排监管计划。信息科技风险是 FIRM 中的十类风险之一，包括四个方面：战略和策略、安全、可控性、连续性。荷兰央行也采取评估固有风险、控制措施的方式来判断信息科技净风险，但评价的全面性尚不及美国。

此外，荷兰央行将信息科技检查分为两类：概要性检查（IT – Scan）和详细现场检查，概要性检查相对粗放，主要对一般的科技风险控制点进行风险检查和评分，并在评分后注明控制点的行业平均、最佳实践标准和监管最低要求，较为直观。对大中型机构的详细现场检查则相对正式，涉及实质性的专业测试，其检查最终报告不仅提交金融机构管理层、抄送外部审计师，必要时还会抄送机构监事会。

（三）香港

香港金管局信息科技风险监管职能设置在银行操守一部，开展科技风险监管已近 10 年。监管重点主要集中在公共突发事件、网上银行、数据安全、信息科技变更和事件管理等方面，并针对不同领域推出相应的监管指引。

监管策略上，香港金管局将科技风险监管要求向金融机构进行充分传达，随后持续监察和审查金融机构信息科技风险，同时鼓励机构通过监管控制和自我评估提高自身对信息科技风险的识别和防范能力。

实际操作上，香港金管局从初期选取较大机构进行重点监管，逐步过渡到根据持续监测结果选取高风险机构进行监管，属于典型的风险导向监管模式。同时，逐年开展专项监管治理活动，如 2003 年"非典"后进行的"广泛爆发流感的威胁和业务持续运作计划"专题检查、2005 年发生客户资料泄露事件后进行的"保护客户资料管控措施"专题检查、2007 年因某网络公司上市造成交易拥堵事件后进行的"系统容量规划"专题检查等。

监管手段上，香港金管局开发了信息科技风险概览（Technology Risk Profile），根据收集的机构资料进行科技风险年度分析，依此制定现场检查计划。系统分析信息科技风险现状和发展趋势，并将所有金融机构报告的信息科技风险事故都分类保存在信息科技事故管理系统中。

（四）新加坡

新加坡金管局 2000 年设立了科技风险处。早在 2001 年即颁布《网上银行和技术风险管理指引》（IBTRM）1.0 版，并根据后续发生的一系列科技风险事件进行多次改进。2008 年 6 月发布 3.0 版，主要内容包括风险管理框架、网上金融服务、安全和控制目标、安全准则和实践、系统开发和测试、恢复和业务连续性、外包管理、新兴网络威胁、银行信息披露和客户宣传教育等内容。此外，新加坡金管局还发布了《移动银行业支付安全指引》（2002年）、《业务连续性计划指引》（2003 年）、《外包管理指引》（2004 年）以及网上银行网络安全、网上银行密码验证、无线局域网、网络钓鱼、间谍软件、双因素认证、终端安全与数据保护等安全建议文件。

监管策略上，新加坡金管局将科技风险列为金融机构面临的八个风险类别之一，采取全面覆盖，重点防控的策略。在操作层面，新加坡金管局主要通过 eCRAFT（通用风险评估框架技术）系统每年遍历各个金融机构，采取现场打分的方式，并主要借助监管人员的主观判断，进行风险评估和信息管理，进而综合比较、分析后得到监管评级。

监管手段上，新加坡金管局也采用固有风险、控制因素、行业冲击力等进行风险评估和评级，同时，利用诸如科技问卷（TQ）、检查清单与程序表、评估库、知识库、技术实验室等工具进行多方位的监管，各类工具产生的分析、评价结果通过 eCRAFT 系统整合起来，为每个机构生成一个全面的监管视图。

二、各国信息科技风险监管重点分析

各国监管机构对银行业信息科技风险管理重点领域均提出了明确的监管要求，可主要分为机构和行业面临的重大风险、银行信息科技风险管理存在的重大缺陷两个方面。银行业面临的重大风险的监管要求主要是指对重大突发事件的深入关注和分析，比较典型的国家是澳大利亚。信息科技风险管理方面的重大缺陷的监管要求主要涵盖信息科技风险管理、信息安全、外包管理、业务连续性、数据保护、系统运营等方面，并对电子银行提出了具体的管控要求。综观各国监管理念、思路、模式，"风险为本"共识已深入人心，监管侧重点上也甚为类似。共同聚焦的关键领域如下：

1. 数据安全

德勤会计师事务所发布的《全球金融信息安全调查报告》显示，全球信息安全风险要素排名中，金融行业数据安全问题自 2010 年至 2011 年连续两年位居第一。各国在金融行业数据核心价值与数据安全保护能力资源匹配上的监管基调也十分一致，拥有大量客户信息的银行业金融机构必须采取足够充分的措施保障数据安全。金融发达国家和地区在个人隐私、存储大量客户信息的行业机构均立法强制保护，数据安全保护也是金融监管的重中之重。中国数据安全保护监管法规建设虽有滞后，但最近国家层面加强网络信息安全立法保护已经基本明确。

2. 业务持续运营

营运系统的破坏在有预警或无预警情况下都有可能发生，结果往往不可预知。金融环境在美国经济中发挥了十分关键的作用，这使业务操作可复原并且将系统破坏的损失最小化以保持公众对金融系统的信心非常重要，当操作系统意外中断时，有效的业务连续性计划为金融机构保持和复原系统程序提供了基础。业务持续运营并非仅是金融行业的需求，社会各行业的经营均具有应对不测的策略，尤其是电子商务、电子银行等业务模式的普遍运用，借助信息系统完成交易的场景将愈加宽泛，然而，对信息系统的预期或非预期的破坏都有可能发生，无论是银行业金融机构对损失最小化的期望，还是监管机构维持公众对金融行业体系的信任和信心的要求，均加大了业务持续性在风险管理中的权重。当前比较有影响力的监管指引分别是美国 FFIEC 的《业务连续性计划》（*Business Continuity Planning*）、英国 FSA 的《业务连续性管理实践指南》（*Business Continuity Management Practice Guide*）。金融监管比较激进的国家甚至非官方提出"4A"级金融服务连续标准，即任何时间（Anytime）、任何地点（Anywhere）、任何人（Anybody）、任何业务（Anybusiness）。

3. 电子银行安全

由于电子银行是面向互联网开放的服务体系，其相较于传统业务面临更多的外部威胁，电子银行也成为银行业务中信息科技风险较为突出的领域。各国监管机构均对电子银行发布专门的监管指引，加强技术安全体系建设和管理，防范电子渠道交易风险。中国、美国、新加坡、中国香港等国家或地区发布的监管要求中，对电子银行风险管理框架、信息安全规划、信息安全控制目标和实践、业务连续性管理、外包管理等方面进行了规范和要求。

4. 跨境风险

金融发达国家和地区，跨国机构或业务占有较大比例，信息科技跨境风险的复杂程度和不确定性更加突出。例如，金融数据跨国流通、存储和安全管理、电子银行跨境业务、信息科技跨境外包、社会环境差异（法律、人文等）等。在金融集团的全球化发展趋势下，集团内母公司与子公司之间，或是合作公司之间，由于使用统一的信息系统和结算网络，或不同系统间信息数据的交换，以及信息科技服务的跨境流通性特点，可能导致信息新科技风险在集团内的蔓延，并出现跨境的传导，信息科技跨境风险监管正在成为新的监管挑战。

三、监管方法

各国监管机构采用的常规信息科技风险监管形式主要有市场准入、现场检查、非现场监管。多个国家和地区允许银行业金融机构聘请第三方独立机构按照监管要求进行检查，并向监管机构提供独立检查报告。除此之外，各国监管机构也注重综合使用各类监管工具，例如，信息科技内部控制、风险自评估、内部审计、外部审计等。此外，各国和地区监管机构对信息科技风险建立了监管评级体系，针对银行业金融机构所采取的监管措施通常依据评级结果，通过建立风险评估模型来评定机构所面临的风险和影响大小，例如，中国银监会建立的银行业金融机构信息科技监管评级体系、美国的 URSIT 评级体系、香港的科技风险概览（Technology Risk Profile）、新加坡的 CRAFT 通用风险评估框架技术评级体系、澳大利亚的概率及影响评级系统（PAIRS）和监管反馈系统（SOARS）等。对各国和地区监管策略、手段比较汇总如表 4-1 所示。

表 4-1   各国和地区监管策略及手段比较

国家或地区	监管机构	监管策略	监管手段	监管内容
中国	银监会	以风险管理为主，全面信息科技风险监管	现场检查指南、非现场报表及评级系统、信息科技监管评级	全面监管各信息科技领域
美国	联邦金融机构检查委员会	以风险管理为主，监控整体信息科技能力	信息技术检查手册、CAMELS 评级	全面监管各信息科技领域
欧洲	欧洲系统风险委员会，欧洲银行业监管局	注重在跨国金融监管中的数据保护及外包管理	各国监管手段不同，例如，荷兰央行的 FIRM（金融机构风险管理）评级、概要性检查（IT-scan）和详细的现场检查	整体上监管内容宽松，但对数据安全监管严格
新加坡	金融服务管理局	致力于对数据安全及涉密外包等方面的监管	CAMELS、PLATOS、eCRAFT（通用风险评估框架技术）	监管信息全面、覆盖度好
中国香港	金融服务管理局	以风险管理为主的监管模式	CAMELS	监管信息全面，注重数据保护
澳大利亚	金融监管事会	以风险管理为主，强调风险持续性管理	概率及影响评级系统、监管疏漏和反应系统	强调事件频发的风险持续管理

第二节　中国银监会信息科技监管框架

一、监管原则

中国银监会以"风险为本"的监管框架是一个持续、循环的过程，在实施中遵循下列原则：

（一）"风险为本"理念贯穿信息科技监管全过程

"风险为本"信息科技监管理念的核心是有效防范和控制信息科技风险，强化银行业金融机构风险管控能力，建立风险管控的长效机制。所有监管工作的出发点和落脚点都在信息科技风险的防控上，任何监管政策的推出、监管手段变化的核心目的均为增强银行业金融机构信息科技风险管控能力，控制银行信息科技风险。

（二）机构单体风险监管与银行业整体风险监管并重

由于信息科技已经成为银行业的重要基础设施，单体机构风险常常可能演变为行业共性风险，并对银行业的稳健运行产生区域性、系统性影响，例如高集中度外包服务风险、系统安全漏洞、信息技术产品缺陷等。但银行业信息科技风险管理也面临着机构间规模差异大、信息化水平参差不齐、行业信息科技管理水平整体偏低的问题，监管面临着更多的不确定性，行业整体风险的识别和控制更加困难，但整体风险如被有效识别和控制，也有助于削减单体机构的风险。因此，中国银监会坚持在强化单体机构风险监管的同时，更加注重行业整体风险的监控。

（三）加强信息科技风险动态监测

信息科技风险并非一成不变。市场环境的变化，机构业务种类、规模的变化、新技术拓展等均可能影响银行正常经营。监管机构对信息科技风险的敏感度至关重要。监管框架应遵循最短的时间内监测到单体银行或行业性的信息科技风险变化的原则，建立动态化的信息科技风险评估指标，在最短时间内预警单体机构或行业风险变化趋势。

二、"风险为本"的监管框架

2003 年，中国银监会成立，明确将信息科技风险监管纳入银行业整体风险监管体系。在秉承"管风险、管法人、管内控、提高透明度"的监管理念的同时，以"全面审慎风险监管"为导向，确定银行业信息科技监管目标是要防范和化解银行业信息科技风险，保护广大存款人和客户的合法权益，保障银行业信息科技服务稳健运行，维护公众对银行业的信心，促进银行业信息化建设发展。

2006 年后，中国银监会逐步制定和发布了一系列信息科技监管制度，内容涉及整体信息科技风险管理、数据中心、重要信息系统投产变更、重要信息系统重大突发事件、信息科技非现场监管报表、信息科技现场检查、信息科技风险评估体系、信息科技监管内部评级体系、分支机构信息科技风险快速巡查等，监管框架基本构建，"风险为本"监管理念正式确立，监管方法更加丰富，并始终强调信息科技监管是一个持续循环的过程。主要分为非现场监管、现场检查、风险评估与监管评级、风险控制、持续监管五大环节。监管框架如图 4 - 1 所示。

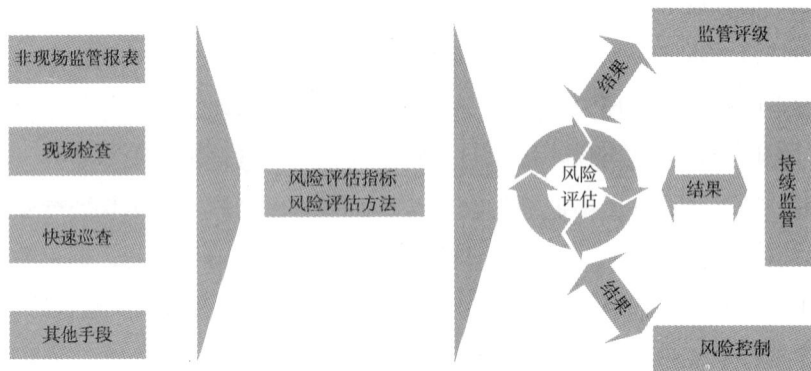

图 4 - 1　中国银监会信息科技监管框架

（一）信息科技非现场监管

银监会已构建信息科技非现场监管体系，并以银行业金融机构信息科技非现场监管报表作为风险信息采集、识别和监测的主要手段，全面收集银行业金融机构信息科技治理、信息科技风险管理、信息安全、系统开发及测试、信息科技运维、外包、业务连续性、审计等重点风险领域数据。信息科技非现场监管报表中分散含有各重要风险领域的关键指标，以利于信息科技监管人员进行风险识别和监测。

信息科技非现场监管的风险识别机监测，可作为制定现场检查方案或快速巡查的依据。依据非现场监管风险分析结果制定的现场检查工作方案能有效配置监管资源，提高现场检查的针对性和工作效率。

（二）信息科技现场检查

信息科技现场检查也是有效识别信息科技风险的重要方法。现场检查主要分为全面检查和专项检查两大类。现场检查是识别机构单体高风险、定位信息科技风险管理重大缺陷、传导监管机构监管要求、核实银行业金融机构信息科技风险实际状况、提供更为准确的风险评估依据的最直接有效方式。

此外，信息科技风险快速巡查是介于非现场监管与现场检查的一种监管手段，目的是既要保障信息科技监管有效覆盖各类机构，同时又要尽量经济、节约使用监管资源。

（三）风险评估与监管评级

信息科技风险评估是风险监管的核心步骤，旨在通过评估机构信息科技固有风险水平、相应的控制措施有效性，对机构的整体风险状况进行评估。其作用是识别机构所面临的信息科技风险种类、信息科技风险水平以及信息科技风险管控能力。对于风险评估所识别出的高风险领域，亦可作为监管机构现场检查的重点。根据现场检查的结果再对风险评估结果进行修正，如此循环往复，形成持续监管。

在风险评估的基础上，利用评级模型，进一步综合考量机构的风险水平和控制能力，例如执行力、监督力等，重大监管关注事项，如行业影响力、信息科技重大事件等，则可产生监管评级结果。

中国银监会科技风险评估的模型如图4-2所示。

（四）风险控制

经过上述环节，银行业金融机构的风险状况已可基本识别和评估，监管机构据此采取适当的监管手段督促机构削减、控制风险。例如，面向机构单体的风险控制可采取风险提示、资本计提、市场准入、行政处罚等手段。面向银行业整体的风险控制可采取行业通报、专项治理与处置、行业规范调整等方式。在完成风险评估和监管评级后，能够对单体机构或行业风险发展趋势形成预判，可以据此采取一些前瞻性的风险控制措施。

信息科技风险评估指标	
固有风险指标	控制有效性指标
固有风险水平	控制有效性
行业影响力因子	
风险评估流程方法	
信息科技综合风险水平	

固有风险-控制有效性=剩余风险

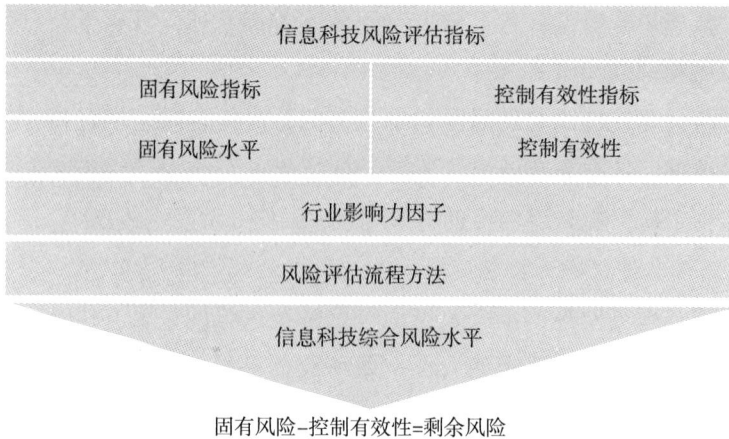

图4-2 中国银监会科技风险评估模型

（五）持续监管

"风险为本"信息科技监管目标，就是要形成监管长效机制。无论是银行业信息科技风险管理，还是银监会信息科技监管，都需要不断改进完善，形成一个及时识别监测、持续控制、反复修正、循环推进的闭环过程。中国银监会在信息科技监管体系中注重风险评估、评级结果的运用，并重点向银行业金融机构决策层、高层反馈，传导监管压力，催生机构持续产生信息科技风险管理内生动力。

三、监管手段

中国银监会十分重视银行业信息科技监管专业手段的丰富和运用，一方面根据法律授权的监管职责，建立并完善信息科技监管体系，并综合利用现场检查、监管评级、风险提示（通报）、市场准入、计提风险资本、约谈高管、行政处罚等监管手段，持续监督和规范银行业信息科技风险管理。此外，银监会要求银行业金融机构强制执行信息科技国际、国家标准，引入独立第三方监督等方式，督促银行业金融机构逐步完善内部管理。另一方面，中国银监会信息科技监管框架已基本成形，但由于科技风险的技术性、隐蔽性特点，在微观层面及时识别风险、精确定位风险仍然有一定难度，为此银监会积极实践运用信息科技监管专业工具集，加强风险的识别、监测，开发运用渗透性测试、网络扫描、日志审计、保密检查等技术工具，模拟真实攻击方法对系统和网络进行测试，检查系统漏洞和问题，加强对人员操作行为、流程的监控和检测，主动发现和识别潜在风险。

第三节 信息科技风险监管面临的挑战

一、如何及时、动态监控机构单体或行业整体风险

通过对上述国际银行业监管的现状分析我们可以看出，各国监管机构虽然在监管重点、监管尺度上有所不同，但各国银行监管机构都在推进"风险为本"的信息科技监管理念和方法，通过非现场监管和现场检查等方式，识别银行和行业面临的重大风险，以及银行信息科技风险管理方面的重大缺陷。当然，当前的信息科技监管也遇到一定的挑战，如现场检查虽能全面识别机构单体面临的信息科技风险和风险管理方面的缺陷，但其监管成本较高；对信息科技非现场监管的数据分析和挖掘技术还不够成熟，直接、客观地反映单体机构和行业整体的风险状态的数据支撑不足，由于科技风险的隐蔽性，如何对科技风险进行有效的非现场监测和预警还存在难度。

为体现新形势下银行的改革发展和信息科技风险特征，通过借鉴银行信用风险、市场风险的成熟监管模式，提高银行监管的针对性、有效性和实时性，本书将探索简单易行、能快速直接、动态体现银行和行业风险状态和风险管理能力的一组核心监管指标，作为对当前监管工具的有益补充，本书将对此类信息科技核心监管指标进行深入分析。

二、如何对信息科技风险进行资本计量

以巴塞尔新资本协议为代表的全面风险管理立足于监管机构视角，提出了银行业风险管理和稳健经营的要求，其更加关注如何利用资本来计量市场风险、信用风险以及操作风险的损失，并作为一种监管要求，要求银行强制计提相应的资本准备。此举根本目的在于强制约束银行的经营资本，削减风险杠杆，控制机构规模冲动，最终实现银行业稳健经营。作为银行全面风险管理的重要内容，信息科技风险由于其特殊性和重要性，应当将其作为全面风险管理中的独立风险要素考虑，通过强制银行计提相应的资本准备的方式对银行实施持续的监管压力。

　　然而，监管机构若要求银行计提资本准备，首先要解决信息科技风险资本计量方法的问题，相对于信用风险、市场风险、操作风险的基本（标准）计量法、高级（内部）计量法，信息科技风险识别量化模型成为信息科技风险与资本控制挂钩的关键。本书下文将围绕信息科技风险，从基本（标准）法计量和高级法计量入手，探索信息科技风险独立计量的可行性。

第五章

信息科技风险核心监管指标

由于信息科技风险的复杂性、不确定性，以及历史数据缺乏等特点，我们难以对信息科技风险变动的趋势进行准确和科学的判断。因此，如何设计和利用有效的科技风险核心监管指标来监测、评估信息科技风险状况，为资本计量及监管决策提供依据，以便采取有针对性的监管措施，成为目前信息科技风险监管的一个重要研究课题。

第一节 信息科技风险核心监管指标
研究的必要性和作用

一、风险指标在银行业风险管理和监管中发挥了重要作用

信息科技风险核心监管指标是一种风险指标，首先从风险指标的角度来分析其作用和必要性。

（一）风险指标在操作风险管理中的作用

作为商业银行对操作风险进行识别和监测的重要工具，风险指标的设计和使用得到了巴塞尔委员会和中国银监会的重视。风险指标主要解决的是银行如何及时、有效识别和了解自身的操作风险状况，形成合理的风险预警。由于操作风险的特殊性，关键风险指标的构建都是针对银行具体的经营环境和内控状况，建立在自身风险管理体系和风险控制自我评估的基础之上。

巴塞尔委员会 2002 年 7 月发布的《操作风险管理与监管的稳健做法》第四条原则明确指出："风险指标是指用来考察银行的风险状况的统计数据和（或）指标。"COSO 委员会在《企业风险管理整合框架》中指出，企业可以使用事件指标来识别可能导致一个事件发生的情形是否存在。中国银监会 2007 年 5 月发布的《银行业操作风险管理指引》中，风险指标被定义为"代表某一风险领域变化情况并可定期监控的统计指标"。

以操作风险管理为例（如表 5－1 所示），风险管理过程分为识别、评估、监测、控制等，其中风险指标发挥着重要的作用。

表 5－1　　　　　　　　　　风险管理层次表

风险识别	风险评估	监控分析	管控措施
风险自我评估	度量模型	风险预警	风险承担
控制评估	定量评估	风险展现	风险缓释
风险指标体系	整合工具	风险地图	风险转移
数据收集		风险报告	风险控制

风险指标的核心在于其能够"代表某一风险领域的变化"。理论上，如果能够对某流程中需要监测的风险区域建立对应的指标，则这些指标作为反映风险变化情况的早期预警信号，就可以用来监测和预警信息科技风险的发生。同时，管理层可依据指标的变化迅速采取措施来控制和应对信息科技风险。由此可见，风险指标在银行业操作风险管理中发挥着重要的作用。

（二）核心监管指标在全面风险监管中的作用

2006年银监会出台了《银行业核心监管指标（试行）》，建立了风险水平、风险迁徙和风险抵补三方面七大类十六项指标；2010年，银监会结合SIFI监管体系，创立了"腕骨"（CARPALs）监管指标体系，这些监管指标作为监管机构识别和预警银行风险的重要手段和方法，对健全内部风险制衡机制，完善风险管理政策和流程，优化风险计量工具，进行有效的风险控制起到了积极的促进作用。通过多年来的实践和应用，监管指标已经被证明是一种非常有效的监管手段。

二、加强信息科技风险量化和实时监管的必要性

（一）制定信息科技风险监管基准

对于重要风险领域的监管需明确监管基准，如什么样的风险水平需要监管部门进行预警和提示，监管部门的容忍度标准是什么。这些基准的建立，将敦促银行有针对性地做好重要信息科技风险的防范和控制。

（二）加强量化监管

由于信息科技风险的复杂性、不确定性，以及历史数据缺乏等特点，很难对信息科技风险变动的趋势进行准确和科学的判断。目前信息科技风险监管较多采用定性为主，需加强量化监管，实现从定性分析到定量计算等方式的转变。

（三）实时、动态监测银行重要风险

信息科技风险影响面较大，具有较强的突发性，如何对风险进行及时、动态监测并作出前瞻性的预判，对有效控制、防范科技风险显得尤为迫切，因此需要进一步丰富实时、动态的信息科技风险监测手段，明确风险监测指标，进一步提升监管的时效性。

三、信息科技风险核心监管指标的重要作用

通过建立信息科技风险核心监管指标，可以对银行业信息科技风险状况

和风险管理能力进行有效识别和评估。

（一）动态监测信息科技重要风险状况

通过核心监管指标的使用，对银行业信息科技风险状况进行及时预警，掌握各银行信息科技风险情况，有利于监管部门部署应对措施。

（二）有效评估银行业风险管理水平

风险监管指标的使用对银行业培育信息科技风险管理、强化企业员工的信息科技风险意识，提高风险管理水平具有重要意义。

（三）合理配置监管资源

核心监管指标的动态性和量化特点，方便监管部门及时全面评估、掌握银行业的信息科技风险，有利于监管资源的有效配置，将资源集中于具有高风险因素的环节上，降低银行业的整体风险。

（四）及时采取监管措施

通过对风险监管指标的监测，结合监测水平（阈值和预警值）等，有助于监管部门依据指标的变化采取及时、有效的风险监管措施。

（五）用于信息科技风险资本计量

信息科技风险监管指标用于进行信息科技风险资本计量，便于监管部门量化评估银行业的信息科技风险损失。

综上所述，信息科技风险核心监管指标体系是信息科技风险监管的重要组成部分，通过制定信息科技风险核心监管指标，并对监管指标进行监控，达到对银行业信息科技重要风险预警，并进行必要的风险控制的目的。

第二节 信息科技风险核心监管
指标的概念和分类

一、信息科技风险核心监管指标的定义

信息科技风险指标的主要作用在于反映银行的科技风险及其变化情况，信息科技风险核心监管指标是从监管角度审视银行业信息科技风险及其变化状况。本书将信息科技风险核心监管指标定义为"是对银行业实施信息科技风险监管的基准，是评价、监测和预警银行业重要信息科技风险状况和风险管控能力的指标体系"。

信息科技风险核心监管指标可以是量化指标，如信息系统可用率，也可以是偏重定性的指标，如科技风险组织架构的合理性等；可以是客观的，如灾备系统覆盖率，也可以是主观评价型的，如信息科技组织架构成熟度等。

二、信息科技风险监管指标的类型

参照国内外在理论和实践上对风险指标的分类，科技风险核心监管指标也可进行多种划分。

（一）按照指标反映的内容分为风险指标、控制指标和事件指标

具体见如表5-2。

表5-2   按反映内容划分

风险指标	▶ 通过分析可能会导致出现信息科技风险事件的因素，建立相应的指标，根据这些指标来了解与监控风险趋势。 ▶ 反映风险因子变化状况指标。 ▶ 反映异常状况指标。
控制指标	▶ 信息科技风险控制措施的有效性。 ▶ 控制设计合理性：控制措施在设计层面的有效性和合理性。 ▶ 控制执行有效性：控制被遵循与落实的程度。
事件指标	▶ 信息科技风险事件数量。 ▶ 信息科技风险事件造成的损失。

（二）按照指标监管对象类型分为损失（滞后）指标、过程（同步）指标和环境（先行）指标

具体见表5-3。

表5-3　　　　　　　　　　　　　按监管对象划分

损失指标	▶ 监测实际已经发生的操作风险损失，如各种操作风险损失形态：法律成本、监管罚没损失、资产损失、赔偿损失、追索失败、账面减值等。 ▶ 由于损失已发生，损失指标是滞后的，这些指标是常见的指标，可以反映风险暴露情况。
过程指标	▶ 用来描述和监测流程的操作质量，适用于各种类型风险。 ▶ 过程指标是一种同步指标，展现已经发生了什么，但无法提示我们哪里可能会发生什么。 ▶ 通常的过程指标包括等待确认的业务数量、失败的交易结算数量等。对这类指标，至少有一部分可以通过一个参考标准来进行选取，即例外导向。
环境指标	▶ 一类典型的前向型的指标，通常有很大的定性成分。 ▶ 设计这类指标的目的是要监测经营环境，以及一些对于流程运营质量具有关键影响和支持作用的因素。

（三）按照风险分析与管理需要分为原因类指标和结果类指标

具体见表5-4。

表5-4　　　　　　　　　　　　按照风险分析与管理需要划分

原因类指标	▶ 指标主要侧重分析风险发生原因，以此来预测可能有风险事件即将发生，如对关键系统紧急变更次数进行监控，以此考虑关键系统可能存在不可用，或者不满足现有业务发展需求的风险。 ▶ 原因类的关键风险指标也可以通过对控制的执行有效性进行监控来预测风险。因为控制的失效往往可能导致残余风险等级升高，加大了风险事件发生的可能性，因此监控控制失效这样的指标，也可以达到预测风险发生的目的。如监控IT内审发现的遗留未解决问题数量指标等。
结果类指标	▶ 指标主要监控与风险事件直接相关的内容，以达到对风险事件发生后及时获知的目的，一般该类指标的获取滞后于风险事件的发生，如对信息安全事件的发生次数指标进行监控等。

（四）按照指标衡量的风险因素分为固有风险指标和剩余风险指标

具体见表5-5。

表 5 – 5   按照指标衡量的风险因素划分

固有风险指标	▶ 与信息科技直接相关的、不考虑风险管控措施影响的固有（或潜在）风险的衡量指标。
剩余风险指标	▶ 经过设计相应管控措施并执行后，固有风险得到缓释后的剩余风险的衡量指标。

（五）其他监管风险指标分类

按指标所属的领域和流程，对指标进行相应的分层，如按照主要的领域—流程—子流程。按实际的操作需要进行分级，如按重要性分为核心指标、一级指标和二级指标。

三、国外信息科技风险监管评价指标

国外商业银行信息科技风险评价指标体系应用具体表现在银行监管部门将存在或潜在信息科技风险的银行及 IT 服务提供商作为监管对象，通过一定的信息科技风险评价模型对监管对象的信息科技风险状况及信息科技风险管理能力进行等级划分，从而对监管对象的信息科技风险表现形态和内部风险控制能力进行科学判断，进而有针对性地采取监管措施，督促有问题的银行或 IT 服务提供商加强风险管理能力、改善风险状况，增强监管效果，提高监管效率。下面介绍两种国外使用的信息科技风险评价指标体系，对于我国建立信息科技风险核心监管指标体系有着重要的作用。

（一）银行技术风险评级体系参考标准——COBIT

COBIT 是 ISACA 在 1996 年公布的信息系统安全与技术管理和控制的标准。它基于以前的一些成熟的标准，可以客观地衡量信息系统的质量。该标准体系已在世界一百多个国家的重要组织与企业中运用，指导这些组织与企业有效地进行 IT 控制，即在充分利用信息资源的同时，有效地控制与信息技术相关的风险。

COBIT 把 34 个 IT 控制过程划分在四个域中。这四个域分别是：IT 规划与组织（Planning and Organization，PO）、系统获取与实施（Acquisition and Implementation，AI）、交付与支持（Delivery and Support，DS）和监控（Monitoring，M），如图 5 – 1 所示。每个 IT 处理过程下又定义了若干个具体的控制目标，共计 318 个控制目标。

```
                        ┌──────────┐
                        │ IT控制过程 │
                        └──────────┘
       ┌───────────────┬────┴────────┬───────────────┐
┌────────────┐ ┌────────────┐ ┌────────────┐ ┌──────────┐
│规划与组织（PO）│ │获取与实施（AI）│ │交付与支持（DS）│ │ 监控（M） │
└────────────┘ └────────────┘ └────────────┘ └──────────┘
```

规划与组织（PO）	获取与实施（AI）	交付与支持（DS）	监控（M）
PO1制定IT战略规划 PO2制定信息结构 PO3确定技术方向 PO4定义IT组织与内部关系 PO5IT投资管理 PO6传达管理层目标和方向 PO7人力资源管理 PO8遵守外部规则 PO9风险评估 PO10项目管理 PO11质量管理	AI1确定系统的解决方案 AI2获取并维护应用软件 AI3获取并维护技术基础设施 AI4程序开发与维护 AI5系统安装与验收 AI6系统的变更管理	DS1定义和管理服务品质 DS2控制第三方服务 DS3控制系统的性能和能力 DS4确保服务的连续性 DS5确保系统安全 DS6识别并分摊成本 DS7教育并培训用户 DS8为用户提供帮助和建议 DS9配置管理 DS10问题与突发事件管理 DS11数据管理 DS12设施管理 DS13运营管理	M1过程监控 M2评价内部控制的适当性 M3获取独立的质量保证 M4提供独立的审计

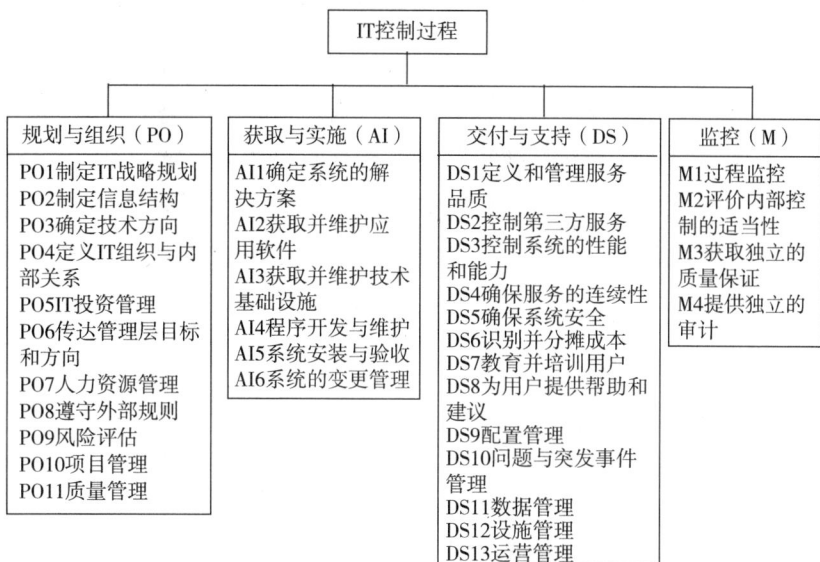

图 5-1 域及 IT 控制过程

整个 IT 控制目标的层次结构是由域、IT 控制过程、控制目标组成的三层树型结构，如图 5-2 所示。

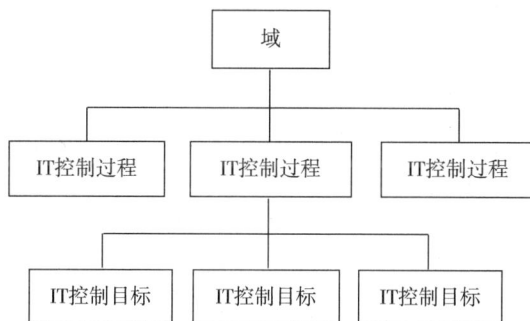

```
                 ┌───┐
                 │ 域 │
                 └───┘
     ┌──────────────┼──────────────┐
┌────────┐    ┌────────┐    ┌────────┐
│IT控制过程│    │IT控制过程│    │IT控制过程│
└────────┘    └────────┘    └────────┘
     ┌──────────────┼──────────────┐
┌────────┐    ┌────────┐    ┌────────┐
│IT控制目标│    │IT控制目标│    │IT控制目标│
└────────┘    └────────┘    └────────┘
```

图 5-2 IT 控制目标的层次结构

企业只要有效地管理这些控制目标，就可以达到 IT 控制的预期目的。如果企业能够实现对所有这些目标的 IT 控制，就可以保证在变化的技术环境中获取利润。

（二）美国银行技术风险评级体系——URSIT

美国银行技术风险评级体系 URSIT 是一个内部评级系统，它主要用于监管者鉴别被评估机构技术风险暴露情况，以决定监管关注程度。与 CAMELS

评级体系不同的是，CAMELS 评级反映银行整体风险及经营状况，而 URSIT 则只对信息技术风险进行评价。

URSIT 由综合评级和单项评级两部分组成。综合评级用来评估一家机构信息技术的总体状况，评级结果能反映对被检查机构的总体印象。其目的是迅速识别那些存在较大技术风险、需要特别关注的银行和 IT 服务提供商。综合评级建立在单项评级基础之上。单项评级是对被检查机构在审计（Audit）、管理（Management）、开发与获取（Development and Acquisition）、支持与交付（Support and Delivery）（缩写为 AMDS）四个方面执行情况的评估。通过单项评级，检查人员可以评估银行或 IT 服务提供商识别、度量、监督和控制技术风险的能力。

URSIT 的综合评级和单项评级都分为 5 个等级，等级"1"到等级"5"表示监管力度应逐步加强。等级"1"代表最高级别，这类级别的机构不需过多关注，采取的监管力度最小；等级"5"则代表最低级别，说明需要重点关注这类机构，采取的监管力度也应最大。

四、信息科技风险评价方法

信息科技风险监管指标的制定必须基于对银行信息科技风险的识别和评估结果。而为了对信息科技风险进行有效评估，必须选择一个适合的方法体系，要有较高的可信度，同时要保证评估指标尽可能的量化以支持评估方法的应用。风险评价的方法按照定性和定量的原则可以分为定性分析方法、定量分析方法和定性与定量结合分析方法。

（一）定性分析方法

定性的评估分析方法是主要依据评估专家的知识和经验、发生安全事件的历史记录以及损失情况、组织内外环境变化情况等非量化因素的综合考虑，对系统安全现状作出评估判断的过程。它主要以与被调查对象的深入访谈、各种安全调查表格作为评估基本资料，然后通过一个既定的理论分析框架，依据相关信息安全标准和法规对资料进行搜集和整理，在此基础上作出调查结论。典型的定性分析方法有因素分析法、逻辑分析法、历史比较法、德尔菲法等。

定性分析方法具有操作简单并易于理解和实施、可以迅速找出信息科技风险的重要领域并加以重点分析等优点。缺点在于分析结果过于主观性，很难完全反映风险现实情况，并且对评估者自身要求较高。另外，当所有分析方法都是主观的时候，操作者便很难客观地跟踪观察风险管理的性能。

（二）定量分析方法

定量的分析方法是指运用量化的指标对信息科技风险进行评估分析，对经过量化后的指标采用数学的统计分析方法进行加工、处理，最后得出风险的量化评估结果。典型的定量分析方法有因子分析法、聚类分析法、时序模型、回归模型、等风险图法、决策树法等。

定量分析方法的优点是风险及其结果充分地建立在独立客观的方法和衡量标准之上，提供了富有意义的统计分析；对风险缓解措施的成本效益分析提供了可靠的依据，以数量表示的评估结果更加易于理解。但是，完全量化评估是很难实现的，也是不切实际的，通常我们采用的量化评估模型均在某些方面简化了评估因素间的复杂关系。

（三）定性与定量相结合的分析方法

由于信息科技风险评估是一个复杂的过程，需要考虑的安全因素众多，而完全量化这些因素是不切实际的。因此，将定性分析方法和定量分析方法有机结合起来，共同完成信息科技风险评估，在定量的基础上采用定性的方法进行抽象，在定性的基础上采用定量的方法进行分析综合，定性与定量结合，而不能简单地将定量分析方法和定性分析方法对立起来。采用定性分析方法与定量分析方法有机结合，才能真正做到信息科技风险评估的客观、准确和高效。

（四）几种比较典型的风险评估方法及其比较

1. 德尔菲法（Delphi）

德尔菲法是一种定性分析方法。通过背对背群体决策咨询的方法来获取专家的意见和智慧，排除各种外部干扰和分析障碍，减少调查中的信息误差，保证团体中的每个成员都将自己对某一个特定威胁会带来的结果的真实想法表达出来。此方法是循序渐进的过程。

2. 故障树分析法（FTA）

故障树分析法是一种"下降形"的、演绎的逻辑分析方法，遵循从结果找原因的原则，即在前期预测和识别各种潜在风险因素的基础上，沿着风险产生的路径，运用逻辑推理的方法，求出风险发生的概率，并最终提出各种控制风险因素的方案。此方法适于用计算机来计算。

3. 层次分析法

层次法是萨蒂提出的一种多目标层次权重决策分析法。该方法通过整理和综合人们的主观判断，使定性分析与定量计算有机结合，实现定量化决策，适于难以完全定量分析的问题。目前该方法已被广泛地应用于复杂系统的分析与决策，是系统工程中对非定量事件作定量分析的一种简便有效的方法。

4. 典型风险评估方法比较

德尔菲方法适用于资料和数据过于庞大且存在较大的不确定性的情况，不足之处在于要占用大量的时间。虽然能综合各专家的意思，避免主观带来的影响，但它是一种定性的评估方法，难免带有定性方法所带来的不足。故障树分析法虽然既可以用于定性的情况下，也可用于定量的情况下，具有逻辑性强、形象化等特点，分析结果也比较具有系统性、准确性和预测性。但是，故障树逻辑关系比较复杂、难以理解，逻辑运算易发生错误，对分析人员的要求也较高。层次分析法是目前使用比较多的方法，它实现了定性与定量的结合，适于解决难于完全定量分析的问题，但在求解判断矩阵的最大特征值和特征向量时，要求分析人员具有数理基础。

第三节　信息科技风险核心
监管指标的构建

一、信息科技风险核心监管指标的构建原则

根据信息科技风险监管的实践和我国银行信息科技风险的具体状况，综合考虑银行信息系统的复杂性和对安全性等各方面的要求，建立一套高效的信息科技风险核心监管指标体系需遵循以下原则。

（一）重要性

信息科技风险监管指标的选择要覆盖银行业信息科技风险的重点环节和各个领域。指标的重要性原则不仅仅体现在该指标作为其所在领域中重点关注的事项，而且也是因为其重要的原因能够体现信息科技整体风险状况及其变化程度。

（二）一致性

信息科技风险监管指标应与监管部门的风险监管目标一致，指标的变化能够反映风险水平的变化趋势。监管指标的选择应与使用目的一致，选取相一致的、合适的指标，以真正发挥指标体系的功能。具体的评价问题都有各自具体的评价体系，指标设计时也要针对评价目的不同而不同，所以确保指标的一致性原则是体现指标有效性的重要前提。

（三）系统性

监管指标应分领域、分层级，从多方面反映银行业在信息科技各领域的风险管理状况。各个指标之间要形成有机、有序的联系，形成一个完整的体系。

（四）代表性

监管指标应重点反映银行业的主要信息科技风险风险类型和来源，具有一定的代表性、独立性，指标是彼此相关性小，具体领域不宜过多，能代表该领域的风险状况即可。在设计评价指标体系时，有些指标之间往往具有一定程度的相关性，因而要采用科学的方法处理指标体系中彼此相关程度较大

的因素，使指标体系科学地、准确地反映评价对象的实际情况。同时，要求指标数量不能过于庞大，避免过犹不及的情况，因此就需要在经过分析之后，在多个相互关联的指标中选择能够更多地体现这若干指标内涵的指标。

（五）可操作性

监管指标应概念清晰、含义明确，且测算方法标准，对不同银行适用；指标数值不会随时间波动过大，同时数据来源可靠且便于获取、测算、统计和汇总。对于定性指标，应能直接判断，清晰表达，非是即否的指标。评价目标是通过指标体系中各项指标对评价对象的实测实现的，这就要求设计指标时，必须达到使每一项指标所规定的内容都可以实际测算、测量或计算，以获得明确的结论。对于那些不宜量化或者难于测算的指标不宜作为指标体系的一部分。

（六）开放性

监管指标要根据信息科技风险监管工作的开展不断发展和完善，监管指标是开放的、动态调整的，在实际检验中，随着信息科技风险监管的发展和监管部门风险偏好的转移，指标也将不断地调整和优化。评价指标体系是一个系统性、独立的整体，随着其评价目标或评价对象的变化而不断变化。

二、信息科技风险核心监管指标选取方法

构建有效的信息科技风险核心监管指标体系是一个挑战，特别是对于构建具有早期预警功能以避免损失发生的核心指标来说更是如此。尽管这是一个不易解决的问题，但还是有一些方法和途径来支持我们不断完善信息科技风险核心监管指标体系。

信息科技风险核心监管指标主要来源于信息科技风险评估的结果，对银行业务经营和管理流程的潜在信息科技风险进行识别和评估，可以提供宝贵的基础信息，以确定对业务单位、业务流程和各风险类型而言需要设置哪些关键的信息科技风险核心监管指标并进行监测。

在信息科技风险评估结果的基础上，还可以参考以下因素选择并建立信息科技风险核心监管指标。

（一）监管制度和政策

对业务活动的监管规范要求，如某时期内不合规业务的数量，或风险暴

露超过限额的数量。

（二）监管战略和目标

监管战略和相关的考核指标是信息科技风险核心监管指标的一个来源，可以设计信息科技风险核心监管指标用于测量这种考核的波动或下侧风险。

（三）历史损失和事件

建立损失/事件数据库，提供信息以发现什么样的流程和事件会引起客户的损失，信息科技风险核心监管指标可针对这些流程和事件进行构建。

（四）利益相关者的需求

除了监管部门以外，利益相关者如顾客、评级机构、股票分析师、业务伙伴等的需求也能帮助银行发展信息科技风险核心监管指标，即发现那些关键的利益相关者关注的因素，将信息科技风险核心监管指标建立在这些因素之上。

（五）指标特征

构建一套高质量的信息科技风险核心监管指标，而非高数量的。有效的科技风险核心监管指标应当具备以下特征：

1. "关键性"。太多的指标只会干扰管理层的有效决策。

2. 容易获取，可以定期（如每天）得到更新的数据。

3. 与风险驱动因素或风险暴露相关。

4. 是可以量化的指标。

5. 与目标和风险拥有者相联系。

6. 兼顾先行指标和滞后指标。

7. 对支持和改进管理决策有帮助。

8. 能够制定清晰的内部和外部参考基准。

9. 便于及时反映。

三、信息科技风险核心监管指标的构建步骤

信息科技风险核心监管指标的构建过程一般分为五个步骤，行业关键风险和控制识别、风险指标识别、关键风险指标筛选、指标定义及数据收集程序、指标监测及报告（如图5-3所示）。

一般而言，首先应对信息科技风险监管的重点环节进行全面梳理，在对所有风险点进行评估的基础上，找出关键的监管控制风险点。其次，确定各

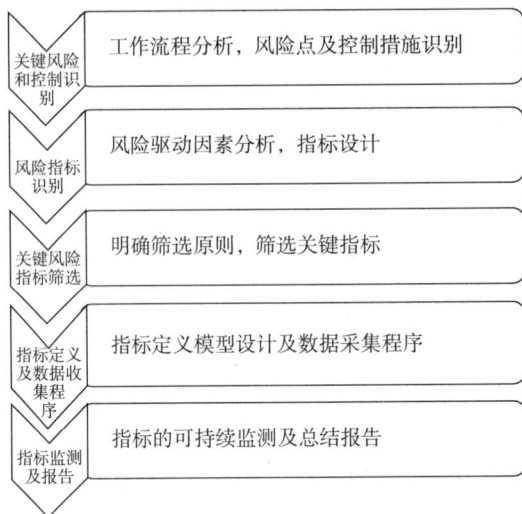

图5-3 信息科技风险核心监管指标的构建步骤

风险点的驱动因素，进行指标设计，并考察指标对风险监管的敏感性，以确定备选指标。再次，依据事先确定的重要性、数据可获得性等指标选取原则，结合监管要求，以及业界专家的建议来对备选指标进行筛选。最后，在指标确定后，应明确指标的含义和计算方法，并规定数据的收集程序。

信息科技风险核心监管指标使用过程中，监管部门根据对银行业信息科技风险的容忍程度，及时提出预警非常重要。这需要监管部门将监测的指标数值与设定的参照基准进行比较，如果银行的监测指标数据超过了基准值（阈值或预警值），就代表可能存在的风险水平已超过监管部门可接受的程度，监管部门应采取监管措施来加以解决。监管指标的阈值实际上反映出监管部门对行业某类型风险的容忍度，指标阈值通常通过对行业内指标历史数据进行分析产生。

四、信息科技风险核心监管指标的构建过程

科技风险核心监管指标的选取过程并不复杂，但要真正识别出对行业信息科技风险敏感、能监测风险变化趋势、起到监管预警作用的指标，需要熟悉银行业信息科技风险的成因、影响及风险本身，以及考虑指标实际监管使用中的可行性。本书采用监管目标导向和基于过程控制管理的方法识别和构建信息科技风险监管指标。

（一）监管目标导向的核心监管指标分析

信息科技风险监管的最终目标是维护社会稳定，确保金融安全和保障公众利益，为达到监管目标，银行业有效保障业务持续性运作和信息安全是首要目的。信息科技风险监管目标层次如图5-4所示。

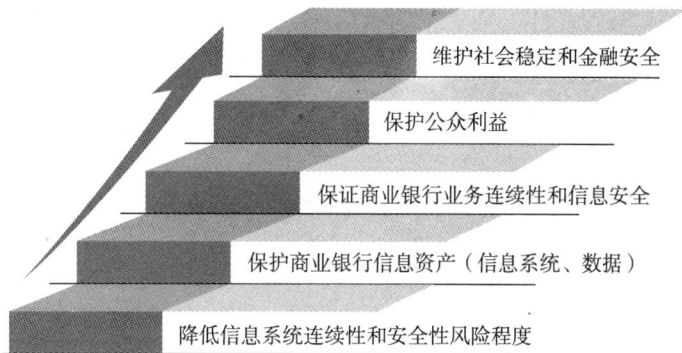

图5-4 信息科技风险监管目标层次图

1. 信息科技风险监管目标

监管部门的信息科技风险监管具体目的包括以下几方面：

（1）业务连续性。保证银行业信息系统稳定、持续地对社会公众提供金融服务，就是保证信息系统"不能断"。

（2）信息安全。保证各类数据的保密性、完整性、可用性，就是数据"不能丢、不能错"。

（3）公众满意度。即保证公众对银行服务满意，确保公众利益未受到损害。

（4）合法合规。即银行的信息科技管理是否符合国家法律法规准则和监管要求，就是"合法合规"。

信息科技风险监管指标设计从监管具体目标出发，运用风险源分析方法，逐层逐级推导出指标（如图5-5所示）。银行业科技风险事件可以归属到信息系统连续性或安全性引致，与风险监管目标相一致；同时，在银行业经营和信息科技风险管理过程中，其行为和操作是否符合国家法律法规和相关监管要求，是监管部门实施监管的重要目标。

2. 结果性核心监管指标推导分析

业务连续性的风险包含信息系统不稳定和中断，以及给公众带来资金损

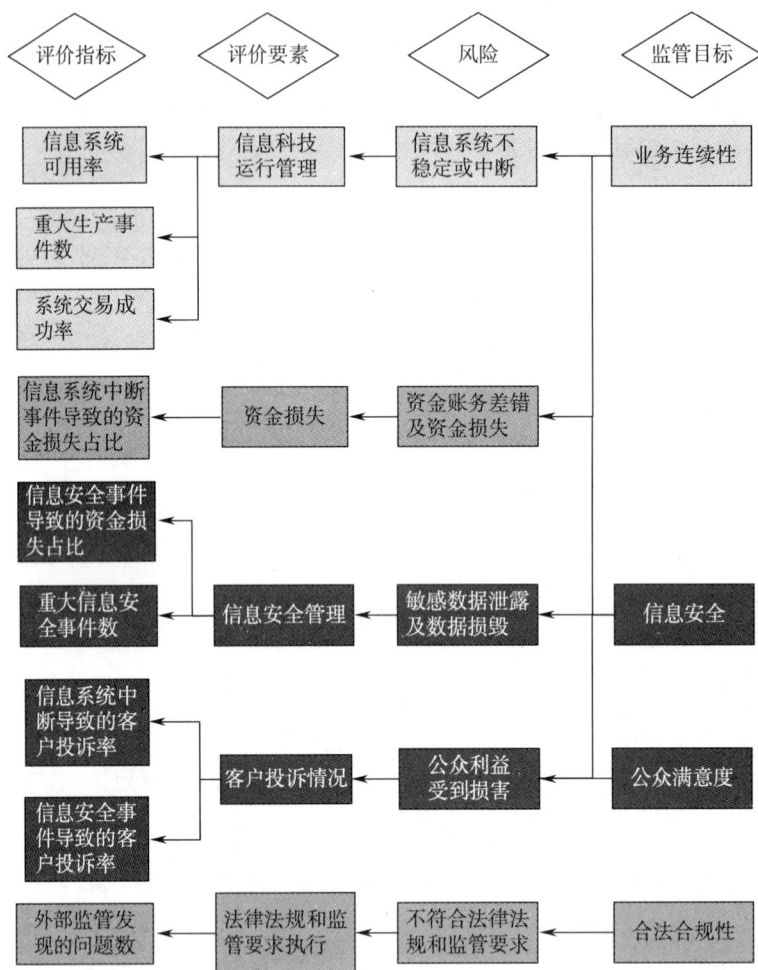

图 5-5　信息科技风险核心监管指标分析图

失，通用的评价要素包含信息科技运行与维护管理和生产事件等，可采用的评价指标为可用率、业务量和生产事件数。资金账务差错及资金损失的评价要素比较具体，主要是指资金损失金额，在信息科技风险管理范畴内，评价指标主要有因信息系统原因导致的资金损失占比。

　　信息安全风险在于敏感数据泄露及数据损毁，评价要素主要为银行业的信息安全管理情况，评价指标主要有重大安全生产事件数。

　　公众满意度风险主要是公众对银行业服务存在不满意，或因信息技术等各种原因而使自身的利益受到损害，目前常采用的评价指标有公众投诉事件数。

合法合规性主要风险为银行业信息科技风险管理不符合法律法规和监管要求，评价要素主要为国家法律法规在实施中的执行情况和银行自身的科技治理状况，其中法律法规执行情况可用外部监管检查发现问题数来评价。

由于各银行的业务范围大小不一，上述结果性指标虽然在一定程度上可以直接反映银行信息科技风险管理的成果，但却存在固有的局限性，即对数量级的指标难以反映不同规模银行的实际信息科技风险管控水平。例如，经营规模大、业务量高的银行往往在事件发生的次数上会较规模小、业务量低的银行要高。

为保证信息科技风险监管评价指标的可操作性，在指标设计中，考虑引入反映银行规模这样的环境变量，统计银行的资产规模、网点数量、应用系统数量、业务量和交易金额，对上述数量级指标进行相应的调整。

（二）基于过程控制管理的科技风险核心监管指标分析

从监管角度看，由于结果性指标的特性是不随着主客观因素或风险管控措施而存在的。例如，一家信息科技风险管控水平差的银行所发生的风险事件次数（比率或损失金额）可能反而低于一家风险管控水平好的银行。因此，在对生产事件数等结果性指标进行监控的同时，还需要补充反映银行信息科技风险管控能力的核心监管指标，以便于有效、合理评估银行业的信息科技风险水平。

同时，结果性指标反映的是一种风险管理的结果状态，不能有效揭示银行业在实际信息科技管理过程中出现的风险，也不能提前进行风险提示和风险预警。为更好地了解风险管理情况、深入揭示银行的风险，提出风险缓释措施，进行监管资源配置，需从监管目标的影响原因出发分析风险因素，并为了弥补结果类指标自身的局限性，需要在信息科技风险监管领域框架的基础上，设计相应的监管指标作为补充。

参照银监会《银行业信息科技风险管理指引》要求，结合银行业信息科技风险特点，信息科技风险领域划分为信息科技治理、风险管理、业务连续性、信息科技运行、信息系统研发测试维护、信息安全、内外部审计、外包八个领域。

- 在信息科技治理领域，监管的主要考虑因素包括企业风险管理策略建立情况、信息科技组织架构的完备性、信息科技队伍建设情况、信息科技制度建设及执行情况等。信息科技风险管理领域，需要重点关注信息科技风险组织架构的完备性，信息科技风险管理三道防线建设等。

- 在信息科技运行领域，考虑的因素为信息系统运行状况的全程监控状态，主干网络是否通畅、自助设备是否正常运行、数据库系统是否正常服务、是否有网络遭受外部非法入侵等都必须纳入实时监控范围，以保障在发生故障的第一时间作出响应。主要关注监控系统的覆盖情况、是否建立起完整的生产变更风险评估、重要生产问题的根本解决情况等。

- 针对系统研发、测试与运维领域，主要考虑因素包括是否建立了完善的质量控制和测试体系，对信息系统的开发是否进行了严格的风险控制等。

- 信息安全领域主要是访问控制风险及数据风险。一是数据窃取，即数据在存储介质中或在传输过程中遭到窃取甚至恶意篡改，由于权限控制不严导致无关人员接触到核心数据并导致机密数据外泄等。数据遭窃取不仅会导致客户信息资料外泄和企业竞争力的下滑，更严重的是引发客户不满，甚至诉诸法律，引发法律风险问题。二是数据丢失，即由于自然灾害、房屋倒塌等突发事件造成的存储介质毁坏，导致存储介质中部分或全部数据丢失。数据丢失会造成银行业务完全无法开展，其后果的严重性不堪设想。数据丢失的关注重点在于信息安全管理体系是否完备、信息安全防护体系是否能有效抵挡各类攻击，防止客户信息资料外泄等。

- 在外包管理领域，风险存在于外包服务过程中的每一个环节，首先，需要考虑服务商能否长期稳定地为银行提供高质量服务，对于信息系统故障能否及时响应并修复，以保障银行业务的连续性；其次，外包服务商在和银行密切往来过程中会获取一些银行的内部机密信息，给银行带来商业秘密泄露的风险；最后，银行对于外包服务商的过度依赖性也是一种风险，将导致银行在合同谈判中处于不利地位，同时也会造成银行自身员工IT服务水平和创新能力受到限制。此外，外包公司人员长期和银行来往甚至常驻银行，但对银行规章制度的理解与执行上和银行员工相比存在一定差距，也可能会带来风险隐患等。在该领域，需重点考量外包比例是否过大、过度集中部分外包公司和技术，是否容易引致行业依赖风险等。

- 针对业务连续性领域，需考虑是否制定全面的应急预案，做好业务连续性规划、业务恢复机制、风险化解和转移措施、数据备份方案等多方面的工作，并加强灾备演练，以保障在突如其来的灾难性事故发生时能迅速恢复生产，尽可能降低事故造成的损失。重点应考量业务连续性演练是否覆盖重要业务、灾备系统建设情况等。

- 在内外部审计领域，重点关注审计问题的整改完成情况等。

根据以上分析，基于过程控制管理选取的监管过程指标如表5-6所示。

表5-6 信息科技风险监管指标表

领域名称	过程控制性指标
信息科技治理	信息科技战略完备性
	信息科技组织架构完备性
	科技制度规范完备性
信息科技风险管理	信息科技风险评估有效性
信息科技运行	监控系统覆盖率
	重点生产问题解决率
	生产变更审核率
信息安全	信息安全防护有效性
信息系统开发、测试与维护	应用研发测试质量
业务连续性管理	业务连续性计划演练覆盖率
	灾备系统的覆盖率
外包	外包集中度
	外包依赖度
内外部审计	外部审计问题整改完成率

五、监管指标权重分析

由于不同指标在信息科技风险监管中的重要程度不尽相同，因此应该根据具体情况考虑给不同的指标赋予适当的权重，以表明其重要性。随着监管机构的风险偏好和科技风险暴露情况的变化，不同指标的权重大小应随着银行信息科技风险的变化和监管的重点与难点的变化而适时作出调整。

指标权重的选取对结果很重要，如果权重大小选择不恰当可能对整个监管实施产生很大的负面影响，因此在确定指标权重时一定要使用科学的赋权方法。

指标权重的确定方法可分为主观赋权法和客观赋权法。主观赋权法是根据人们主观上对各指标的重要程度理解来决定权重的方法，如德尔菲法；而客观赋权法就是根据各指标间的相关关系或各指标值的差异程度来确定权重，如主成分分析法、熵值法、层次分析法和相关系数法等。本书建议将多种赋权方法组合使用，即以德尔菲法通过反复征求专家意见得到不同监管指标权重的初值；再通过层次分析法根据各指标权重的相对重要性构造判断矩阵，计算出各层次指标的组合权重，最后利用熵值法对得到的组合权重进行修正。

（一）层次分析法（AHP法）

1. AHP原理

层次分析法（Analytic Hierarchy Process）是由 T. L. Satty 等人在20世纪70年代提出的，是一种定性和定量相结合、系统化的、层次化的分析方法。层次分析法的基本步骤如图5-6所示。

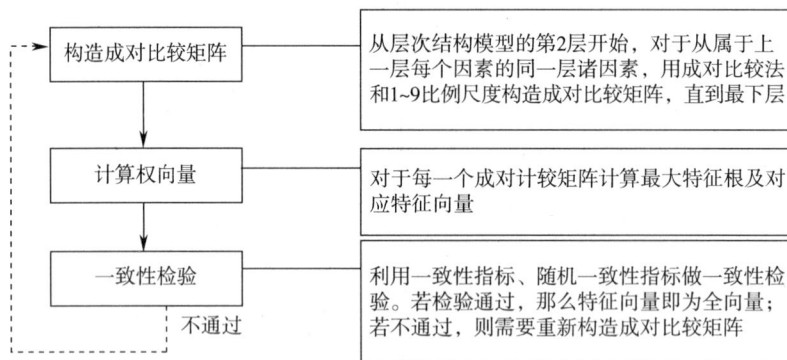

图5-6　AHP基本步骤

层次分析法不是把所有指标放在一起比较，而是运用专家的知识、经验、信息和价值观对同一层次有关因素的相对重要性进行两两相互对比，反映的是人们对定性因素的比较判断。对比时采用相对尺度，以尽可能减少性质不同的指标相互比较的困难，提高准确度。

令 A 为成对比较矩阵：

$$A = (a_{ij})_{n \times n}, a_{ij} > 0, a_{ij} = \frac{1}{a_{ji}}$$

1-9比较尺度如表5-7所示。

表 5 – 7　　　　　　　　　　**1 – 9 尺度 a_{ij} 的含义**

尺度 a_{ij}	含义
1	指标 i 比指标 j 的影响相同
3	指标 i 比指标 j 的影响稍强
5	指标 i 比指标 j 的影响强
7	指标 i 比指标 j 的影响明显的强
9	指标 i 比指标 j 的影响绝对的强
2, 4, 6, 8	指标 i 比指标 j 的影响之比在上述两个相邻等级之间
1, 1/2, …, 1/9	指标 i 比指标 j 的影响之比为上面的 a_{ij} 倒数

2. AHP 权重的计算方法

步骤一，将 A 的每一列向量归一化得：$\overline{w}_{ij} = \dfrac{\alpha_{ij}}{\sum\limits_{i=1}^{n} \alpha_{ij}}$

步骤二，对 $\overline{w}_{ij}$ 按行求和得：$\overline{w}_i = \sum\limits_{j=1}^{n} \overline{w}_{ij}$

步骤三，将 $\overline{w}_{ij}$ 归一化 $\overline{w}_{ij} = \dfrac{\overline{w}_i}{\sum\limits_{j=1}^{n} \overline{w}_i}$，其中 $\sum\limits_{i=1}^{n} \overline{w}_i = n$，则 $W =$

$(w_1, w_1, \ldots, w_n)^T$ 即为近似特征向量。

步骤四，计算 $\lambda = \dfrac{1}{n} \sum\limits_{i=1}^{n} \dfrac{(AW)_i}{w_i}$，作为最大特征根的近似值。

步骤五，一致性检验。Satty 将 $CI = \dfrac{\lambda - n}{n - 1}$ 定义为一致性指标。$CI = 0$ 时 A 为一致阵；CI 越大，A 的不一致程度越严重。为了确定 A 的不一致程度的允许范围，Satty 引入所谓随机一致性指标 RI 作为衡量 A 的一致性指标 CI 的标准。RI 的数值如表 5 – 8 所示。

表 5 – 8　　　　　　　　　　**随机一致性指标 RI 的数值**

n	1	2	3	4	5	6	7	8	9	10	11
RI	0	0	0.52	0.90	1.12	1.26	1.36	1.41	1.46	1.49	1.51

对于 $n \geqslant 3$ 的成对比较阵 A，将它的一致性指标 CI 与同阶（指 n 相同）的随机一致性指标 RI 之比称为一致性比率 CR。当 $CR = \dfrac{CI}{RI} < 0.1$ 时认为 A 的不一致程度在允许范围之内，可用其特征向量作为权向量。

（二）熵值法

在信息论中的信息熵是表示信息无序度的度量，信息熵越大，信息的无序化程度越高，其信息的效用越小；反之，信息熵越小，无序化越低，信息的效用越大。可以将熵值法的基本原理应用到指标确定，单项所形成的时间序列数据的差异程度越大，则提供的信息量越大，那么就应赋予较大的权重，如果某项指标的指标值全部相等，则该指标在综合评估中不起作用。因此，可以根据各项指标的变异程度，利用信息熵这个工具，计算各指标权重，为多指标综合评估提供依据。

如果某一风险监管指标对于同一级其他指标差异程度较小，则说明该风险指标评估银行风险状况或风险监管能力的作用也较小，而对应的信息熵较大；风险指标差异程度的大小反映了该指标在整个风险监管指标体系中的地位，而风险指标差异程度的大小又完全可以用"信息熵"反向度量。因此，可以根据风险指标差异程度，以信息熵为工具，给各风险指标赋予恰当的权重，从而进行多指标的风险评级。熵值法的基本步骤如图5-7所示。

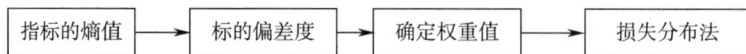

指标的熵值 → 标的偏差度 → 确定权重值 → 损失分布法

图5-7　熵值法确定权重的基本步骤

（三）两种权重计算方法的比较

层次分析法基于专家群体的知识、经验和价值判断，并且对专家的主观判断做了进一步数学处理，具有一定科学性，但专家经验、知识的局限性等主观因素仍未被消除。由该方法确定的权重是指标自身的权重，属主观权重，且层次分析法在对指标进行比较的时候，一般只适合低于7到8个指标的两两比较，如果超过8个，则很难保证一致性，或与其他计算方法得到的权值相差很大。

熵值法的优点在于该方法最大限度地利用了样本数据自身的信息特征来计算各目标的权系数，克服了目前风险评级中的风险指标主观赋权的权限性，因而是较为客观的权系数赋权方法，但缺乏各指标间的横向比较。

在具备完整样本数据时，宜采用熵值法，并将其结果通过指标之间的横向比较做适当修正。当指标体系含有大量定性指标时，宜采用层次分析法。最好是在确定指标权重的过程中，综合利用两种方法进行加权处理。既考虑了主观权重也考虑了客观权重，使得最后的权重更合理。

（四）基于 AHP 的核心监管指标权重例证

考虑到风险监管指标有多个类别和多个层次的特性，风险监管指标可以采用多级指标形式。在设计信息科技风险核心监管指标时我们把风险领域称为"一级指标"，将风险领域中的监管目标称为"二级指标"，每个一级指标的分值又由其下的多个二级指标加权汇总得出。信息科技风险监管指标如表5-9所示。

表 5-9　　　　　信息科技风险监管指标表

	一级指标（风险领域）			二级指标（监管目标）			指标说明
	指标1	权重1	分值1	指标2	权重2	分值3	
信息科技风险监管	信息安全	0.15		重大信息安全事件数	0.225		监管银行发生重大信息安全事件情况
				信息安全事件导致的资金损失占比	0.2		监管银行机构由于信息安全事件导致资金损失情况
				信息安全事件导致的客户投诉率	0.175		监管银行机构由于信息安全事件导致客户投诉情况
	生产运行	0.2		信息系统可用率	0.25		监管银行机构生产系统的主要业务时段对外服务的可用性和稳定性情况
				……	……	……	……

如"信息安全"一级领域权重的选取，其下3个二级指标的相对权重性构成的成对比较矩阵如下：

$$A = \begin{bmatrix} 1 & 2 & 6 \\ 1/2 & 1 & 4 \\ 1/6 & 1/4 & 1 \end{bmatrix} \xrightarrow{\text{列向量归一化}} \begin{bmatrix} 0.6 & 0.615 & 0.545 \\ 0.3 & 0.308 & 0.364 \\ 0.2 & 0.077 & 0.091 \end{bmatrix} \xrightarrow{\text{按行求和}}$$

$$\begin{bmatrix} 1.760 \\ 0.972 \\ 0.268 \end{bmatrix} \xrightarrow{\text{归一化}} \begin{bmatrix} 0.587 \\ 0.324 \\ 0.089 \end{bmatrix} = w$$

$$Aw = \begin{bmatrix} 1.769 \\ 0.974 \\ 0.268 \end{bmatrix}, \lambda = \frac{1}{3}\left(\frac{1.769}{0.587} + \frac{0.974}{0.324} + \frac{0.268}{0.089}\right) = 3.009$$

因为 $CI = \dfrac{\lambda - n}{n - 1} = \dfrac{3.009 - 3}{3 - 1} = 0.0045$，$CR = \dfrac{CI}{RI} = \dfrac{0.0045}{0.58} < 0.1$

所以，通过一致性检验，特征向量 $w = (0.587, 0.324, 0.089)^T$ 即为所求的权向量。例如，结合监管部门对"信息安全"这个一级领域的分析，选取"重大信息安全事件数"以及"信息安全事件导致的客户投诉率"作为"信息安全"领域的关键监管指标。

第四节 信息科技风险核心监管指标应用

根据风险监管指标构建过程分析，设计出若干风险监管指标，依照构建原则中的重要性、一致性、可操作性等具体要求，筛选、剔除掉风险敏感性不高、系统性、整体性不强的指标。同时，为保证监管对象的集中，核心监管指标数量应限制在一定级别。通过综合应用层次分析法、熵值和德尔菲法，我们选取如下科技风险核心监管指标。

一、信息科技风险核心监管指标

（一）结果性监管指标

表 5 – 10　　　　　　　　　　　结果性监管指标

序号	风险监管指标	统计逻辑	指标属性	指标释义	所属领域
1	信息系统可用率（涵盖核心业务系统、网银、ATM 等系统的单项可用率）	$1 - \sum$ [（1 – 单项业务主要业务时段可用率）×业务重要性权重]/业务重要性权重和	结果性	选取 10 – 15 个重要信息系统，指支撑重要业务，或对银行经营管理具有重要意义的重要信息系统，主要包括面向客户、涉及账务处理且时效性要求较高的业务处理类、渠道类和管理类信息系统。包括核心业务系统（含信贷、结算、客户信息等）、渠道类系统（网银、前置、电话银行、手机银行等）和决策支持类系统（数据仓库、风险管理系统）等。	信息科技运行
2	重大生产事件数	当月各类别重大生产事件统计数	结果性	参照《银行业重要信息系统突发事件应急管理规范（试行）》、《银行、证券跨行业信息系统突发事件应急处置工作指引》相关规定，等级在三级及以上的生产故障事件。	信息科技运行
3	系统交易成功率	成功的交易笔数/提交的交易总笔数	结果性	交易是否成功以最终对客户服务的交易为标准统计。	信息科技运行

序号	风险监管指标	统计逻辑	指标属性	指标释义	所属领域
4	重大信息安全事件数	重大信息安全生产事件总数	结果性	参照《银行业重要信息系统突发事件应急管理规范（试行）》、《银行、证券跨行业信息系统突发事件应急处置工作指引》相关规定，等级在三级及以上的信息安全事件。	信息安全
5	信息系统中断事件导致的资金损失占比	信息系统中断事件导致的资金损失/全部事件导致的资金损失	结果性	指因信息系统中断原因产生的直接或间接资金损失，包括根据一定方式计算出的客户流失、贡献值等间接损失。	信息科技运行
6	信息安全事件导致的资金损失占比	信息安全事件导致的资金损失/全部事件导致的资金损失	结果性	指因信息安全事件原因产生的直接或间接资金损失，包括根据一定方式计算出的客户流失、贡献值等间接损失，以及信息泄露等导致的损失，不包括能通过参数调整、冲销交易或追回的损失。	信息安全
7	信息系统中断导致的客户投诉率	信息系统中断事件导致的客户投诉/全部客户投诉	结果性	指因信息系统中断原因引起的客户投诉，包括因程序问题扣款错误、批量计息错误、因系统原因吞卡等的客户投诉。	信息科技运行
8	信息安全事件导致的客户投诉率	信息安全事件导致的客户投诉/全部客户投诉	结果性	指因信息安全原因引起的客户投诉，包括因程序问题扣款错误、批量计息错误、因系统原因吞卡等的客户投诉。	信息安全
9	外部监管发现的问题数	外部监管发现的问题总数	结果性	专指银监会等监管机构通过非现场、现场和第三方检查，或其他监管手段、技术发现的问题。	内外部审计

（二）过程控制性监管指标

表 5-11 　　　　　　　　　　**过程控制性监管指标**

序号	风险监管指标	统计逻辑	指标属性	指标释义	所属领域
1	信息科技战略完备性	信息科技战略完备性	过程性	反映科技战略的完整性、与业务的适应性、对科技可持续发展的指导性。	信息科技治理

序号	风险监管指标	统计逻辑	指标属性	指标释义	所属领域
2	信息科技组织架构完备性	组织架构完整性	过程性	组织架构不完备，相关政策法规难以落实。	信息科技治理
3	科技制度规范完备性	科技制度规范完备性	过程性	反映科技制度规范的完整、科学性和可操作性。	信息科技治理
4	信息科技风险评估有效性	科技风险评估的有效性	过程性	风险管理评估的方法、手段是否有效，是否能及时识别、监测并准确地分析相应的风险。	信息科技风险管理
5	监控系统覆盖率	利用监控工具对系统运行环境、运行状况等进行实时监控的信息系统数/信息系统总数	过程性	监控工具能监控到信息系统环境运行情况，能进行预警的信息系统才纳入到覆盖范围内。	信息科技运行
6	重点生产问题解决率	解决的重点生产问题数/重点生产问题总数	过程性	问题解决不彻底，解决率不高，风险可能重复。	信息科技运行
7	生产变更审核率	经过审核的生产变更/生产变更总数	过程性	生产变更未经审核直接实施，易引致操作风险。	信息科技运行
8	信息安全防护有效性	各类信息安全技术、管理措施执行有效率的加权汇总	过程性	安全防护性低，生产办公设备容易遭受外部攻击，导致信息泄密。	信息安全
9	应用研发测试质量	生产中发现的问题/项目规模	过程性	研发测试质量下降，容易导致生产事件。	信息系统开发、测试与维护
10	业务连续性计划演练覆盖率	在演练周期内组织进行过的业务应急演练的业务类型/业务类总数	过程性	应急演练的方式包括模拟演练和切换演练。演练可按照机房环境、网络、开放平台系统、主机系统、运行作业、数据与应用系统的单项技术领域或组合技术领域组织开展。	业务连续性管理
11	灾备系统的覆盖率	已经建立灾备的应用系统数/应用系统总数	过程性	纳入灾备的信息系统是指已实施应用级、系统级或数据级同城或异地灾备的信息系统。	业务连续性管理

序号	风险监管指标	统计逻辑	指标属性	指标释义	所属领域
12	外包集中度	外包厂商数/外包选择的厂商总数	过程性	过分依赖外部具体公司，容易造成依赖风险，并导致行业整体风险上升。	外包
13	外包依赖度	外包资源参与的项目数/项目总数	过程性	过分依赖外部具体公司，容易造成依赖风险，并导致行业整体风险上升。	外包
14	外部审计问题整改完成率	整改完成的问题数/外部审计发现的问题总数	过程性	外部审计中发现问题的整改完成率低，各类风险不能得到有效释放。	内外部审计

（三）指标属性原则

指标属性描述将遵循 5w2h 原则，包括指标定义、监测方法和指标分析，具体如下：

1. 指标定义（what）：指标名称；指标释义；指标类别；所属领域：所属一级域（依据科技风险的领域划分）；指标层级：划分为行业级、企业级和部门级。

2. 监测方法（when、where、how）：计算公式；监测周期：月、季度、年；监测对象：全行业、国有股份制银行、城商行；数据来源：各类监管系统或报告。

3. 指标分析（why、who、how much）：指标所代表的风险；影响指标高低的因素；指标负责人：监管责任人；预警值、阈值、指标值、计量单位；风险水平值、风险变化率。

以信息系统可用率为例，展现核心监管指标的指标属性（如表 5-12 所示）。

表 5-12　　　　　核心监管指标属性示例

指标名称	信息系统可用率	所属领域	信息科技运行
监测对象	全行业		
数据来源	非现场监管报送		
数据采集方法	自动 + 手工		
涉及的系统平台	非现场监管报表填报平台		

相关报告	信息系统运行情况报告		
计算公式	1－∑［（1－单项可用率）×业务重要性权重］/业务重要性权重和		
监测周期	月	是否分层	
预警值	99.5%	阈值	99.00%
影响指标值高低的主要因素			
运行管理、版本质量、业务使用和第三方产品外包等引发的生产事件会影响信息系统业务的可用时间；变更、版本投产，可能影响业务的可用时间。			
超过阈值带来的风险			
影响对外服务，降低客户体验感受；造成客户账务差错，引起公众经济损失；引起社会关注，影响银行的社会声誉。			
超过预警值应采取的监管和缓释措施			
强调做好生产运行管理，对普遍影响指标的风险，发出风险提示。			
超过阈值后应采取的监管措施			
通报超出阈值的被监管机构，组织业界专家进行分析，实施非现场、现场检查。			
与其他指标关系	信息系统中断事件导致的资金损失占比		
责任部门		联系人/电话	
备注			

二、核心监管指标的使用

（一）数据采集方法

数据采集方法主要包括调查表、实地收集及使用辅助工具等。

1. 调查表。通过调查表的形式，让银行回答有关问题而获取信息的一种有效方式。这种方式具有实施方便、操作简单、所需费用少、分析简捷等特点。但灵活性较小，采集信息模糊、信息深度不够等。

2. 实地收集。通过深入银行业的现场，运用观察、操作等方法直接从银行信息系统中收集资料和数据。数据比较真实、可靠，但存在耗费较高、周期长，操作复杂等困难。

3. 使用辅助工具。借助网络和系统检测、扫描、监控工具来采集数据。

4. 其他方法。如有权机构的内部报告、舆论报道和独立的研究报告等。

（二）风险因素分析方法

1. 风险水平值的关联分析

风险水平值以百分制表示，值越高表示风险水平越高（如图 5 - 8 所示）。风险指标值由直接测量得出，风险水平值的计算方法如下：设定阈值为 A，预警值为 B，指标值为 X，风险水平值为 R，当 X 达到或超过阈值时，R = 100；当 X 未达到阈值时，R = 100 - （A - X）／（A - B）×20。

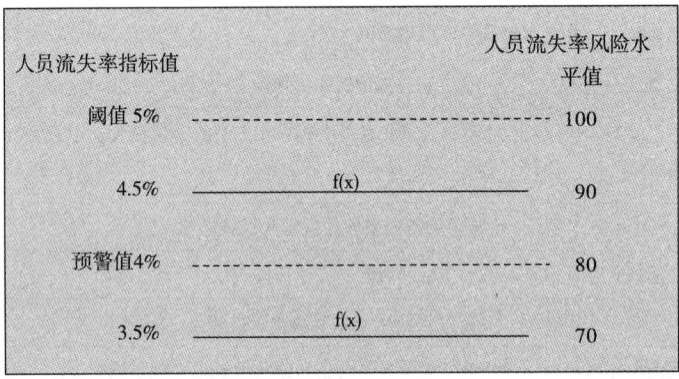

图 5 - 8　风险水平值关联分析示例图

通过计算多个风险指标的水平值，并分析指标间的关联关系，判断当某个指标变化时引起的关联性风险影响。

2. 指标的风险变化率分析

风险变化率以百分制表示，值越高表示风险水平越高（如图 5 - 9 所示）。风险指标的风险变化率的计算方法如下：设定阈值为 A，预警值为 B，上期指标值为 X1，本期指标值为 X2，风险变化率为 Rx；Rx = （X2 - X1）／（A - B）×100%。

通过风险指标的变化率可以判断风险的增长、削弱的趋势，也可以采取环比、同比、定必等通用分析方法进行进一步的数据分析比对。

3. 指标数据的分布状态分析方法

通过求风险指标数据的历史均值、峰值（最大值、最小值），并以均值为 Y 轴，以预警值为 X 轴；将一段时间以来的监管统计数据在该坐标系中以点坐标的形式标注出来，关注实际曲线与理想曲线的偏离程度，说明风险数据的分布状态，体现风险数值的变化情况（如图 5 - 10 所示）。

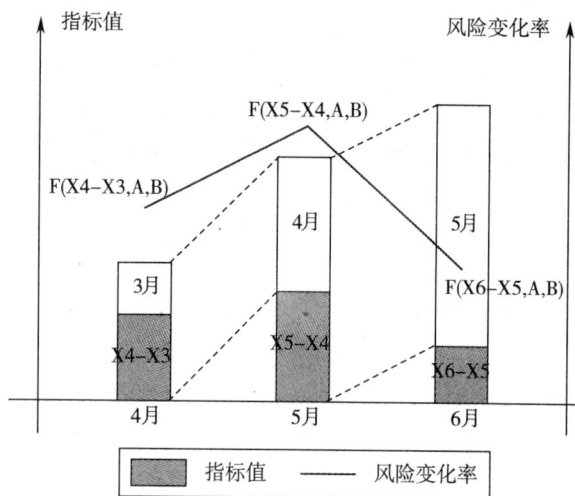

图 5-9　指标风险变化率分析图

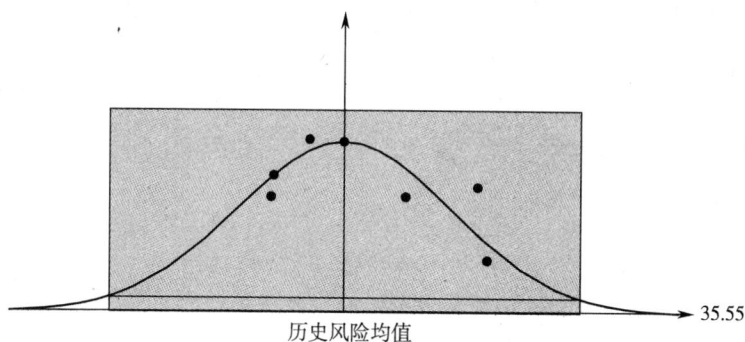

图 5-10　指标数据分布状态图

4. 基于知识的指标分析法

基于知识的指标分析方法突出体现人在风险分析中的作用，从对指标变化的原因、可能负面影响，对这些原因的针对性控制措施及其有效性，再利用经典分析方法，给出指标的风险评估结论。

当对某个风险指标进行风险分析时，可通过专题讨论会的形式对可能带来指标变化的直接原因进行罗列，进而对这些直接影响指标的各种原因的负面后果和现有的控制措施补充齐全，最后通过经典的风险评估分析方法给出或定性、或定量的风险评估结论。

（三）监管处置措施

核心监管指标在应用过程中，可结合行业整体科技风险形势和单家银行业金融机构的风险管控情况，不同银行的属性、特点和管理要求，设置不同的指标管理策略，并根据监管政策导向进行动态调整。具体可实行与市场准入事项挂钩，与现场检查频度挂钩，与银行高管履职评价挂钩等方式，提高风险核心监管指标的权威性和执行力。

结果性监管指标直接反映了银行业信息科技风险现状，这类指标应纳入监管部门重点监管的范畴，一旦超出阈值，可根据监管需要，采取包括通报、停止准入在内的严格监管的措施。过程控制类指标主要反映了银行业信息科技风险管理的能力水平，监管部门主要以风险提示与预警等监管措施为主，结合监管导向和风险暴露情况，可采取约见谈话、通报等监管措施。

几类监管手段的具体运用如下：

1. 风险提示与预警

通过核心监管指标的设置，建立起信息科技风险监管预警体系，及早发现银行业风险隐患，评估风险影响范围，及时对被监管机构或同业发出风险提示，督促采取相应的整改和防范措施。

2. 约见谈话

对核心监管指标监测过程中发现的主要风险和问题，通过约谈被监管机构相关负责人，提出监管要求。

3. 监管通报

核心监管指标在监测周期内，如走势持续向差，可在监管通报中，明确指出对应问题和风险，提出整改要求。

4. 监管准入

对信息科技风险核心监管指标情况连续突破阈值较多，在提示、通报或采取各类监管措施后，仍难以改善的机构，可对其明确指明需限制的准入事项。

对核心监管指标揭示的风险，监管部门应积极督促银行业金融机构整改落实，并及时跟踪敦促银行业的整改措施的落实情况，确保监管取得实效。

（四）监管指标持续优化机制

核心监管指标设定后，监管部门定时根据实际使用情况和监测所反映的信息科技关键风险，对指标和方案进行及时调整和完善。在实际使用中，监管部门对每个指标所反映的风险状况、监测可行性、数据采集条件、监测对象、监测周期和指标间的关系进行详细梳理和分析；对监测方向重叠、覆盖面不全、监测重点偏离、预测力、敏感性不强的指标，需及时剔除出指标体系；确保选用的指标有风险监测意义，客观反映行业信息科技风险状况。对阈值设定与监测值差距较大的指标进行及时修正，对数据采集困难，可能存在人为干扰的指标，及时调整统计口径，提高信息科技风险关键指标数据采集的易取性。

一些未纳入核心监管指标体系的指标，在日常监管使用中，如发现能有效揭示某类风险，或对目前使用的指标形成支撑，可纳入监管试用范围，在运行一段时间后，纳入到核心监管指标中，以便不断丰富监管指标体系。

风险持续监测、分析指标体系是为了及时反映出潜在风险，而指标属性的设定会影响该体系对风险的反映，所以需对指标的属性进行定期调整，以科学反映银行所面临的风险。

一般来讲，指标属性的调整应至少每年进行一次，并结合自身经营战略、外部监管要求以及宏观环境的变化进行调整。指标属性的调整主要包括采集频率的调整和标杆值的调整。

采集频率的大小反映了风险持续监测、分析指标体系对风险的监控力度，在对指标采集频率进行调整时，需要根据专业人员对风险重要程度的判断进行，同时还要考虑数据的生成频率。在操作中，可以结合风险评估的结果，对风险重要程度进行判断。

标杆值的不同，会体现出管理者对风险的不同接受水平，在对标杆值进行调整时应考虑自身经营战略、外部监管要求和宏观环境等多种因素，对标杆值进行综合判断。

（五）信息科技风险核心监管指标与资本计量的关联性分析

对于应用高级计量法的银行，涉及不同的计量模型，目前损失分布法是应用较广的计量方法，主要是通过根据历史损失数据的分布来计量风险。同时，还需要考虑内部控制环境因素等，并将其量化作为计量模型的数据输入。

一般来说，信息科技风险核心监管指标（特别是结果性指标）不直接作为高级法计量模型的输入，因为其本身在一定程度上反映了内部控制环境（内控的有效性和管控强度影响指标的结果）和损失事件（指标监测的最终结果是发生了的实际损失）。过程性指标可以适当考虑作为输入的调节因子。

由于最终风险计量的结果只是一个金额，虽然可以从总体上看出信息科技风险的水平，但是难以看出主要信息科技管理领域的风险及风险管控情况。而信息科技风险核心监管指标可以从独立的视角反映信息科技的风险及风险管控水平，且涵盖信息科技风险管理的主要领域，可以作为资本计量结果的有效补充。

第五节 信息科技风险核心监管指标实证研究

信息科技风险核心监管指标确定后，采集监测指标数据，根据行业历史数据设置阈值、预警值，运用 AHP、DELPH 等方法确定指标权重，依据指标数值、走势，结合银行风险暴露情况，分析指标所反映的风险状况，以及指标的监测有效性。

根据业界近年来核心监管指标的实际使用情况，选取部分运用较成熟的监管指标，分别从阈值、预警值，超过预警值、阈值需采取的监管控制措施等方面分析其使用方法，作为同业指标的实证参考。

一、信息系统可用率

指标名称	信息系统可用率	所属领域	信息科技运行
监测对象	全行业		
数据来源	非现场监管报送		
数据采集方法	自动＋手工		
涉及的系统平台	非现场监管报表填报平台		
相关报告	信息系统运行情况报告		
计算公式	$1-\sum$（（1－单项可用率）×业务重要性权重）/业务重要性权重和		
监测周期	月	是否分层	
预警值	99.95%	阈值	99.90%
影响指标值高低的主要因素			
运行管理、版本质量、业务使用和第三方产品外包等引发的生产事件会影响信息系统业务的可用时间；变更、版本投产，可能影响业务的可用时间。			
超过阈值带来的风险			
影响对外服务，降低客户体验感受；造成客户账务差错，引起公众经济损失；引起社会关注，影响银行的社会声誉。			
超过预警值应采取的监管措施			
强调做好生产运行管理；对普遍影响指标的风险，发出风险提示。			

续表

超过阈值后应采取的监管措施			
组织业界专家进行分析，制定检查计划，组织实施非现场、现场检查。			
与其他指标关系	信息系统中断事件导致的资金损失占比		
责任部门		联系人/电话	
备注			

二、重大生产事件数

指标名称	重大生产事件数	所属领域	信息科技运行
监测对象	全行业		
数据来源	非现场监管报送		
数据采集方法	自动		
涉及的系统平台	非现场监管报表填报平台		
相关报告	事件分析报告		
计算公式	重要生产事件数累计		
监测周期	月	是否分层	
预警值	1	阈值	0
影响指标值高低的主要因素			
银行发生基础设施（指设备、网络、第三方等）故障，或由于银行程序处理效率或超过系统容量限制等，导致银行在生产运行过程中发生业务管理的错误。			
超过阈值带来的风险			
发生生产事件，可能导致银行的业务和服务无法办理、交易损失、账务混乱、延迟入账，给银行机构带来负面影响，带来社会声誉风险。			
超过预警值应采取的监管措施			
组织相关事件的分析，加强与被监管机构的沟通交流，强调做好生产事件管理。			
超过阈值后应采取的监管措施			
组织业界专家进行分析，安排现场或非现场检查，提出处置意见。			
与其他指标关系	信息系统可用率、信息系统中断事件导致的资金损失占比		
责任部门		联系人/电话	
备注			

三、监控系统覆盖率

指标名称	监控系统覆盖率	所属领域	信息科技运行
监测对象	全行业		
数据来源	非现场监管、现场采集		
数据采集方法	自动＋手工		
涉及的系统平台	各类监控管理系统		
相关报告	监控管理分析报告		
计算公式	系统运行环境、运行状况等进行实时监控的对象数/需实施监控的总数		
监测周期	季	是否分层	是
预警值	90%	阈值	85%
影响指标值高低的主要因素			
落后的监控技术以及部署管理不到位会严重影响监控系统覆盖率指标。			
超过阈值带来的风险			
降低银行机构的信息系统可用率，提高银行生产事件的发生数。			
超过预警值应采取的监管措施			
确认指标未达到目标的原因，根据具体情况提供对应的监管指导；组织业界专家，进行风险分析，进行风险提示和预警。			
超过阈值后应采取的监管措施			
组织业界专家进行分析，安排现场或非现场检查，提出处置意见。			
与其他指标关系	信息系统可用率、重大生产事件数		
责任部门		联系人/电话	
备注			

四、外部审计问题整改完成率

指标名称	外部审计问题整改完成率	所属领域	内外部审计管理
监测对象	全行业		
数据来源	非现场监管报表、现场检查		
数据采集方法	系统＋手工		
涉及的系统平台	无		
相关报告	审计整改报告		
计算公式	整改完成的问题数/内外部审计发现的问题总数		
监测周期	季	是否分层	
预警值	95%	阈值	90%
影响指标值高低的主要因素			
银行对问题的重视程度，制定问题解决方案的时效性，内部涉及到部门的配合程度，问题具体特点，上下联动力度，需要的资源投入，彻底解决的周期，资源和技术应用能力，问题发现时间，制度规范执行情况。			
超过阈值带来的风险			
部分频率发生高的问题整改不及时，容易导致同一问题重复发生，带来不必要的损失；部分引发性问题如不及时进行修正调整，可能引致故障、安全事件真正发生，导致安全生产事故，从而带来资产破坏或价值损失。部分业务影响面大的问题如不及时进行落实，可能直接影响到业务操作运行，导致生产运营中断或客户使用，带来社会影响。			
超过预警值应采取的监管措施			
督促银行重视外部审计问题的整改进度；加强与银行的沟通，对重要问题，明确整改完成要求。			
超过阈值后应采取的监管措施			
组织业界专家进行分析，安排现场或非现场检查，提出处置意见。			
与其他指标关系	外部监管发现的问题数		
责任部门		联系人/电话	
备注			

五、重大信息安全事件数

指标名称	重大信息安全事件数	所属领域		信息安全
监测对象	全行业			
数据来源	非现场监管报表、社会舆论报道、现场检查			
数据采集方法	自动＋手工			
涉及的系统平台	非现场监管报表填报平台			
相关报告	事件分析报告			
计算公式	重要信息安全事件数累计			
监测周期	月	是否分层		
预警值	1	阈值	0	
影响指标值高低的主要因素				
人员安全意识不足；病毒攻击、非法入侵、木马植入、外部网络攻击等。				
超过阈值带来的风险				
发生信息安全事件，可能导致银行客户信息泄露或资金损失，也可能会影响生产，造成业务和服务无法办理、交易损失、账务混乱、延迟入账，对银行机构造成负面影响，带来社会声誉风险。				
超过预警值应采取的监管措施				
组织信息安全事件分析工作会议，督促银行采取控制措施；对普遍影响指标的风险，发出风险提示。				
超过阈值后应采取的监管措施				
组织业界专家进行分析，安排现场或非现场检查，提出处置意见。				
与其他指标关系	重大生产事件数、信息安全事件导致的资金损失占比			
责任部门		联系人/电话		
备注				

六、系统交易失败率

指标名称	系统交易失败率	所属领域	信息科技运行
监测对象	全行业		
数据来源	非现场监管报表、现场检查、现场采集		
数据采集方法	自动＋手工		
涉及的系统平台	各类监控管理系统、非现场监管报表填报平台		
相关报告	系统生产运行管理报告		
计算公式	失败的交易笔数/提交的交易总笔数		
监测周期	月	是否分层	否
预警值	0.5%	阈值	1%
影响指标值高低的主要因素			
银行机构的信息技术基础设施的完善程度及管理规范化水平；信息技术基础设施相关操作岗位的人员风险意识和技术能力水平。			
超过阈值带来的风险			
可能导致银行生产系统稳定，进而导致银行的资金损失，造成业务和服务无法办理、交易损失、账务混乱等各种情况，对银行机构造成负面影响，引发不良社会舆论。			
超过预警值应采取的监管措施			
组织专家进行问题原因分析，必要时可采取现场检查。			
超过阈值后应采取的监管措施			
组织业界专家进行分析，实施现场检查；提出处置意见，明确原因并及时采取纠正措施。			
与其他指标关系	重大生产事件数		
责任部门		联系人/电话	
备注			

七、信息系统中断事件导致的资金损失占比

指标名称	信息系统中断事件导致的资金损失占比	所属领域	信息科技运行
监测对象	全行业		
数据来源	非现场监管报送		
数据采集方法	手工		
涉及的系统平台	无		
相关报告	各被监管单位的信息系统运行维护情况报告		
计算公式	信息系统中断事件导致的资金损失/全部事件导致的资金损失		
监测周期	月	是否分层	否
预警值	5%	阈值	10%
影响指标值高低的主要因素			
银行发生基础设施（指设备、网络、第三方等）故障，或由于银行程序处理效率或超过系统容量限制等，导致银行在生产运行过程中发生业务管理的错误。银行机构在应对信息系统的中断中的应急预案完备程度，以及应急演练场景的覆盖程度。			
超过阈值带来的风险			
影响银行机构的社会形象，对银行客户产生负面心理影响。			
超过预警值应采取的监管措施			
强调做好生产运行管理；对普遍影响指标的风险，发出风险提示。			
超过阈值后应采取的监管措施			
组织专家对发生情况的被监管机构进行现场检查；要求相关被监管机构及时进行风险整改，直至满足要求。			
与其他指标关系	信息系统可用率、重大生产事件数		
责任部门		联系人/电话	
备注			

八、信息安全事件导致的资金损失占比

指标名称	信息安全事件导致的资金损失占比	所属领域	信息安全
监测对象	全行业		
数据来源	非现场监管报告		
数据采集方法	手工		
涉及的系统平台	无		
相关报告	各被监管机构信息安全统计报告		
计算公式	信息安全事件导致的资金损失/全部事件导致的资金损失		
监测周期	月	是否分层	否
预警值	5%	阈值	10%
影响指标值高低的主要因素			
银行从业人员的信息安全及风险意识的高低程度；银行技术安全基础设施（网络安全防护、漏洞发现能力、病毒防护能力等）的完成程度；信息安全专业队伍或专业人员的建设情况。			
超过阈值带来的风险			
因信息安全事件的发生引发资金损失极易造成社会负面舆论，甚至产生客户恐慌心理，严重影响银行机构的业务开展和社会形象。信息安全事件的威胁需要多方面、多角度的防护，一旦因信息安全造成的资金损失过高需要采取多方面的投入来解决问题（比如资金、设备、人员、管理等）。			
超过预警值应采取的监管措施			
强调做好信息安全管理工作；对普遍影响指标的风险，发出风险提示。			
超过阈值后应采取的监管措施			
组织专家对发生情况的被监管机构进行现场检查；要求相关被监管机构及时进行风险整改，直至满足要求。			
与其他指标关系	重大信息安全事件数		
责任部门		联系人/电话	
备注			

九、信息系统中断导致的客户投诉率

指标名称	信息系统中断导致 的客户投诉率	所属领域	信息科技运行
监测对象	全行业		
数据来源	非现场监管报送		
数据采集方法	手工		
涉及的系统平台	无		
相关报告	各被监管单位的信息系统运行维护情况报告		
计算公式	信息系统中断事件导致的客户投诉/全部客户投诉		
监测周期	月	是否分层	否
预警值	5%	阈值	10%
影响指标值高低的主要因素			
银行机构发生基础设施（指设备、网络、第三方等）故障，或由于银行程序处理效率或超过系统容量限制等，导致银行在生产运行过程中发生业务管理的错误。银行在应对信息系统的中断中的应急预案完善程度，以及应急演练场景的覆盖程度。银行业务中断对客户的影响情况，以及业务预期中断（比如升级改造等）是否事先有效告知客户。			
超过阈值带来的风险			
影响银行机构的社会形象，对银行客户产生负面心理影响，严重影响客户对银行的信任程度。			
超过预警值应采取的监管措施			
强调做好生产运行管理；对普遍影响指标的风险，发出风险提示。			
超过阈值后应采取的监管措施			
组织专家对发生情况的被监管机构进行现场检查；要求相关被监管机构及时进行风险整改，直至满足要求。			
与其他指标关系	重大生产事件数		
责任部门		联系人/电话	
备注			

十、信息安全事件导致的客户投诉率

指标名称	信息安全事件导致的客户投诉率	所属领域	信息安全
监测对象	全行业		
数据来源	非现场监管报告		
数据采集方法	手工		
涉及的系统平台	无		
相关报告	各被监管机构信息安全统计报告		
计算公式	信息安全事件导致的客户投诉/全部客户投诉		
监测周期	月	是否分层	否
预警值	5%	阈值	10%
影响指标值高低的主要因素			
银行从业人员的信息安全及风险意识的高低程度；银行技术安全基础设施（网络安全防护、漏洞发现能力、病毒防护能力等）的完成程度；信息安全专业队伍或专业人员的建设情况。			
超过阈值带来的风险			
因信息安全事件的发生引发资金损失极易造成社会负面舆论，甚至产生客户恐慌心理，严重影响银行业的业务开展和社会形象。信息安全事件的威胁需要多方面、多角度的防护，一旦因信息安全造成的资金损失过高需要采取多方面的投入来解决问题（比如资金、设备、人员、管理等）。			
超过预警值应采取的监管措施			
强调做好信息安全管理工作，对普遍影响指标的风险，发出风险提示。			
超过阈值后应采取的监管措施			
组织专家对发生情况的被监管机构进行现场检查；要求相关被监管机构及时进行风险整改，直至满足要求。			
与其他指标关系	重要信息安全事件数		
责任部门		联系人/电话	
备注			

十一、科技服务覆盖率

指标名称	科技服务覆盖率	所属领域	科技治理
监测对象	全行业		
数据来源	非现场监管、现场检查		
数据采集方法	自动＋手工		
涉及的系统平台	资源配置的管理平台		
相关报告	各被监管机构的业务及科技报告		
计算公式	科技服务支持业务的种类/全部业务的产品种类		
监测周期	季度	是否分层	否
预警值	50%	阈值	30%
影响指标值高低的主要因素			
银行科技资金的投入程度，或银行科技队伍的建设程度、科技人员占全行人员的占比情况；业务产品对科技技术的依赖情况，以及科技在业务产品创新中的参与程度。			
超过阈值带来的风险			
银行业务产品过多依赖于人员手工或其他非科技手段完成，将严重影响银行业务的开展效率；科技对于业务的服务支持能力过低，不利于银行的业务创新和业务发展。			
超过预警值应采取的监管措施			
组织专家进行分析讨论，并通过非现场监管方式剖析原因；要求情况发生银行进行业务流程再造研究，对新业务尽量采取可行的科技支撑。			
超过阈值后应采取的监管措施			
通过现场监管、检查方式，了解科技对业务支持的困难，组织协调其他在此方面做法优秀的银行向发生此情况的银行做对口经验介绍和支持；要求调整业务发展战略及资金分配情况，要求向科技专业进行资金倾斜。			
与其他指标关系			
责任部门		联系人/电话	
备注			

十二、外部监管发现的问题数

指标名称	外部监管发现的问题数	所属领域	内外部审计
监测对象	全行业		
数据来源	现场检查、外部审计		
数据采集方法	手工		
涉及的系统平台	无		
相关报告	外部审计报告		
计算公式	外部监管发现的问题总数		
监测周期	季度	是否分层	否
预警值	—	阈值	—
影响指标值高低的主要因素			
第三方监管机构通过非现场、现场和第三方检测，或者其他监管手段、技术发现的问题；取决于检查人员的检查手段、被检查对象的合规程度；被检查机构在问题整改和风险管理方面未给予足够的重视。			
超过阈值带来的风险			
外部监管发现的问题数过多说明被检查机构在合规性建设方面存在不足，影响信息系统的安全平稳运行，容易引发不同类型的风险隐患。部分业务影响面大的问题如不及时进行落实，可能直接影响到业务操作运行，导致生产运营中断或客户使用，带来社会影响。			
超过预警值应采取的监管措施			
要求被检查机构根据问题采取必要的整改措施，提出整改计划，进行必要的风险处置；向情况发生机构下发风险通知书；针对可能普遍存在的问题，想同行业发布风险警示信息。			
超过阈值后应采取的监管措施			
要求进行及时有效的风险处置，并限期对处置情况进行反馈。			
与其他指标关系	外部审计问题整改完成率		
责任部门		联系人/电话	
备注			

十三、信息科技组织架构完备性

指标名称	信息科技组织架构完备性	所属领域	信息科技治理
监测对象	全行业		
数据来源	非现场监管报告		
数据采集方法	手工		
涉及的系统平台	无		
相关报告	非现场监管报告		
计算公式	组织架构完整性		
监测周期	年度	是否分层	否
预警值	—	阈值	—
影响指标值高低的主要因素			
银行机构发展战略中对信息科技的规划，董事会或高级管理层对于信息科技重要性的认知和接受程度；银行的组织架构中对于风险管理、信息科技等专业的人事设置和组织管理架构流程是否明晰。			
超过阈值带来的风险			
组织架构不完备，相关政策法规难以落实，或因管理流程不明确引发的问题整改流程长、整改难。			
超过预警值应采取的监管措施			
要求采取必要的资金倾斜和组织人员调整。			
超过阈值后应采取的监管措施			
向情况发生机构下发监管通知书，要求其进行必要的组织人员结构调整，明确信息科技组织架构及管理流程。			
与其他指标关系			
责任部门		联系人/电话	
备注			

十四、信息科技战略完备性

指标名称	信息科技战略完备性	所属领域	科技治理
监测对象	全行业		
数据来源	非现场监管报告		
数据采集方法	手工		
涉及的系统平台	无		
相关报告	非现场监管报告		
计算公式	信息科技战略完备性		
监测周期	年度	是否分层	否
预警值	—	阈值	—

影响指标值高低的主要因素
银行机构发展战略中对信息科技的规划，董事会或高级管理层对于信息科技重要性的认知和接受程度；银行对于监管机构合规性要求的理解和落实程度。

超过阈值带来的风险
缺乏信息科技战略将严重影响科技发展与业务发展的适应性，或影响信息科技发展的可持续性，进而影响银行的业务创新能力和业务可持续发展能力。

超过预警值应采取的监管措施
要求采取必要的资金倾斜，研究监管法规的落实，进行必要战略调整。

超过阈值后应采取的监管措施
向情况发生机构下发监管通知书，要求进行必要的组织人员结构调整，明确信息科技组织架构及管理流程，进行必要的信息科技战略调整，并限期反馈。

与其他指标关系	
责任部门		联系人/电话	
备注	

十五、科技制度规范完备性

指标名称	科技制度规范完备性	所属领域	信息科技治理
监测对象	全行业		
数据来源	非现场监管报告		
数据采集方法	手工		
涉及的系统平台	无		
相关报告	非现场监管报告		
计算公式	科技制度规范完备性		
监测周期	年度	是否分层	否
预警值	80%	阈值	50%
影响指标值高低的主要因素			
银行对于监管机构合规性要求的理解和落实程度；银行内部自身信息科技管理水平，包括组织架构完备性、业务流程明晰程度，以及科技管理工作各专业线条的规范化管理程度；银行信息科技队伍对于内部制度和规范建设的人力、资金、培训、检查等各方面的重程度。			
超过阈值带来的风险			
该指标反映科技制度规范的完整性、科学性和可操作性；一旦超过阈值，说明产生了某些领域的管理依据缺失，容易引发操作和科技风险；制度规范的建设直接影响各科技专业线条的建设，依据的缺失将影响科技的持续发展能力和对业务的有效支撑能力。			
超过预警值应采取的监管措施			
组织专家进行分析讨论，提出必要的解决方案；组织必要的现场检查或外部审计，通过问题发现和整改要求提升制度和规范的完备性。			
超过阈值后应采取的监管措施			
要求进行必要的制度规范建设。			
与其他指标关系			
责任部门		联系人/电话	
备注			

十六、信息科技风险评估有效性

指标名称	信息科技风险评估有效性	所属领域	信息科技风险管理
监测对象	全行业		
数据来源	非现场监管、现场检查或第三方审计		
数据采集方法	手工		
涉及的系统平台	无		
相关报告	无		
计算公式	科技风险评估的有效性		
监测周期	年度	是否分层	否
预警值	70%	阈值	60%

影响指标值高低的主要因素
银行内部风险评估手段的种类、风险评估的范围、方法和实施周期；银行内部风险评估发现问题、揭示风险的数量，以及外部监管或第三方机构采用风险评估发现或揭示的风险的数量。

超过阈值带来的风险
风险管理活动中对于风险评估方法、流程、手段和及时性天然有着较为严格的约束要求，一旦风险评估失去效用，则不能及时揭示本组织在信息科技管理工作中的风险、问题，进而对信息系统的平稳运行带来隐患，或引发操作风险，间接对业务、服务产生影响。

超过预警值应采取的监管措施
组织专家对风险评估手段、方法、流程等进行再评估，提出改善方案。针对普遍存在的情况，及时向行业内部进行风险警示。针对外部风险的变化情况，结合行业情况，深化风险评估方法的研究。

超过阈值后应采取的监管措施
组织进行现场调研、检查，并将发现的风险做及时通告；向情况发生机构提供必要的技术支持，限时完成风险评估方法的优化，在通过实践验证后完成优化。

与其他指标关系	外部监管发现的问题数		
责任部门		联系人/电话	
备注			

十七、重点生产问题解决率

指标名称	重点生产问题解决率	所属领域	信息科技运行
监测对象	全行业		
数据来源	非现场监管、现场检查、第三方审计		
数据采集方法	自动＋手工		
涉及的系统平台	生产运行管理系统、资源配置管理系统等自动化平台		
相关报告	各机构生产运行管理报告		
计算公式	解决的重点生产问题数/重点生产问题总数		
监测周期	月	是否分层	否
预警值	98%	阈值	95%
影响指标值高低的主要因素			
银行发生基础设施（指设备、网络、第三方等）故障，或由于银行程序处理效率或超过系统容量限制等，导致银行在生产运行过程中发生业务管理的错误。银行信息科技管理部门对重大生产问题的处理流程、应急预案演练情况、技术人员的储备情况等。			
超过阈值带来的风险			
发生生产事件，可能导致银行的业务和服务无法办理、交易损失、账务混乱、延迟入账，对银行业带来负面影响，带来社会声誉风险。重大的生产事件不能及时解决，容易引起事件升级、扩大负面影响，引发资金损失或客户投诉。			
超过预警值应采取的监管措施			
进行非现场监督或警示，要求采取必要的措施及时补救。			
超过阈值后应采取的监管措施			
组织专家进行现场检查或组织第三方进行审计，挖掘潜在风险，并要求进行及时的补救。			
与其他指标关系	重大生产事件数		
责任部门		联系人/电话	
备注			

十八、生产变更审核率

指标名称	生产变更审核率	所属领域	信息科技运行
监测对象	全行业		
数据来源	非现场检查、现场检查		
数据采集方法	自动＋手工		
涉及的系统平台	银行机构配置管理或生产运行操作管理系统		
相关报告	无		
计算公式	经过审核的生产变更/生产变更总数		
监测周期	月	是否分层	否
预警值	98%	阈值	95%
影响指标值高低的主要因素			
银行机构生产变更的制度规范建设情况；生产变更审核人员的技术能力、风险意识。			
超过阈值带来的风险			
生产变更不通过审核而直接进行实施，容易造成在线生产系统的故障率提升、事件率升高，引发操作风险，产生不良后果。			
超过预警值应采取的监管措施			
进行必要的风险警示或针对情况发生机构做非现场监督检查。			
超过阈值后应采取的监管措施			
提高安全防范意识，严格执行制度规范要求。要求情况发生机构加强日常安全管理和检查力度，从技术和管理角度强化安全风险防范的力度。组织专项检查，及时跟踪督查整改。			
与其他指标关系	无		
责任部门		联系人/电话	
备注			

十九、信息安全防护有效性

指标名称	信息安全防护有效性	所属领域	信息安全
监测对象	全行业		
数据来源	非现场监管报告		
数据采集方法	手工		
涉及的系统平台	各类信息安全管理、技术平台		
相关报告	各类信息安全管理、技术平台的统计报告		
计算公式	各类信息安全技术、管理措施执行有效率的加权汇总		
监测周期	月	是否分层	否
预警值	90%	阈值	80%
影响指标值高低的主要因素			
银行机构信息安全防护体系的全面性，包括各类信息安全管理平台的建设情况、运行管理情况、技术防护能力等方面。银行机构对信息安全管理工作各子领域的覆盖程度，以及管理或技术人员对信息安全管理工作的认知程度、执行程度。信息安全各子领域的整体风险变化情况，包括病毒防护、网络攻击防护、漏洞挖掘、信息泄露防护、业务功能滥用防护、客户信息保护、渗透性测试实施情况等各方面。 各类信息安全管理措施的加权汇总算法，特别是权重分配比例。			
超过阈值带来的风险			
容易引发信息安全事件，给科技、业务的运行带来潜在风险，甚至引发社会负面影响，造成客户流失、声誉风险。给外部攻击造成可乘之机，引发生产问题、业务资金损失等不良后果。			
超过预警值应采取的监管措施			
组织专家进行风险分析，给出信息安全体现建设或信息安全防护执行方面的建议，请情况发生机构酌情执行；要求情况发生机构加强信息安全管理工作，完善流程、明确责任、强化执行。			
超过阈值后应采取的监管措施			
向相关机构下发监管意见，要求其及时采取必要措施，并限时反馈整改进展。			
与其他指标关系	重大信息安全事件数		
责任部门		联系人/电话	
备注			

二十、应用研发测试质量

指标名称	应用研发测试质量	所属领域	信息系统开发、测试与维护
监测对象	全行业		
数据来源	非现场监管报告		
数据采集方法	手工		
涉及的系统平台	无		
相关报告	各机构的生产及应用研发管理报告		
计算公式	生产中发现的问题数/项目规模		
监测周期	季度	是否分层	否
预警值	10%	阈值	20%
影响指标值高低的主要因素			
银行机构应用系统的自主开发或测试验收的成功率，项目开发效率、项目版本正常交付率，业务需求向项目研发的转化管理水平。生产补丁等用于解决因开发引起的生产风险问题的版本发布及时率及覆盖情况。需求规模，技术优化要求，研发、测试人员数量，较早版本的维护工作，可能存在的不合理技术和管理流程。			
超过阈值带来的风险			
研发测试质量下降，容易导致生产事件；项目开发和测试的效率过低，给科技的业务服务能力产生负面影响，抵消科技的支撑力和创新力。项目管理水平低下带来的人力、物力和资金的浪费。			
超过预警值应采取的监管措施			
采取非现场检查、现场检查等手段，引起情况发生机构的重视；并要求其加强项目需求管理，补充研发、测试资源，提高项目时间和资源管理水平；或优化管理流程，严格控制项目设计规范性，逐步减少技术优化要求，提高项目质量。			
超过阈值后应采取的监管措施			
要求情况发生机构结合其信息科技战略调整项目管理策略，给予必要的补救措施，并在后续规划中向项目管理水平提升方面提供必要资源。			
与其他指标关系	无		
责任部门		联系人/电话	
备注			

二十一、业务连续性计划演练覆盖率

指标名称	业务连续性计划演练覆盖率	所属领域	业务连续性管理
监测对象	全行业		
数据来源	非现场监管、现场检查或第三方外部审计		
数据采集方法	手工		
涉及的系统平台	无		
相关报告	ITCP、BCP等各类业务连续性计划，以及应急演练计划、报告、总结		
计算公式	在演练周期内组织进行过的应急演练的业务类型/业务类总数		
监测周期	季度	是否分层	否
预警值	85%	阈值	80%

影响指标值高低的主要因素

银行信息科技专业线条划分情况，机构内部所属信息系统的归属是否明晰，各应用系统的灾备是否建立，应急演练的计划、报告、培训和总结情况。应急演练计划制定不够严密，应急方案可操作性不好，管理制度执行力不足。应急管理意识不强，人员设施环境条件不具备，应急方案未根据实际情况及时更新。

超过阈值带来的风险

应急和灾备演练的方式包括模拟演练和切换演练。演练可以按照按照机房环境、网络、开放平台系统、主机系统、运行作业、数据与应用系统的单项技术领域或组合技术领域组织开展。过多的专业或场景缺乏演练，将降低生产运行维护能力，容易引发操作风险，进而影响业务的连续性。

超过预警值应采取的监管措施

组织现场或非现场监督检查，要求情况发生机构梳理重要应用系统的应急方案，根据系统实际情况，完善应急方案，保证预案的可操作性。要求情况发生机构优化演练计划，定期组织演练进行；并提高应急管理意识，督促加强演练环境的准备和具体演练的实施。

超过阈值后应采取的监管措施

可视情况下发监管意见书，要求其限时整改，并反馈意见。

与其他指标关系	
责任部门	联系人/电话
备注	

二十二、灾备系统的覆盖率

指标名称	灾备系统的覆盖率	所属领域	业务连续性管理
监测对象	全行业		
数据来源	非现场监管、现场检查或第三方外部审计		
数据采集方法	手工		
涉及的系统平台	无		
相关报告	灾备管理报告		
计算公式	已经建立灾备的应用系统数/应用系统总数		
监测周期	季度	是否分层	否
预警值	90%	阈值	85%

影响指标值高低的主要因素
银行机构信息科技运维服务水平，信息系统的运维服务外包情况。银行机构灾备体系的建设情况，包括异地灾备、同城灾备，以及银行机构的灾备管理战略和策略。

超过阈值带来的风险
灾备系统覆盖不全，容易导致业务连续性的降低，产生生产运行类操作风险，导致业务中断而不能及时恢复。过多的应用系统缺乏灾备，容易引发生产事件或在重大生产事件发生时因不能及时启用灾备系统，引起事件升级、扩大信息系统中断的风险，更容易引起业务重点和系统可用率的降低。

超过预警值应采取的监管措施
应要求情况发生机构及时采取必要的技术、管理措施，研究提升灾备覆盖率的手段。

超过阈值后应采取的监管措施
可以要求情况发生机构加大灾备策略的资金、人员投入，必要时可以要求其调整信息科技战略，满足灾备覆盖率的基本要求。

与其他指标关系			
责任部门		联系人/电话	
备注			

二十三、外包集中度

指标名称	外包集中度	所属领域	外包
监测对象	全行业		
数据来源	非现场监管、现场检查或第三方审计		
数据采集方法	手工		
涉及的系统平台	无		
相关报告	无		
计算公式	外包厂商数/外包可选择的厂商总数		
监测周期	季度	是否分层	否
预警值	50%	阈值	80%
影响指标值高低的主要因素			
银行机构信息科技各专业线条的外包供应商可供选择的范围；银行机构必要外包服务的合同签约、违约等合同管理情况。			
超过阈值带来的风险			
过分依赖外部具体公司，容易造成依赖风险，并导致行业整体风险上升。			
超过预警值应采取的监管措施			
要求情况发生机构制定迅速选型可替代公司方案，以备因为供应商原因而影响到银行的生产运行稳定。			
超过阈值后应采取的监管措施			
要求情况发生机构制定迅速选型可替代公司方案，并力争降低对单一供应商的依赖，或者对已有业务的供应商做调整。			
与其他指标关系	外部依赖度		
责任部门		联系人/电话	
备注			

二十四、外包依赖度

指标名称	外包依赖度	所属领域	外包
监测对象	全行业		
数据来源	非现场监管、现场检查或第三方审计		
数据采集方法	手工		
涉及的系统平台	无		
相关报告	无		
计算公式	外包资源参与的项目数/项目总数		
监测周期	季度	是否分层	否
预警值	50%	阈值	80%
影响指标值高低的主要因素			
银行机构信息科技各专业线条的外包供应商可供选择的范围；以及银行业必要外包服务的合同签约、违约等合同管理情况。			
超过阈值带来的风险			
过分依赖外部具体公司，容易造成依赖风险，并导致行业整体风险上升。			
超过预警值应采取的监管措施			
采取现场检查、第三方外部审计等形式，对银行机构的外部管理、项目管理等情况进行检查。			
超过阈值后应采取的监管措施			
要求银行机构加强项目及外包管理，必要时要求银行机构调整好信息科技战略，以实现项目的自主完成能力提升。			
与其他指标关系	外包集中度		
责任部门		联系人/电话	
备注			

第六章

信息科技风险资本计量

　　银行风险管理的一个重要环节是风险资本的计量，风险资本计量结果有助于更加直观地看待银行所面临和承担的风险，并支持管理层进行相应的资本配置和管理决策，这同样适用于信息科技风险管理。然而，目前银行业尚未形成一套成熟的信息科技风险资本计量框架。本书从研究和探索的角度，提出了单独的信息科技风险资本计量的框架；从金额和时间两个维度定义信息科技风险的损失，建立影响时间与金额损失的对应关系，使间接损失也可以被计量；提出了基于标准法和损失分布法的信息科技风险资本计量方法，再运用内部衡量法对计量结果进行调整。

第一节　信息科技风险资本计量的背景、意义、目标

一、操作风险及其资本计量的背景

20 世纪 90 年代，全球金融界发生了一系列由信用风险和市场风险之外的其他风险引发的严重的损失事件，例如巴林银行事件、爱尔兰联合银行事件、大和银行事件等，这使得业界和监管机构认识到，必须以一种全新的框架、理念、工具方法来应对欺诈、系统中断、操作失误等风险。

2004 年巴塞尔委员会颁布的新资本协议中指出，操作风险是商业银行所面临的另一种重要风险类型，提出要将信用风险和市场风险之外的操作风险纳入商业银行全面风险管理体系，对操作风险计提风险资本。新资本协议中指出，操作风险指"由不完善或者有问题的内部程序、人员及系统或外部事件所造成损失的风险"。策略风险和声誉风险不包含在此定义中，中国银监会也沿用了该定义。操作风险经济资本是指未来一定期间内，在一定的置信水平下，银行为弥补操作风险非预期损失而需要的资本。操作风险资本计量具有多方面的重要意义，一是监管机构通过计量监管资本，要求金融机构必须持有足够的资本来应对操作风险的非预期损失，从而增强金融机构和金融系统的稳定性；二是金融机构为降低操作风险的资本要求，不断改进管理，从而达到以资本约束扩张、以资本促进管理提升的目的。

二、信息科技风险资本计量的意义

信息科技是操作风险的四大风险因子之一，信息科技风险资本计量是操作风险资本计量的重要组成部分。目前操作风险资本计量的高级计量法是基于损失数据的，巴塞尔协议将操作风险损失数据分为七大类，分别为内部欺诈、外部欺诈、执行交割流程管理、客户产品业务活动、实物资产损坏、就业制度和工作场所安全、IT 系统。可见，在新巴塞尔协议下，信息科技风险

资本计量统筹于操作风险的资本计量体系之下，信息科技风险的管理统筹于操作风险的管理。

将信息科技风险资本计量纳入操作风险资本计量框架具有以下五方面的意义。

一是管理视角得以扩展。信息科技风险管理从信息科技部门的信息安全管理，提升至全行层面的全面风险管理的有机组成部分。管理视角也从信息科技部门内部管理扩展到全行与信息技术相关的各条业务线、各个业务流程，从而更加全面地涵盖了全行的风险暴露和风险类型。

二是管理的内容得以延伸。信息科技风险从技术层面的安全管理，延伸到风险识别、风险度量、风险监测、风险控制等各个环节，其中风险的度量和资本分配等更是突破了信息技术的领域，从风险管理和经济资本计提的角度赋予了信息科技风险管理的新内容。

三是管理的理念得以发展。风险资本计量的核心思想是用资本约束盲目扩张，通过资本达到风险与发展的内在平衡。现代银行的业务和产品的拓展越来越依赖信息系统，因此，仅通过信用风险、市场风险的资本计量显然不足以覆盖银行发展所面临的主要风险。虽然巴塞尔委员会对操作风险的定义中包含信息科技风险，但在操作风险的基本指标法和标准法下，计量比较简单笼统，难以体现出资本对科技风险的敏感度，也难以真正将信息科技风险的制约落实到对发展的规划中。在操作风险高级计量法下，损失数据按照业务条线和风险类别划分为矩阵，信息科技风险资本可以被相对独立地计量，因此，探索对信息科技风险资本的计量既与当前资本监管框架中操作风险资本计量相统一，同时又与信息科技风险的特殊性和重要性相符合。

四是相对独立地计量信息科技风险资本使得计量更加准确。信息科技风险是一种特殊的风险，其表现形式、频率分布、严重程度分布与其他类别的操作风险有很大区别，所以，可以考虑在操作风险资本计量的统一框架下，对信息科技风险资本这一类型单独计量，采用单独的方法和流程，计量出风险资本，再在考虑风险相关性的前提下，与其他操作风险类型的风险资本一并纳入总的操作风险资本。这样可以提高信息科技风险这一特殊风险类别的计量准确程度，也可以更好地通过资本计量提高信息科技风险的管理水平。

五是管理方式发生了转变。信息科技风险计量反映了"资本约束"的理念，改变了当前信息科技风险监管只能依靠过程监管的局面，使得监管部门可以基于计量扩展资本监管的范围，通过资本约束，促使商业银行主动加强信息科技风险管理。

三、信息科技风险资本计量目标

信息科技风险虽然是应巴塞尔协议的要求纳入到全面风险计量的框架中，但不能仅为新资本协议的达标而对信息科技风险计提资本。信息科技风险资本计量的目标与管理的目标应当是一致的，计提风险资本是管理的重要手段，其目标归根到底应当是提升风险管理水平、降低风险的发生频率、减少信息科技风险带来的损失。

具体而言，信息科技风险资本计量的目标包含以下三个方面：

一是用数字反映风险，用数字描绘出风险在哪里、风险有多大、风险的发生频率、风险的严重程度，将数理分析的方法引入风险的管理之中，从而使信息科技风险的管理向科学化、精细化、系统化转变。

在计量中，可以按照业务条线和事件类型，将信息科技风险事件划分为矩阵，从而计量出矩阵的每个"格子"的预期损失、非预期损失，可以通过比较看出哪个条线的哪种类型的信息科技风险较大，从而发现需要高度关注的业务条线和IT事件类型。

二是用资本约束信息科技风险，用资本促进风险管理水平的提升。在新资本协议的框架下，通过信息科技风险资本的约束，限制IT系统的高风险扩张，将风险资本作为管控信息科技风险的有力的缰绳。

通常，银行信息系统规模扩张并不完全取决于IT部门，往往由业务部门拓展业务的新需求所决定。为有效发挥信息科技风险资本计量这一缰绳作用，可以计量每个业务条线的IT类风险资本，当某个条线信息科技风险较大时，该业务条线因信息科技风险导致的资本占用就会比较高，从而使得该业务条线不得不放弃信息系统的迅速扩张；另一方面，我们也可以计量全行总的信息科技风险资本，在全行管理层的层面约束信息系统的扩张。

三是为应对信息科技风险的非预期损失做好资本准备。按照风险管理中经济资本的定义，一旦非预期的信息科技风险事件发生，除了应急处置预案之外，银行需要具有足够的资本来最终弥补消化风险造成的损失，信息科技风险的计量对这一资本需求量大小的决定具有重要意义。

第二节　信息科技风险资本计量的思路

一、操作风险资本计量的主要方法

信息科技风险是一种特殊的操作风险，是作为操作风险的一部分纳入全面风险计量框架的，因此，我们先简单回顾一下业界对操作风险资本计量的研究和探索。

目前，根据巴塞尔新资本协议，有三种操作风险资本的计量方法，分别为基本指标法、标准法和高级计量法。其中高级计量法又包括内部计量法、损失分布法、极值理论模型和记分卡法。这三种方法的复杂程度和在对风险的敏感度方面逐步加强。

（一）基本指标法

该方法在衡量操作风险时将银行看做一个整体，不对操作风险的构成进行分析，而只分析银行整体的操作风险水平。该方法的基本假设是：银行的操作风险与银行的规模线性相关，银行规模越大，则操作风险越大，其应计提的操作风险经济资本也越多。该方法基本思路是：银行应当保有的操作风险资本要求应等于该行前三年总收入的平均值乘上一个固定比例（用 α 表示）。资本计算公式如下：

$$K_{BIA} = GI \times \alpha$$

其中，K_{BIA} 表示该种计算方法下的资本配置要求；

GI 表示银行前三年总收入（非利息收入加上净利息收入）的平均值；

α 表示比例系数，巴塞尔委员会根据银行业的经验将其设为15%。

基本指标法比较简单易行，但对不同类型操作风险的资本计提采用同一比例则过于简化，无法把不同金融机构或者同一机构的不同业务的操作风险特征区分出来。对银行而言，确定适合自身操作风险特征的比例系数 α 就成为关键。

（二）标准法

基本指标法过于简单笼统，银行是由不同的业务条线组成的，不同的业务条线面临的操作风险是不同的，应当为风险大的条线多计提资本，为风险小的条线少计提资本，标准法就是采用的这个思路。

在标准法下，银行业务被划分为八个业务类别，每个业务类别分别对应了不同的风险系数（用 β 表示）。首先分别计算出银行八个业务类别的操作风险资本要求，然后对八个业务类别的操作风险资本要求进行加总，最后得到整个银行的操作风险资本要求。

（三）高级计量法

到目前为止，计量操作风险资本最敏感的方法是高级计量法，往往经营规模大、业务组合十分复杂的银行倾向于使用这种方法。在高级计量法中，只要银行服从于巴塞尔委员会所制定的一系列定性和定量标准，就可以构建本行内部的风险计量体系。目前主要有四种方法：内部计量法、损失分布法、极值理论法和记分卡法。

内部计量法在标准法所划分的八个业务类型的基础上，再对每个业务类型进一步划分为七个事件类型，即在标准方法的基础上进一步对每个业务类型划分七个事件类型，对于每个业务类别/事件类型组合（共五十六个组合），允许银行利用本身的损失数据来计算该组合的损失期望值（Expected Loss）。这种方法全面细致地将各个产品的操作风险进行考虑。内部计量法下，操作风险资本要求的计算公式为：

$$K = \sum \sum \gamma(i,j) \times EL(i,j) \times PE(i,j) \times LGE(i,j)$$

其中，i 表示八个业务类型之一；j 表示七种风险事件类型；(i, j) 表示五十六个业务类型和风险类型的组合之一；$\gamma(i, j)$ 是表示在一定的置信水平下，单个持有期的最大损失量，是将预期损失转化为资本要求的换算因子，由银行监管部门根据整个行业操作风险损失数据计算确定并适用于所有银行；$EL(i, j)$ 表示业务类型 i 和风险事件类型 j 组合的操作风险敞口大小；$PE(i,j)$ 代表业务类型 i 和风险事件类型 j 组合所对应的损失事件发生的概率；$LGE(i, j)$ 表示业务类型 i 和风险事件类型 j 组合所给定的损失事件发生时的损失程度。

与基本指标法和标准法相比，内部计量法更为准确和科学。它最大的特点是允许银行使用自身收集的损失数据来更加精确地计算监管资本要求，由于各个银行操作风险管理和损失特征不尽相同，所计算出的监管资本的大小也有所不同。但不足之处在于由于缺乏相应的损失数据，该方法在大部分银行中推广至今难以实现。

损失分布法被视作内部计量法的高级版本。在损失分布法下，银行利用过去的内部数据分别来估计每个产品或每种风险类型的两个概率分布函数，一种是单一事件冲击下的严重度条件概率分布；另一种是关于下一年度的事件发生频率的条件概率。在上述两种预测分布的基础上，银行可以计算出累计操作损失的概率分布函数，再分别计算银行每种产品或风险类型的风险值（在险价值），最后进行加总得到银行的整体操作风险资本要求。由于这一方法非常复杂，巴塞尔委员会预期在新资本协议实施初期，损失分布法很难得到实施。但损失分布法预示了往后操作风险计量技术的发展趋势。这一方法的特点是，银行需要事先估计两个具体的概率分布，一是操作风险事故发生的频率，二是操作风险事件的损失幅度。如果银行计划采用损失分布法，则必须符合银行监管部门规定的各项假设标准。同内部计量法相比，损失分布法最大的区别在于：它不是通过估计可预计和非预计损失之间的关系而间接得到不可预计的损失，而是要直接估计出不可预计的损失。如今损失分布法方兴未艾，有多种衍变和改进版本，统一的行业标准还没有形成。

极值理论只研究极端值的分布情况，是研究次序统计量的极端值的分布特性理论。在极值理论中，需要的数据是超过一定临界值的操作风险损失，利用符合条件的数据推导相应的具体分布函数。通过操作风险损失极端值的分布函数得出一定置信水平下操作风险价值的估计值和超过阈值时操作风险损失的期望值，操作风险资本以风险价值的估计值和超过阈值时操作风险损失的期望值为参照来计算。极值理论法并不是统计学意义上的风险价值方法，它只是利用了风险价值的经济学含义。在总体分布未知的情况下，极值法可以依靠样本数据，估计出总体极值的变化性质，估计能力能够超越样本，有益地补充了损失分布法。巴塞尔委员会虽未提及极值理论方法，但由于它的适用性较好，目前被认为是很好的预测方法。

应用记分卡法时，首先，银行要为每个产品决定起始的一个操作风险水平，然后，随着时间的推移，在记分卡的基础上不断修改这些量，来反映出不同产品潜在的风险和控制环境。这些记分卡提供了一个直观的计量资本要求的方法，它能够反映如果风险控制环境得到改善，那么未来操作风险损失的概率和严重性就会降低。记分卡可以基于真实计算的风险之上，但更常见的是将产品内特别的风险类型用一系列指标来表示。一方面，记分卡法和损失分布法或内部计量法一样，会依赖初始的估计。但记分卡法与其他方法不同的是，它所决定的资本要求并不唯一依赖历史损失数据。反之，一旦确定资本要求，则可以在定性的基础上对资本要求的总规模以及其在不同产品之间的分布进行调整。和其他高级计量法比较，记分卡法较多偏重于全面的定性分析，而较少依的赖于历史数据，资本水平通过银行的风险控制能力来反映。

二、直接用操作风险资本计量方法计量信息科技风险资本面临的挑战

信息科技风险资本计量可以借鉴当前相对成熟的操作风险资本计量方法，但是，直接用操作风险资本计量方法计量信息科技风险资本存在挑战，表现如下：

一是信息科技风险与总收入、业务交易量、交易金额、客户数等指标的关联并不密切。操作风险的标准法计量的核心思想是用"风险暴露"乘以风险系数，在操作风险标准法下，风险暴露用各个业务条线的收入来确定。因为信息科技风险与总收入、业务交易量等变量关系都不密切，因此，如果要基于标准法计量信息科技风险，必须要寻找或设定与信息科技风险相关性较高的风险暴露。

二是大部分信息科技风险的损失不是显性的。巴塞尔委员会高级法计量操作风险资本主要是基于操作风险损失，操作风险损失分为实物资产损失、账面减值、对外赔偿、法律成本、监管罚没、追索失败六类形态。这些损失是相对"狭义"的损失，特指财务意义上的损失。但是，信息科技风险的主要损失并不是显性的，除少数信息科技风险事件引发客户索赔、交易延误罚息，大部分的损失表现为对外业务经营中断，尽管不直接造成银行财务损失，但导致银行声誉受损、股价下跌、客户流失等方面的间接损失不可估量。如果按照操作风险事件损失的标准来定义风险损失，将远远低估信息科技风险给银行带来的影响，而如何把间接损失量化是信息科技风险计量的最大难点。风险资本计量是基于金额进行的，将各类风险量化为金额数据是计量的基础，如果风险的影响程度不能金额化，计量的结果势必不会准确。因此，如果对信息科技风险资本进行计量，特别是采用高级计量法的思路进行计量，则必须要将信息科技风险资本的全部影响尽量准确地金额化，这是信息科技风

资本计量的前提，也是信息科技风险计量面临的重大挑战。

三是信息科技风险损失数据相对较少，极端严重事件的数据更少，计量"尾部风险"面临挑战。按照现代风险计量理论，计量出的经济资本是对未来一定时期内一定置信度水平下某类风险非预期损失的预计。因此，计量的准确程度很大程度上取决于对未来"非预期"情况的估计，具体而言，取决于在计量所用数据样本中是否包含极端情况、"尾部风险"等非预期数据。由于极端严重的信息科技风险之前极少发生，但又必须在计量未来时加以考虑，所以必须采用情景分析或外部数据加以补充，而这些方法的准确性和充分性面临挑战。

四是信息科技风险损失具有较大不确定性，难以用一个准确的金额反映。我们可以比较准确地估计出一次信息系统中断事件造成损失的区间，例如，10万至20万元，但是，我们很难精确地估计出一次系统中断事件到底导致了15万元的损失还是16万元的损失。传统的操作风险计量（高级法）采用的损失数据样本是精确的数据集合，所采用的估计方法（例如极大似然估计、矩估计）也是基于准确数据进行的。因此，为了应对信息科技风险损失的不确定性，必须要采用与之相适应的数理统计分析方法。

下面，针对以上所列的诸多挑战，我们探讨一下基于操作风险标准法和高级法计量信息科技风险的思路。

三、标准法计量信息科技风险资本的探索

对于操作风险资本计量，可以在具有充足损失数据的基础上，采用适当方法进行。基本指标法将银行总收入视为风险暴露，将操作风险的资本要求简化为银行总收入的一定比例，对具体的风险缺乏敏感度。而标准法能将操作风险暴露程度与银行不同业务线相对应，加总得到全行的操作风险资本要求，既对风险有一定的敏感度，又具有较强的可操作性。因此我们首先研究一下标准法思路下信息科技风险资本计量。

标准法将银行业务划分为八个业务线，每个业务的操作风险资本要求就是该业务的操作风险暴露指标（相应的财务指标）与对应的 β 乘子的乘积。总的操作风险资本要求就是各业务资本要求的简单相加，当年的操作风险资本要求就是前三年的平均数。

$$K = \sum i = 1 - 3 \left[\sum j = 1 - 8 \ (GIj \times \beta j) \right] / 3$$

其中，*K* 表示基于标准法计算的商业银行操作风险资本要求；*GIj* 表示商业银行各业务条线当年的总收入；β*j* 表示各业务条线对应的β系数（如表6-1所示）。

表6-1　　　　　　　巴塞尔新资本协议规定的业务种类及指标

业务单元	业务种类（产品线）	财务指标	系数
投资银行业务	公司金融（Corporate Finance）	总收入	$\beta_1 = 18\%$
	交易和销售（Trading and Sales）	总收入	$\beta_2 = 18\%$
	零售银行业务（Retail Bank）	年平均资产	$\beta_3 = 12\%$
银行业务	商业银行业务（Commercial Banking）	年平均资产	$\beta_4 = 15\%$
	交付与结算（Payment and Settlement）	年结算流量	$\beta_5 = 18\%$
	代理与保管（Agency Services and Custody）	保管资产总值	$\beta_6 = 15\%$
其他	资产管理（Asset Management）	管理资金总额	$\beta_7 = 12\%$
	零售经纪（Retail Brokerage）	总收入	$\beta_8 = 12\%$

资料来源：巴塞尔新资本协议。

标准法实际是内部模型法（IMA）的一种简化或标准化，标准法以收入作为操作风险暴露的统一口径，资本由各业务条线的收入乘以 β 系数后得到。

但在巴塞尔新资本协议中，标准法所划分的八个业务线，信息科技条线并没有被专门的列出来，因而信息科技风险的资本要求也不能被充分体现。其实，信息科技风险不仅在商业银行信息科技条线中存在，同时在其他业务条线中也广泛存在。

如果基于标准法计量信息科技风险资本，有三种思路可以考虑：

一是将信息科技单独作为一个条线。信息科技虽然本身不产生收入，但可以通过内部定价FTP为信息科技条件赋予"收入"。例如，可以将信息系统进行的每笔交易所节约的人工成本计量出来，将信息系统的应用较人工而言增加的交易量计量出来，再将两者相整合，可以计量出某信息系统的使用所产生的"收入"。

二是在 β 系数中增加信息科技风险的敏感度。例如，如果某个条线涉及的信息系统繁多、对系统依赖性较大，可以对该条线的 β 系数适当增加，以反映其对 IT 风险的敏感度。

三是将 IT 风险分为两部分，一是已经包含在目前标准法下八个条线之中的 IT 风险，另一部分是信息科技条线相对独立的风险。

结合思路三，提出一种基于标准法的信息科技风险资本计量的方法，即将信息科技风险分为两部分，分别计算风险资本要求。第一部分是存在于八大业务线内部的信息科技风险，在根据标准法对八大业务类型的操作风险计量时，已经包含其中涉及的信息系统操作、运行等相关风险。第二部分的信息科技风险来自信息科技条线内部，例如业务连续性经营、信息系统开发和运行维护、软件外包、数据中心建设和管理等方面的风险。具体计量时，第一部分已经在各个业务线中涵盖了，不再详述，第二部分则由于信息科技业务并不能直接产生收入盈利，所以可根据前三年信息科技投入的平均数，按照平均值的一定比例计算信息科技风险的资本要求：

$$KIT = \sum i = 1 - 3 \, (Ii \times \beta IT)/3$$

其中，Ii 表示此前第 i 年投入信息科技的金额；βI 是参考信息科技业务风险特征后确定的资本计提比例，KIT 表示计算所得的信息科技风险的资本要求。

四、高级法计量信息科技风险资本的探索

针对前文中提到的直接用操作风险计量方法计量信息科技风险资本面临的诸多挑战，本书提出在操作风险资本计量的统一计量框架下对信息科技风险资本进行单独计量。

具体而言，为更恰当地采用高级法计量信息科技风险资本，本书试图从以下方面进行探索。

一是建立信息科技风险的计量数据基础。针对前文中提到的信息科技风险以间接非财务损失为主的特点，我们通过建立业务中断时间与风险金额的对应关系，把时间损失转化为金额损失，计量信息科技风险的非预期损失和经济资本要求，全面充分地反映信息科技风险的隐性损失。具体而言，我们提出两种时间向金额的转换方法，一种是解析函数法，另一种是分级映射法。这些将在本章第三节中详细阐述。

二是建立信息科技风险资本的计量框架。风险资本的计量并不是一个简单的数学计算方法，而是一个包含信息输入、处理、输出、应用的系统化过程，信息科技风险的计量也是与信息科技风险管理密切结合的，一方面信息科技的管理为计量提供数据基础，另一方面，信息科技风险资本计量又是管理的重要组成部分，是一种立足于资本约束的新的管理手段。因此，本书建立了一个系统化的信息科技风险计量框架，展示信息科技风险计量的全景关系，这些将在本章第四节中阐述。

三是建立更适于信息科技风险的计量数学模型。在高级法下，频率分布

的拟合与检验、严重度分布的拟合与检验、总损失分布的整合仍然是计量引擎中必要的组成部分，但针对信息科技风险损失的不确定性，即难以用一个准确的数字来衡量的特点，本书提出采用"分组计量"的方法来拟合严重度分布，即对于金额不确定的信息科技风险事件，将其进行分级，每个级别对应一个风险金额的区间，通过分组建模来计量资本要求，这些将在本章第五节中阐述。

综上所述，要相对全面地计量信息科技风险资本，就要在一定程度上超越目前监管概念，重新定义信息科技风险损失定义，使信息科技风险资本既能够反映直接损失（财务会计意义上的损失），又能够反映更广泛、更大的间接损失（如大范围的业务中断、客户流失、收入减少、声誉影响、监管罚没），并按照信息科技风险管理流程对 IT 风险进行分类，按照分组计量的方法，综合使用标准法、损失分布法和内部衡量法计量信息科技风险。

第三节　信息科技风险资本计量的数据标准

基于高级法计量信息科技风险资本是以损失数据为基础的，对损失数据样本采用数理统计的方法，拟合出频率分布和严重度分布，再整合出总损失分布，最终获得未来一定时期内一定置信度下的非预期损失，即经济资本。

因此，损失数据是计量的基础。损失数据是指过去发生的信息科技风险事件的损失信息，将纷杂的信息转化为可以计量的数据需要一系列的标准和规范，特别是信息科技风险事件的损失往往是隐性的，在本节我们将讨论信息科技风险损失的定义、业务中断时间与间接损失金额的转化、信息科技风险的分类分级等一系列重要的风险数据标准。

一、损失的定义

（一）直接损失与间接损失

信息科技风险对银行造成的损失主要包括显性的直接损失和隐性的间接损失。其中，直接损失主要为在财务会计上造成银行资产的损失；间接损失主要是因信息科技原因造成的对外服务的中断，对银行主要造成了间接的、潜在的影响，表现为业务受限、客户流失、声誉影响等，可以定义为"时间"维度上的损失。鉴于此，本书提出从损失金额和影响时间两个维度对信息科技风险损失进行定义。

直接损失指信息科技风险事件发生对银行或客户资产直接造成的损失，用损失金额来度量。

间接损失指信息科技风险事件发生造成银行对外业务运营中断，并引起潜在收入减少、客户流失、声誉影响及非财务的监管处罚等间接影响，用影响时间来度量（如表6-2所示）。

表 6 - 2　　　　　　信息科技风险的直接损失与间接损失

直接损失（$L1$）	金额（财务会计维度）	账面减值
		实物资产损坏
		对外赔偿
		法律成本
		追索失败
		监管罚没（罚款）
间接损失（$L2$）	时间（影响对外服务）	潜在收入减少
		客户流失
		股价下跌
		声誉影响
		监管处罚（如扣减贷款规模、停止业务经营资格、追加资本要求）
		其他间接损失

（二）"时间"与"金额"的转化

下面提出两种将信息科技风险事件影响时间转化为损失金额的方法：

方法一：解析法

信息科技风险事件的间接损失 S 应当是时间持续时间、影响范围、系统重要性的函数，即 $S = F(X, Y, Z)$，其中，X 为持续时间，Y 为影响范围，Z 为系统重要程度。

具体而言：

$$S(x) = \int_0^x f(t)\,\mathrm{d}t$$

$$f(t) = a \cdot Y + e^{(t \cdot Z \cdot Y \cdot B)}$$

a 是单位时间单位范围内系统创造利润，B 为系数。

方法二：映射法

根据影响范围和系统重要程度将影响时间加权计算转化为"标准"的影响时间，然后建立标准影响时间与损失金额之间的映射关系，从而确定损失。

步骤一：基于影响范围和系统重要程度，将各类系统中断时间转化为"标准中断时间"

转换公式为：

$$T = Y \cdot Z \cdot \tau$$

其中，τ 是转化之前的中断时间；T 是转化后的标准中断时间。Y、Z 分别是影响范围和系统重要程度的调整系数。得到标准中断时间后，我们再将标准中断时间映射转换为损失金额。

标准时间与损失金额之间的映射关系（如图 6-1 所示）。

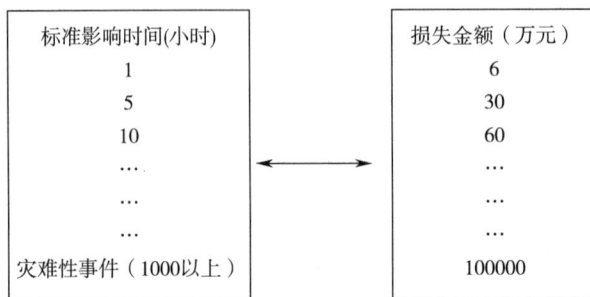

标准影响时间(小时)	损失金额（万元）
1	6
5	30
10	60
...	...
...	...
...	...
灾难性事件（1000以上）	100000

图 6-1　影响时间与损失金额对应关系

二、信息科技风险的分类分级

为了更准确地计量，我们往往要对大量的损失数据按照类别划分为组，或者按照两个维度交叉划分为矩阵，然后对矩阵中的每个格子单独计量，再在考虑相关性后进行整合。信息科技风险的分类是对损失数据分组（或者说划分矩阵单元格）的基础。

此外，前文中提到用"分组"拟合来估计信息科技风险的损失严重度分布，这就需要对信息科技风险进行分级，定义出每个级别的损失严重度区间。

（一）信息科技风险分类标准

为分类计量信息科技风险，本书按以下维度对信息科技风险进行分类（如表 6-3 所示）。

表 6-3　　　　　　　　信息科技风险的分类

类别	子类
信息科技事件类型	业务中断事件、诈骗银行资金、账务差错事件、交易异常事件、核心数据泄密、其他声誉影响事件
信息科技风险管理流程	IT 治理、基础设施、软件研发、系统运维和数据安全
支撑的业务领域	银行卡、信用卡、电子银行、对公业务、清算结算、托管业务、账务处理、财务报告和内部管理等
信息科技风险成因	IT 治理架构缺陷、软件研发缺陷、IT 内部人员欺诈、基础设施损坏、运维管理不当、外包、自然灾害、信息外泄

（二）计量单元格的划分

划分计量单元格可以保证每个单元格内数据的风险特征、频率、损失的同质性，确保计量结果更加符合实际风险。巴塞尔新资本协议要求："银行风险计量体系必须有足够的'颗粒度'以捕捉到操作风险的主要驱动因素，反映损失估计的尾部特征。"建模的"颗粒度"即计量单元格的划分。划分计量单元格要考虑到银行风险特征和业务结构，根据本书对信息科技风险的分类，提出了三种单元格划分方式：IT管理流程——风险类型、支撑的业务领域——风险类型、风险成因——风险类型。表6-4是按IT管理流程——风险类型维度划分单元格。

表6-4　　　　　　　　信息科技风险计量单元格的划分

	系统中断	信息安全	……	账务错误
软件研发				
生产运行				
……				
信息安全				

同时，数据的可获得性是单元格划分的主要影响因素之一，如果某个单元格内的数据量较少时，可以采取合并计量的方式，把几个单元格合为一个。

（三）信息科技风险分级标准

信息科技风险分级是指对信息科技风险事件造成的损失严重程度划分等级，本文设定系统重要程度、影响范围、中断时间、损失金额四个维度，把信息科技风险风险事件分为16级，每一个级别的事件对应一个中断时间和损失金额的区间，分级标准如表6-5所示。

表6-5　　　　　　　　信息科技风险的分级标准

	十六级	标准中断时间（小时）	损失金额（万元）
灾难级	1	1000 以上	100000 以上
一级	2	800～1000	80000～100000
	3	500～800	50000～80000
二级	4	……	……
	5	……	……
……	……	……	……
	15	1～5	6～20
	16	0～1	0～6

三、信息科技风险资本计量的数据基础

信息科技风险资本计量的基础是信息科技风险数据，信息科技风险事件报告、关键风险指标、信息科技风险评估以及其他信息科技日常管理活动产生了信息科技风险内部损失数据、业务环境与内部控制因素数据，通过外部损失数据收集、情景分析对数据进行补充。为了能够把各种类型的数据纳入模型，必须对数据进行标准化。

（一）内部损失数据

内部损失数据主要是银行发生的信息科技风险事件、事项，是信息科技风险计量的主要输入项，内部损失数据是一系列标准化数据的数据集：

$$A = \{A_1, A_2, \cdots, A_n\}$$

每一条内部损失数据是包含了一起能够反映信息科技风险事件主体、时间、损失的向量集。$A_n = (a_1, a_2, \cdots, a_m)$，$a_1, a_2, \cdots, a_n$ 表示事发主体、发生时间、发现时间、系统重要程度、业务量、业务条线、涉及信息科技风险流程……损失金额、业务中断时间、业务中断时间（标准化后）等信息。

（二）外部损失数据

外部损失数据主要是全球各行业特别是金融业已经发生的信息科技风险事件、事项，把外部损失数据纳入到计量模型是考虑到单一银行内部损失数据相对较少，尤其是一些低频高损的内部损失数据，可以对外部数据进行特殊调整后引入计量模型，以弥补内部损失数据的不足。外部损失数据也是一系列标准化数据的数据集：

$$B = \{B_1, B_2, \cdots, B_n\}$$

每一条外部损失数据是包含了一起能够反映信息科技风险事件主体、时间、损失以及能用于加工调整外部损失数据的信息向量集。$B_n = (b_1, b_2, \cdots, b_n)$，$b_1, b_2, \cdots, b_n$ 分别表示事发机构、国家/地区、发生时间、发现时间、系统重要程度、业务量……损失金额、中断时间、事发机构的总资产、事发机构的总权益、事发机构的交易量、汇率、GDP、通货膨胀率等信息。

（三）情景分析数据

情景分析数据有两个用处，一是弥补低频高损的数据，二是通过专家判断对没有损失的数据确定一个损失。情景分析数据通过情景分析讨论会和专家判断产生，是一系列反映特定情景下事件发生频率和损失的数据集：

$$C = \{C_1, C_2, \cdots, C_n\}$$

每一条情景分析数据是反映发生频率、损失、中断时间的向量集。$C_n = (p, l, t)$，p、l、t 分别表示发生该情景的概率、损失金额和中断时间。

（四）业务环境与内部控制因素数据

业务环境与内部控制因素反映了信息科技风险状况、风险管理水平和内部控制水平，来源于关键风险指标、信息科技风险评估及其他信息科技管日常管理活动。主要用于两方面：一是对内部损失数据进行调整，二是作为调整系数对计量结果进行调整。业务环境与内部控制因素数据是涵盖风险指标监测结果、评估结果以及其他对信息科技管理活动可量化信息的数据集。

$$D = \{KRI_1, KRI_2, \cdots, KRI_m, RCSA_1, RCSA_2, \cdots, RCSA_n, S_1, S_2, \cdots, S_k\}$$

如何应用业务环境与内部控制因素数据将在内部衡量法章节详细阐述。

第四节 信息科技风险资本计量框架及
"三大工具"的作用

基于损失数据、情景分析、BEICF（业务经营环境和内部控制因素），本书提出一种信息科技风险资本计量框架，如图6-2所示。

一、框架概述

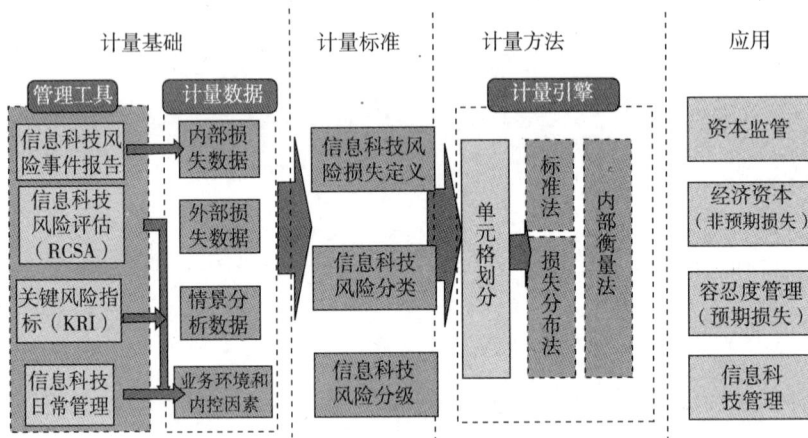

图6-2 信息科技风险资本计量框架

这一框架由五部分组成：

（一）管理工具

这一部分包含事件报告、风险评估、关键风险指标三大管理工具。这三大管理工具是巴塞尔协议所推荐的操作风险管理工具，因为信息科技风险属于操作风险的一种，所以这三大工具也适用于信息科技风险的管理。这三大工具的应用具有两个作用：一是为信息科技风险资本计量提供必要的数据，二是这三大工具本身是提高信息科技风险管理水平的有力途径。

（二）计量数据

计量引擎的输入数据包含内部损失数据、外部损失数据、情景分析数据、业务环境和内控因素。内部损失数据主要来自事件报告，而风险评估可以对内部损失数据进行调解，使得内部损失数据更切合当前的环境和控制水平，从而使得计量更加精确。外部数据可以向专业的数据提供商购买，以补充内部损失数据的不足。情景分析是一种通过假想特定情景（特别是极端情景、之前没有出现过的情景），基于专家判断，利用标准化的情景分析模板来得到损失数据的方法，用以补充"尾部"损失数据，同样，风险评估也可以用于对情景分析数据的调整。业务环境和内部控制影响因素（BEICF）是另外一类数据，主要用于辅助设定或检验情景分析中的情景，同时 BEICF 还可直接用于对计量的结果进行调整。

（三）计量方法（或称计量引擎）

计量方法包含两个层次，一是通过损失分布法计量出未来一定时期内的非预期损失，二是在此基础上通过内部衡量法对直接计量出的结果进行调整。

（四）计量产出

计量产出可以是 IT 风险的经济资本（一定置信度水平下的非预期损失）、预期损失、灾难性损失等；另一方面，如果我们以中断时间作为损失严重程度的计量单位，将其放入引擎后，还可以得到非预期中断时间、预期中断时间、灾难性中断时间数据。

（五）应用

应用包含两个方面，一是应用于管理，用数字描绘出风险在哪里、风险有多大，用数字对风险进行预判；二是应用于计量，预期损失可以应用于 IT 业务的预算、减值准备等，非预期损失用于经济资本的计算，灾难性损失可应用于保险政策的制定和选取。

风险识别评估、关键风险指标（KRI）、损失数据库这三大管理工具在信息科技风险计量框架中具有基础地位，是计量所需数据的来源，同时也是管理信息科技风险的有力武器，下面逐项对其分析。

二、信息科技风险的识别评估（RCSA）

信息科技风险识别是指风险管理者按照信息科技风险的风险来源和表现状况，通过一定的方法和手段，识别信息系统开发和运行过程中一切可能导致风险产生的因素以及产生风险的环节点的过程。风险识别是信息科技风险管理的起点，可借鉴操作风险的"风险与控制自评估法"（RCSA）工具进行风险识别。

信息科技风险的风险与控制自评估法（RCSA）是指银行信息科技风险管理部门分析本行信息系统开发、信息数据管理、系统运行与维护等信息系统业务流程，识别并评估其中隐含的风险点，并评价业务流程现有的控制措施的合理性和有效性。风险与控制自评估法首先对信息系统条线的主流程及其包含的子流程进行梳理，然后再针对这些流程设计相关问卷。问卷包含每一流程设计的风险事件类型、损失程度、相应的控制类型等内容，要求评分人评估现有的控制设计和有效性，对风险导致的固有风险敞口以及采取相关控制措施后的剩余风险进行打分，最终根据剩余风险的评分在"风险地图"中找到相应的落点。这一落点代表了风险是否在可容忍范围之内，风险管理者可根据风险地图的指示决定是否需要对该风险进行关注或者采取控制措施。最后要根据风险和控制自评估法的结果决定对特定风险采取的控制行动方案。可见通过基于流程的风险与控制自评估法，可以对信息系统条线所有业务流程的风险暴露情况和控制措施的有效性进行全面的分析和评估，把握商业银行整体的信息科技风险概况，评估当前信息科技风险管理现状，因而是有效识别信息科技风险的工具。

风险与控制自评估法的实施要求是：识别并涵盖信息系统条线所有实质性业务流程，指定执行风险识别的人员，识别和评估所有信息科技风险类型的发生概率和影响程度，评估风险控制措施的有效性，识别需要关注或采取措施的重点风险类型，形成针对现有信息科技风险的行动计划等（如图6-3所示）。

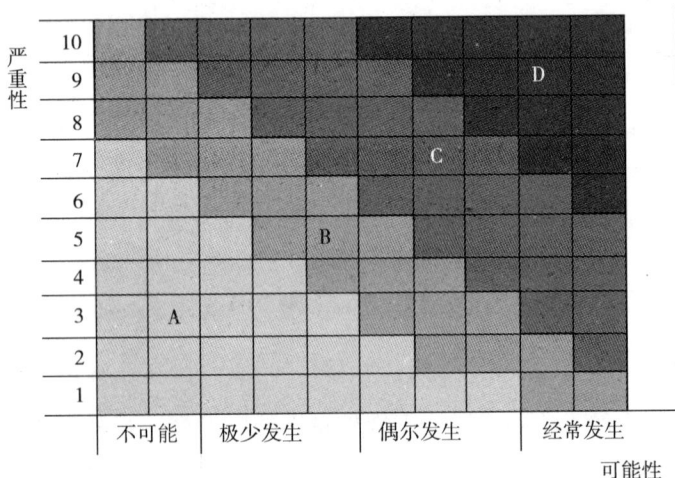

图6-3 风险地图

其中，风险地图是一个表示风险发生的可能性和损失严重性矩阵。根据特定风险损失发生的可能性，以及所导致损失的可能的严重程度，可以按图索骥的在风险地图上找到风险相应的落点。图中，A 区域代表了风险发生的可能性小，风险损失不严重，表示风险处于安全区域，无需采取控制措施来降低风险敞口；B 区域表示风险发生严重损失的可能性较小，而发生较小损失的可能性较大，表示应该对风险进行加强监控和关注，但还不需采取具体控制措施；C 区域表示风险发生的可能性和严重程度相较于 B 区域更大，应该警戒风险的发生，控制措施应该立即执行，并将风险暴露降低到 A 区域以内；D 区域表示风险发生严重损失的可能性很大，降低风险敞口的措施应当立即执行，以将风险敞口降至 A 区域以内，还应对风险敞口过高的原因进行追溯和问责。

三、KRI 与信息科技风险的监测报告

风险管理是一个循环往复、不断提高的过程，因而商业银行在进行信息科技风险管理时，也需要定期持续地对信息科技风险进行监测，以随时掌握风险发展的动态。关键风险指标（KRI）是风险监测的重要工具之一。关键风险指标属于统计指标，代表某一风险领域变化情况，并且可以定期监控，是反映风险变化情况的预警指标，并可用于监测各项可能造成损失事件的风险及控制措施。针对银行信息科技风险设定的关键风险指标，是可用于表示商业银行信息科技风险状况的定量指标。

商业银行需要明确各类与信息科技相联系的关键风险指标，针对每一指标设定相应阈值。商业银行动态跟踪所有的关键风险指标，当关键风险指标值超过对应阈值时则须采取必要的控制措施，及时使风险暴露水平降低，从而达到预防重大风险损失事件发生的目的。与信息科技风险相关的关键风险指标可根据管理者的关注点和信息科技业务特点而设定，具体可能包括信息科技风险事件总数、IT 人员离职率、系统中断次数、系统故障频率、系统中断时间、交易失败比率等。

通过定期监控一系列关键风险指标，可以跟踪和预警信息科技风险有代表性的某些方面，并根据指标的情况决定是否采取控制措施。以 IT 部门人员离职率为例，如图 6-4 所示，假设对该关键风险指标设定的门槛值为 20%，指标超过该值就应该分析风险原因并采取适当的改进措施。此门槛值以下为

指标的安全区域。图中人员离职率在 8 月份超过了 20% 的门槛值，银行在 9 月份采取控制措施（如增加薪资待遇、加强企业文化教育等），随后指标就显著下降到安全区域。

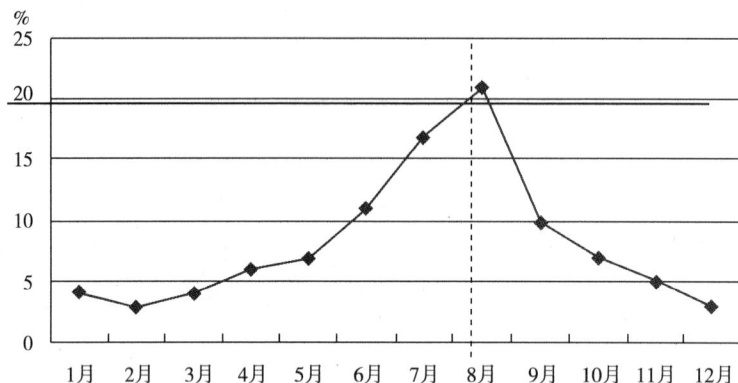

图 6 – 4　关键风险指标（以 IT 人员离职率为例）

在风险监测的基础上还需进行定期的风险报告，一个覆盖银行各个部门的统一风险报告，不仅可以使风险管理部门掌握全行信息科技风险现状，也是管理层和董事会进行管理决策的重要依据。因而有必要建立风险报告机制，由下到上逐级报告风险状况。风险报告需要定期撰写，依据的是风险监测的结果和风险控制的现状，并逐级汇总到上级风险管理部门，最后总行风险管理部负责定期将风险报告提交给高管层和董事会。例如，操作风险报告中应当包含信息科技风险的有关内容，所有分行和信息安全管理部可逐月将操作风险报告汇总至总行操作风险部，总行操作风险部再逐级将全行的风险报告提交给董事会和高管层。如果遭遇重大的信息科技风险事件，应该随时上交风险报告。

信息科技风险报告的内容应该包括报告期间内潜在的或者已经面临的信息科技风险类型、已经发生的信息科技风险事件、风险事件的过程和原因、风险事件导致的损失类型、采取的风险管控措施及其有效性、对风险事件的经验总结等。操作风险报告应当包含上述内容，作为银行全面风险管理决策的依据。

四、KRI 与监管指标的关系

由于监管机构对银行信息科技风险的传统管理很大程度上是基于一些关

键监管指标的，这里有必要阐述一下 KRI 与监管指标的关系。

一是从主体上看，监管指标是监管机构制定的，用来监督、管理银行业的信息科技风险，是强硬性要求，银行必须要接受监管指标的监督和考评，但 KRI 是一种银行内部的管理工具，其目的是用数字来管理风险，实施的主体是商业银行自身，实施时具有一定的随意性和灵活性，银行可以根据自身业务及风险特点来设置自己的信息科技风险 KRI 体系。

二是从范畴上看，监管指标往往涉及考核，所以指标要求有较强的说服力和确凿性，这使得监管指标可能会偏向事后性指标，而 KRI 是内部管理工具，KRI 最吸引人的用途是预测风险趋势、发现风险征兆，所以 KRI 的设置更偏重于事前指标、事中指标，即使某个指标并不一定与风险的发生完全相关，但只要有可能反映出某些风险爆发前的征兆，也应当设置为一个 KRI。当然，一套完整的内部 KRI 体系至少应当包含监管机构指定的监管指标。

三是从应用上看，监管指标的核心功能是监管机构监督管理银行业信息科技风险的有力工具，而 KRI 除了应用于银行内部信息科技风险的管理之外，还是对信息科技风险计量结果进行调整的一把标尺。我们将在后文中介绍，KRI 如何对计量结果进行调节，从而使计量结果更加准确。

当然，KRI 与监管指标之间也并不存在严格的鸿沟。监管机构指定的监管指标可以纳入到银行自身的 KRI 体系中，而如果某个银行的某个 KRI 设置较好，也可以被监管机构采用作为行业监管指标。从本质上说，监管指标与 KRI 都是用数字管理风险的工具。

五、信息科技风险的损失数据库

充足的损失数据是风险计量的基础，此时需要用到操作风险的另一工具——损失数据收集（LDC）。为了收集信息科技风险的损失数据，首先要以信息科技风险的分布特点为依据，确定损失数据的起点金额、收集范围以及统一的损失数据内容，损失数据库的字段格式即具体的表现形式。巴塞尔新资本协议按形态将操作风险的损失事件的收集范围分为七个类型，"业务中断和信息科技系统失败"就被包括在内。中国银行业监督管理委员会在《商业银行操作风险管理指引》中规定应收集并报告的重大操作风险事件，包括"造成涉及两个或以上省（自治区、直辖市）范围内中断业务 3 小时以上，在涉及一个省（自治区、直辖市）范围内中断业务 6 小时以上"的系统业务中断事件等。

损失起点金额需根据信息科技风险损失的分布特征和银行的风险容忍度而定。而损失数据内容则包括损失事件产生原因、发生时间、所在部门、损失金额、控制措施及有效性等，并按统一字段格式及时录入损失数据库。

银行在实施损失数据收集时，特别要注意的是清晰界定信息科技风险事件的定义，什么样的风险事件属于信息科技风险事件，这是首先需要明确的问题。由于信息科技是银行业务的支撑平台，与 IT 相关的风险事件往往同时涉及业务条线和信息科技条线，或是同时涉及到操作执行、流程设计、程序编码等，银行需要针对具体可能发生的风险事件类型，明确信息科技风险事件的收集范围，这是保障 IT 损失数据收集工作成功的关键，也是后续信息科技风险资本计量的基础。

第五节　信息科技风险资本计量方法

这里我们主要介绍基于高级法的信息科技风险资本计量方法体系，这一体系包含频率分布的拟合与检验、损失严重度分布的拟合与检验、总损失分布的整合以及非预期损失的确定、内部衡量法对计量结果的调整这四个部分（如图 6 - 5 所示）。

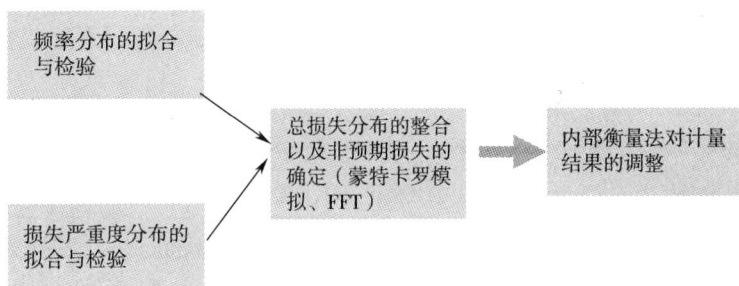

图 6 - 5　计量方法体系

一、频率分布的拟合

本模块用于估计信息科技风险的损失频率分布，并通过进行拟合优度检验，最终确定损失频率分布。模块的总体框架如图 6 - 6 所示。

图 6 - 6　频率分布拟合的框架

损失频率建模的数据主要来源为内部损失数据，也可根据需要适当补充外部数据和情景分析数据。根据数据样本的特性，需要判断采用整体建模还是分段建模。分段建模是指，当尾部的分布与主体分布显著不同时，需将尾部与主体分开建模。建模及检验的流程如图 6 - 7 所示。

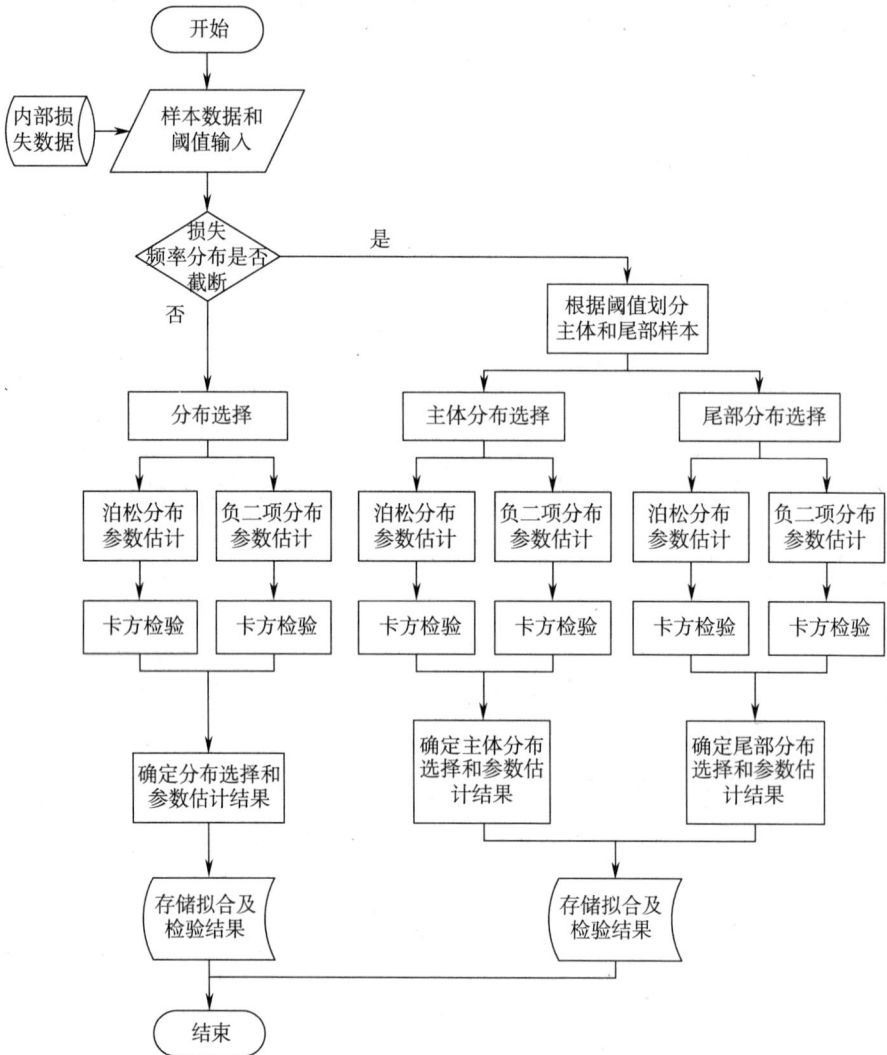

图 6 - 7　频率分布拟合的流程

通常，在拟合信息科技风险的频率分布时，采用泊松分布和负二项分布。下面逐一介绍一下这两种分布的特点。

（一）泊松分布

泊松分布的基本原理是：如果一个单位时间范围内事件的平均数用 λ 来表示，那么在这个时间内将会有 k 个事件发生的概率能通过以下表达式来估算：$P(X = k) = \dfrac{e^{-\lambda}\lambda^{k}}{k!}, k = 0,1,\cdots$。拟合泊松分布时，所需要的输入为：给定时间段内 IT 损失事件的发生次数数据集 $\{x_1, x_2, \cdots, x_n\}$（这里的给定时间段可以是年、季、月等），数据共 n 个（根据给定时间段取为年、季、月等，对应为 n 年、n 个季度、n 个月等）。泊松分布拟合的输出为泊松分布的参数估计值 λ。

（二）负二项分布

负二项分布的基本原理是：负二项分布是泊松分布的一种特殊的归纳形式，当 r 为整数时，它表示已知一个事件在贝努里试验中每次出现的概率为 p，在连续贝努里试验中，一个事件刚好在第 $r + k$ 次试验中出现第 r 次的概率，其分布函数为：$P(X = k) = \dbinom{r + k - 1}{k} p^{k}(1 - p)^{r}, k = 0,1,\cdots$。拟合负二项分布时所需的输入为：给定时间段内信息科技风险损失事件的发生次数数据集 $\{x_1, x_2, \cdots, x_n\}$（这里的给定时间段可以是年、季、月等），数据共 n 个（根据给定时间段取为年、季、月等，对应为 n 年、n 个季度、n 个月等），输出为负二项分布的参数估计值 r、p。

二、频率分布的检验

（一）卡方检验

检验频率分布的拟合时，通常的检验方法为卡方检验。其原理如下：卡方检验着眼于理论模型的频率与实际频率之间的差异，其检验统计量是实际频数与理论频数差值平方与理论频数之比的累计和，即：

$$T = \sum_{i=1}^{k} \frac{(n_i - E_i)^2}{E_i}$$

其中，k 为观测样本数据的类别数目；n_i 是样本落在某个类别的个数；E_i 是拟合分布中落入相应区间的损失次数，进一步，我们有 $E_i = np_i$，p_i 为拟合分布中落入相应区间的概率，n 为总的样本观测点数。则检验统计量可记为：

$$T = \frac{1}{n}\sum_{i=1}^{k} \frac{(n_i - np_i)^2}{p_i}$$

统计量 T 服从自由度为 $k - r - 1$ 的卡方分布，其中，r 是分布中需要估计的参数个数。例如，对于泊松分布的卡方检验，则 $r = 1$；对于负二项分布的卡方检验，则 $r = 2$。

当我们对样本计算出检验统计量的值后，我们可以通过模拟方法计算出检验 P 值，即显著性概率值（检验统计量变量大于等于根据样本计算出的检验统计量值的概率）：

$$p = P(\chi^2_{k-r-1} \geq T)$$

相比较而言，P 值相对较大则表示分布拟合的较好，所以我们可以通过比较不同分布拟合的检验 P 值来进行分布选择。

（二）均值方差比较

此外，我们还可以用一种简易的方法来检验频率分布属于泊松分布还是负二项分布。基于泊松分布及负二项分布的性质，我们有：

泊松分布：方差等于均值；

负二项分布：方差大于均值。

因此，根据方差和均值的关系，我们可以初步检验出频率分布的拟合是否适当。

三、严重度分布的拟合

这一模块用于估计给定计量单元的损失严重性分布，并通过进行一系列的拟合优度检验，最终确定损失严重性分布。

这一模块的总体框架如图 6-8 所示。

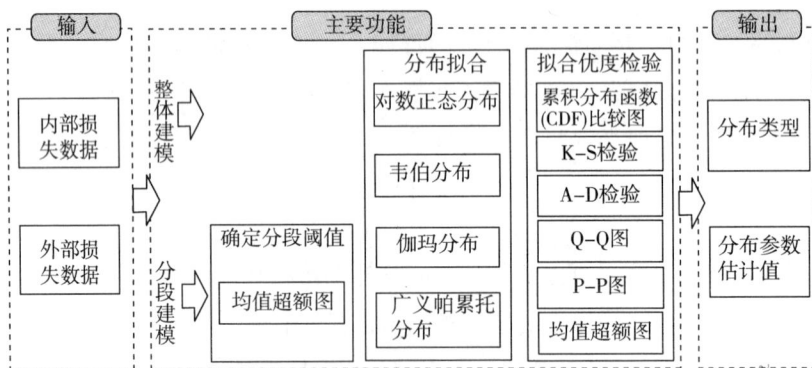

图 6-8　严重度分布拟合框架

损失严重性建模的数据来源包括内部损失数据和外部损失数据。在进行损失严重性建模时，需结合建模数据选择进行整体建模或分段建模。如果"尾部"与"主体"呈现出明显不同的统计特性，则需要分段建模。

常用的信息科技风险损失严重程度分布主要有对数正态分布、韦伯分布、伽玛分布、广义帕累托分布，如图6-9所示。

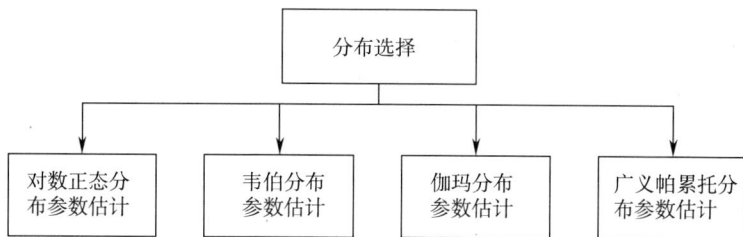

图6-9 常用的严重度分布

下面，简要介绍一下这几种分布的特性。

（一）对数正态分布

对数正态分布的基本原理是：对数正态分布是对数为正态分布的任意随机变量的概率分布，即如果 X 是服从正态分布的随机变量，则 $\exp(X)$ 服从对数正态分布。对数正态分布的概率密度函数为 $f(x) = \dfrac{1}{\sqrt{2\pi}\sigma x}e^{-\frac{(\log x - \mu)^2}{2\sigma^2}}$ （$x > 0$），累积分布函数为 $F(x) = \Phi(\dfrac{\log x - \mu}{\sigma})$，（$x > 0$）。拟合对数正态分布时，所需的输入为指定计量单元中用于进行损失严重性建模的各损失事件的损失金额数据集 $\{x_1, x_2, \cdots, x_n\}$，数据共 n 个。拟合的输出为对数正态分布的参数估计值 μ、σ^2。

拟合过程中的主要处理步骤包含：

1. 对输入的建模数据取自然对数。

2. 计算对数数据均值 $m = \dfrac{1}{n}\sum\limits_{i=1}^{n}\ln x_i$。

3. 计算对数正态分布的参数估计值 $\mu = m$，$\sigma^2 = \dfrac{1}{n}\sum\limits_{i=1}^{n}(\ln x_i - m)^2$。

（二）韦伯分布

韦伯分布的基本原理是：韦伯分布（Weibull Distribution），又称韦氏分布或威布尔分布。韦伯分布的概率密度函数为 $f(x) = \alpha\beta x^{\alpha-1}e^{-\beta x^\alpha}$（$x > 0$），累积分布函数是扩展的指数分布函数，为 $F(x) = 1 - e^{-\beta x^\alpha}$（$x > 0$），其中 α 是形状参数、β 是尺度参数。拟合时所需要的输入为指定建模单元中用于进行损失严重性建模的各损失事件的损失金额数据集 $\{x_1, x_2, \cdots, x_n\}$，数据共 n 个。拟合的输出为韦伯分布的参数估计值 α、β。

拟合过程中的主要处理步骤包含：

1. 经过数学推导得到韦伯分布的似然函数 $L = \alpha^n \beta^n \prod_{i=1}^{n} x_i^{\alpha-1} e^{-\sum_{i=1}^{n} \beta x^\alpha}$。

2. 对参数 α、β 求导，得到极大似然方程组。

3. 由于极大似然方程组为非线性方程，且没有显式解，即参数 α、β 没有明确的解析表达式，因此需要用迭代的方法求出韦伯分布参数 α、β 的近似解。

（三）伽玛分布

伽玛分布的基本原理是：伽玛分布（Gamma Distribution）是具有两个参数的连续概率分布，概率密度函数为 $f(x) = \dfrac{\beta^\alpha}{\Gamma(\alpha)} x^{\alpha-1} e^{-\beta x}$ $(x > 0)$，累积分布函数为 $F(x) = \dfrac{\gamma(\alpha, \beta x)}{\Gamma(\alpha)}$ $(x > 0)$，其中 β 是尺度参数，α 是形状参数，$\gamma(\alpha, \beta x)$ 是不完全伽玛函数（lower incomplete gamma function）。拟合时所需要的输入为指定建模单元中用于进行损失严重性建模的各损失事件的损失金额数据集 $\{x_1, x_2, \cdots, x_n\}$，数据共 n 个。拟合的输出为伽玛分布的参数估计值 α、β。

拟合的主要处理步骤包含：

1. 计算样本均值 $m = \dfrac{1}{n} \sum_{i=1}^{n} x_i$ 和表达式 $s = \ln\left(\dfrac{1}{n} \sum_{i=1}^{n} x_i\right) - \dfrac{1}{n} \sum_{i=1}^{n} \ln(x_i)$。

2. 由于参数 α 没有明确的解析表达式，计算其近似数值解 $\alpha \approx \dfrac{3 - s + \sqrt{(s-3)^2 + 24s}}{12s}$。

3. 计算伽玛分布的参数估计值 $\beta = \dfrac{m}{\alpha}$。

（四）广义帕累托分布

广义帕累托分布的基本原理是：广义帕累托分布是帕累托分布的推广形式，通常被应用于研究极端损失尾部的分布，累积分布函数为 $F(x) = 1 - \left(1 + \xi \dfrac{x-\mu}{\beta}\right)^{-1/\xi}$，$(\xi \neq 0)$ 或 $F(x) = 1 - e^{-\frac{x-\mu}{\beta}}$，$(\xi = 0)$，其中 ξ 是形状参数、μ 是位置参数、β 是尺度参数。在对损失严重性分布尾部数据进行处理时，通常用样本数据减去阈值，则 GPD 分布中的位置参数 μ 可以假设为 0，从而得到关于参数 ξ 和 β 的广义帕累托分布。拟合所需要的输入为指定建模单元中用于进行损失严重性建模的各损失事件的损失金额数据集 $\{x_1, x_2, \cdots, x_n\}$，数据

共 n 个。拟合的输出为广义帕累托分布的参数估计值 ξ、β。

主要处理步骤为：

1. 得到广义帕累托分布的概率密度函数

$$f(x) = \begin{cases} \dfrac{1}{\beta}\left(1 + \dfrac{\xi}{\beta}x\right)^{-(1+\frac{1}{\xi})}, & if\xi \neq 0 \\[3mm] \dfrac{1}{\beta}e^{-\frac{x}{\beta}}, & if\xi = 0 \end{cases}$$

2. 根据概率密度函数得到对数似然函数

$$L(\xi,\beta \mid x) = \begin{cases} -n\ln\beta - \left(1 + \dfrac{1}{\xi}\right)\sum_{i=1}^{n}\ln\left(1 + \dfrac{\xi}{\beta}x_i\right), & if\xi \neq 0 \\[3mm] -n\ln\beta - \dfrac{1}{\beta}\sum_{i=1}^{n}x_i, & if\xi = 0 \end{cases}$$

3. 进一步对 ξ、β 分别求对数，当 $\xi \neq 0$ 时，有广义帕累托分布参数极大似然估计没有解析解，即参数 ξ、β 没有明确的解析表达式，因此需要用迭代的方法求出广义帕累托分布参数 ξ、β 的近似解。当 $\xi = 0$ 时，广义帕累托分布退化为指数分布：$\dfrac{\partial L}{\partial \beta} = -\dfrac{n}{\beta} + \dfrac{1}{\beta^2}\sum_{i=1}^{n}x_i$，可计算出 β 的极大似然估计值为 $\beta = \dfrac{1}{n}\sum_{i=1}^{n}x_i$。

四、严重度分布的检验

对损失严重程度拟合的检验主要包含以下方法：KS 检验、AD 检验、QQ 图检验、PP 图检验、均值超额图检验等，如图 6 – 10 所示。

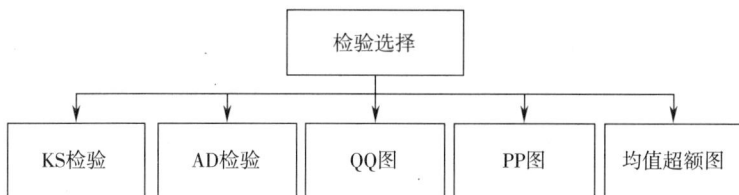

图 6 – 10 常用的严重度分布检验方法

下面简要介绍一下上述所列各种检验方法的基本原理和主要步骤。

（一）KS 检验

KS 检验是一种检验经验分布和拟合分布之间的差异的拟合优度检验。检验经验分布和拟合分布之间的差异，是通过计算样本经验分布 F_n 与总体分布 F 之间的最大距离（如图 6-11 所示）来完成的，即：

$$D_n = \sqrt{n}\sup|F_n(x) - F(x)|$$

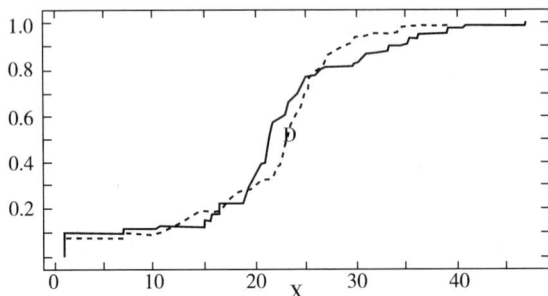

图 6-11　KS 检验中的最大距离 D

其中，$F(x)$ 为拟合分布的累积分布函数。

设样本数据集为 $\{x_1, x_2, \cdots, x_n\}$，对其进行排序，得到样本顺序统计量 $\{x_{(1)} \leqslant x_{(2)} \leqslant \cdots \leqslant x_{(n)}\}$，则 KS 统计量的计算公式为

$$D_n = \sqrt{n}\max\left\{\sup_j\left\{\frac{j}{n} - F(x_{(j)})\right\}, \sup_j\left\{F(x_{(j)}) - \frac{j-1}{n}\right\}\right\}$$

图 6-11 中可以很容易地看出，D_n 越大，则表示拟合越差；反之，D_n 越小，则拟合越好。

若 F 是连续分布，则统计量 D_n 满足 Kolmogorov 分布，且该性质与 F 的形态无关。当我们对样本计算出检验统计量的值后，我们可以通过模拟方法计算出检验 P 值，即显著性概率值（检验统计量变量大于等于根据样本计算出的检验统计量值的概率）：

$$P = P_F(D_n \geqslant d)$$

其中，D_n 表示检验统计量变量；d 表示根据样本计算出的检验统计量值。

相比较而言，P 值相对较大则表示分布拟合的较好，所以我们可以通过比较不同分布拟合的检验 P 值来进行分布选择。

KS 检验的输入是指定建模单元中用于进行损失严重性建模的各损失事件的损失金额数据集 $\{x_1, x_2, \cdots, x_n\}$，数据共 n 个，严重性分布的类型，严重性分布的参数估计值。KS 检验的输出是检验 p 值。

KS 检验的主要处理步骤包括：

1. 根据严重性分布的类型及参数得到需要检验的分布的累积分布函数为

$F(x)$；

2. 对样本数据集 $\{x_1, x_2, \cdots, x_n\}$ 进行排序，得到新的数据集 $\{y_1 \leqslant y_2 \leqslant \cdots \leqslant y_n\}$；

3. 计算数据集 $\{y_1 \leqslant y_2 \leqslant \cdots \leqslant y_n\}$ 在分布函数 $F(x)$ 上的取值，得到：

$$z_i = F(y_i), i = 1, 2, \cdots, n$$

4. 计算得到检验统计量的值：

$$KS = \sqrt{n}max\left\{\frac{j}{n} - z_j, z_j - \frac{j-1}{n}, j = 1, 2, \cdots, n\right\}$$

通过模拟计算检验 p 值（检验统计量变量大于等于根据样本计算出的检验统计量值的概率）：产生多组满足分布 $F(x)$ 的随机样本，针对每组随机样本分别计算检验统计量的值，并把计算出来的结果与 KS（根据样本计算出来的检验统计量值）作比较，比 KS 大的值的占比即可作为检验 P 值的估计。

（二）AD 检验

Anderson – Darling 检验也是一种检验经验分布和拟合分布之间的差异的拟合优度检验。

AD 检验的统计量可以表示如下：

$$A_n^2 = \int_{-\infty}^{+\infty} | F_n(x) - F(x) |^2 w(x) f(x) dx, w(x) = \frac{n}{(1 - F(x))^2}$$

其中，$F(x)$ 为拟合分布的累积分布函数，$f(x)$ 是拟合分布的概率密度函数。

A_n^2 可以通过直接计算得到，通过对观测值 $\{x_1, x_2, \cdots, x_n\}$ 进行排序，得到样本顺序统计量 $\{x_{(1)} \leqslant x_{(2)} \leqslant \cdots \leqslant x_{(n)}\}$，进一步有：

$$A_n^2 = \frac{1}{n} \sum_{j=1}^{n} (1 + 2(n - j)) \frac{1}{1 - F(x_{(j)})} + 2 \sum_{j=1}^{n} \log(1 - F(x_{(j)}))$$

A_n^2 越大，则表示拟合越差；反之，A_n^2 越小，则拟合越好。

相比于 KS 检验，AD 检验更能够体现对上尾部的检验，检验的敏感性更强，但不足是，如果直接计算临界值，计算复杂度会较高，且会因拟合分布的不同而不同。

当我们对样本计算出检验统计量的值后，我们可以通过模拟方法计算出检验 P 值，即显著性概率值（检验统计量变量大于等于根据样本计算出的检验统计量值的概率）：

$$P = P_F(A_n^2 \geqslant d)$$

其中，A_n^2 表示 AD 检验统计量变量；d 表示根据样本计算出的检验统计量值。

相比较而言，P 值相对较大则表示分布拟合的较好，所以可以通过比较不同分布拟合的检验 P 值来进行分布选择。

AD 检验的输入是指定建模单元中用于进行损失严重性建模的各损失事件的损失金额数据集 $\{x_1, x_2, \cdots, x_n\}$，数据共 n 个，严重性分布的类型，严重性分布的参数估计值。

AD 检验的主要处理步骤包括：

1. 根据严重性分布的类型及参数得到需要检验的分布的累积分布函数为 $F(x)$；

2. 对样本数据集 $\{x_1, x_2, \cdots, x_n\}$ 进行排序，得到新的数据集 $\{y_1 \leqslant y_2 \leqslant \cdots \leqslant y_n\}$；

3. 计算数据集 $\{y_1 \leqslant y_2 \leqslant \cdots \leqslant y_n\}$ 在分布函数 $F(x)$ 上的取值，得到：

$$z_i = F(y_i), i = 1, 2, \cdots, n$$

4. 计算得到检验统计量的值：

$$A = \frac{1}{n} \sum_{j=1}^{n} (1 + 2(n-j)) \frac{1}{1-z_j} + 2 \sum_{j=1}^{n} \log(1 - z_j)$$

通过模拟计算检验 P 值（检验统计量变量大于等于根据样本计算出的检验统计量值的概率），产生多组满足分布 $F(x)$ 的随机样本，针对每组随机样本分别计算检验统计量的值，并把计算出来的结果与 A（根据样本计算出来的检验统计量值）作比较，比 A 大的值的占比即可作为检验 P 值的估计。

（三）分位比较图（QQ 图）检验

分位比较图（以下简称 QQ 图）是一种常用的可视化的检验方法，可以让我更直观地研究两个分布的吻合程度，将拟合分布的分位数、观测样本的分位数，分别作为 x、y，绘制图形，如果被比较的两个分布比较相似，则其 QQ 图近似地位于 $y = x$ 这条直线上，即从直观的角度，图形越接近通过原点的 45 度线，表明拟合优度越高（如图 6-12 所示）。

此外，从量化的角度，我们可以对观测样本分位数和拟合分布分位数曲线通过一元线性回归拟合出其直线的表达式，即：$y = ax + b$。设 QQ 图中的数据点为 $(x_i, y_i), i = 1, 2, \cdots, n$，定义：

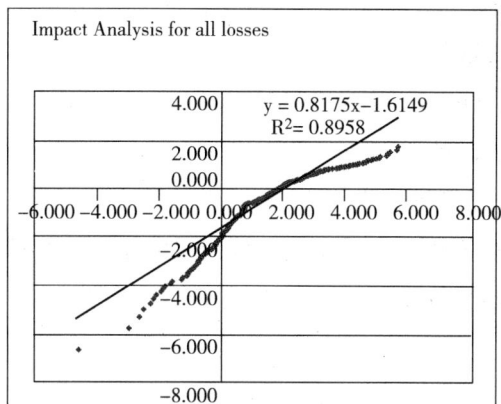

图 6 – 12 QQ 图示例

$$X = \begin{pmatrix} 1 & x_1 \\ 1 & x_2 \\ \vdots & \vdots \\ 1 & x_n \end{pmatrix}, Y = \begin{pmatrix} y_1 \\ y_2 \\ \vdots \\ y_n \end{pmatrix}, \beta = \begin{pmatrix} b \\ a \end{pmatrix}$$

则参数 $\beta = (b \quad a)'$ 的最小二乘估计的表达式为：

$$\hat{\beta} = \begin{pmatrix} \hat{b} \\ \hat{a} \end{pmatrix} = (X'X)^{-1}X'Y$$

其中，X' 表示矩阵 X 的转置。

此外，回归直线对分位数曲线样本的拟合优度通过 R^2 来计量，记

$$R^2 = 1 - \frac{RSS}{TSS}$$

其中，TSS 称为总平方和（Total Sum of Squares，TSS），反映样本观测值总体离差的大小，若样本观测集为 $\{Y_1, Y_2, \cdots\}$，均值为 $\bar{Y}$，则 TSS 记为 $TSS = \sum (Y_i - \bar{Y})^2$。$RSS$ 称为残差平方和（Residual Sum of Squares，RSS），反映样本观测值与估计值偏离的大小，记为 $RSS = \sum (Y_i - \hat{Y}_i)^2$。$R^2$ 越大（最大为 1）则说明拟合优度越高，反之，则拟合程度越差。

综上，从量化的角度，若 a 趋近于 1，b 趋近于 0，且 R^2 趋近于 1，则说明拟合得到的损失严重性分布拟合优度较高。

QQ 图检验的输入是指定建模单元中用于进行损失严重性建模的各损失事

件的损失金额数据集 $\{x_1, x_2, \cdots, x_n\}$，数据共 n 个，严重性拟合分布的类型，严重性拟合分布的参数估计值。

检验的输出是：QQ 图及其 n 个坐标点 $\{(z_1, y_1), (z_2, y_2), \cdots, (z_n, y_n)\}$ 数据、参数估计结果、R^2 值。

QQ 图检验的处理步骤包括：

1. 根据严重性分布的类型及参数，得到假设分布的累积分布函数 $F(x)$；

2. 对样本数据集 $\{x_1, x_2, \cdots, x_n\}$ 进行排序，得到新的数据集 $\{y_1 \leqslant y_2 \leqslant \cdots \leqslant y_n\}$；

3. 针对每个样本点 y_i，计算其对应的假设分布分位数 $z_i = F^{-1}(\frac{i}{n})$，$i = 1, 2, \cdots, n$，其中 $F(x)$ 为假设分布的累积分布函数；

4. 通过以上步骤得到个坐标点 $\{(z_1, y_1), (z_2, y_2), \cdots, (z_n, y_n)\}$，根据这些点画出 QQ 图。

5. 对数据 (z_i, y_i)，$i = 1, 2, \cdots, n$ 拟合直线，得到参数的最小二乘估计：

（1）定义矩阵：

$$Z = \begin{pmatrix} 1 & z_1 \\ 1 & z_2 \\ \vdots & \vdots \\ 1 & z_n \end{pmatrix}, Y = \begin{pmatrix} y_1 \\ y_2 \\ \vdots \\ y_n \end{pmatrix}$$

（2）计算得到一个 2×1 的向量：

$$\beta = (Z'Z)^{-1} Z'Y$$

（3）在 QQ 图上画出直线：$y = \beta(0) + \beta(1)^* x$

6. 计算拟合的 R^2：

（1）计算：$w_i = \beta(0) + \beta(1)^* z_i$，$i = 1, 2, \cdots, n$

（2）计算 $\{y_1, y_2, \cdots, y_n\}$ 的均值：$y^* = \dfrac{\sum_{i=1}^{n} y_i}{n}$

（3）计算拟合的 R^2：

$$R^2 = 1 - \frac{\sum_{i=1}^{n} (y_i - w_i)^2}{\sum_{i=1}^{n} (y_i - y^*)^2}$$

（四）PP 图检验

PP 图也是一种常用的可视化的检验方法，可以让我们更直观地研究两个分布的吻合程度。PP 图是根据变量的累积比例与指定分布的累积比例之间的关系所绘制的图形。通过 PP 图可以检验数据是否符合指定的分布。如果被比较的两个分布比较相似，则其 PP 图近似地位于 $y = x$ 这条直线上，即从直观的角度，图形越接近通过原点的 45 度线，表明拟合优度越高。

此外，从量化的角度，我们可以对 PP 图曲线通过一元线性回归拟合出其直线的表达式，即：$y = ax + b$。设 PP 图中的数据点为 (x_i, y_i)，$i = 1, 2, \cdots, n$，定义：

$$X = \begin{pmatrix} 1 & x_1 \\ 1 & x_2 \\ \vdots & \vdots \\ 1 & x_n \end{pmatrix}, Y = \begin{pmatrix} y_1 \\ y_2 \\ \vdots \\ y_n \end{pmatrix}, \beta = \begin{pmatrix} b \\ a \end{pmatrix}$$

则参数 $\beta = (b \quad a)'$ 的最小二乘估计的表达式为：

$$\hat{\beta} = \begin{pmatrix} \hat{b} \\ \hat{a} \end{pmatrix} = (X'X)^{-1}X'Y$$

其中，X' 表示矩阵 X 的转置。

此外，回归直线对 PP 图曲线样本的拟合优度通过 R^2 来计量，记

$$R^2 = 1 - \frac{RSS}{TSS}$$

其中，TSS 称为总平方和（Total Sum of Squares，TSS），反映样本观测值总体离差的大小，若样本观测集为 $\{Y_1, Y_2, \cdots\}$，均值为 $\bar{Y}$，则 TSS 记为 $TSS = \sum (Y_i - \bar{Y})^2$。RSS 称为残差平方和（Residual Sum of Squares，RSS），反映样本观测值与估计值偏离的大小，记为 $RSS = \sum (Y_i - \hat{Y}_i)^2$。$R^2$ 越大（最大为 1）则说明拟合优度越高，反之，则拟合程度越差。

综上，从量化的角度，若 a 趋近于 1，b 趋近于 0，且 R^2 趋近于 1，则说明拟合得到的损失严重性分布拟合优度较高。

PP 图检验的输入是指定建模单元中用于进行损失严重性建模的各损失事件的损失金额数据集 $\{x_1, x_2, \cdots, x_n\}$，数据共 n 个，严重性分布的类型，严重性分布的参数估计值。

检验的输出是：PP 图及其 n 个坐标点 $\{(z_1, y_1), (z_2, y_2), \cdots, (z_n, y_n)\}$ 数

据、参数估计结果、R^2 值。

检验的主要处理步骤包括：

1. 根据严重性分布的类型及参数，得到假设分布的累积分布函数 $F(x)$；

2. 针对每个样本点 x_i，计算累积分布函数值 $F(x_i)$：$z_i = F(x_i)$，$i = 1$, $2, \cdots, n$；

3. 针对数据集 $\{x_1, x_2, \cdots, x_n\}$，其经验分布函数表达式为：$F_n(x) = \frac{1}{n} \sum_{k=1}^{n} 1_{\{x_k \leqslant x\}}$，$k = 1, 2, \cdots, n$。其中，$1_{\{x_k \leqslant x\}}$ 表示示性函数，若 $\{x_k \leqslant x\}$ 成立则取值为 1，否则取值为 0。对每个样本点 x_i，计算其经验分布函数值 $F_n(x_i)$ 为：$y_i = F_n(x_i)$，$i = 1, 2, \cdots, n$

4. 利用点 (z_i, y_i)，$i = 1, 2, \cdots, n$，画出 PP 图。

5. 对数据 (z_i, y_i)，$i = 1, 2, \cdots, n$ 拟合直线，得到参数的最小二乘估计：

（1）定义矩阵

$$Z = \begin{pmatrix} 1 & z_1 \\ 1 & z_2 \\ \vdots & \vdots \\ 1 & z_n \end{pmatrix}, Y = \begin{pmatrix} y_1 \\ y_2 \\ \vdots \\ y_n \end{pmatrix}$$

（2）计算得到一个 2×1 的向量：

$$\beta = (Z'Z)^{-1} Z'Y$$

（3）在 PP 图上画出直线：$y = \beta(0) + \beta(1)^* x$

6. 计算拟合的 R^2：

（1）计算：$w_i = \beta(0) + \beta(1)^* z_i$，$i = 1, 2, \cdots, n$

（2）计算 $\{y_1, y_2, \cdots, y_n\}$ 的均值：$y^* = \dfrac{\sum_{i=1}^{n} y_i}{n}$

（3）计算拟合的 R^2：

$$R^2 = 1 - \frac{\sum_{i=1}^{n} (y_i - w_i)^2}{\sum_{i=1}^{n} (y_i - y^*)^2}$$

五、基于"混合模型"和"分组估计"的严重度分布拟合

鉴于信息科技风险事件损失具有特殊性，用传统的拟合方法往往结果不

理想，提出两种新的拟合方法："混合方法"和"分组拟合"。

"混合方法"是指拟合的目标不是单一的分布函数，而是若干分布函数的组合。根据实证研究，信息科技风险严重度分布可选择的分布模型包括指数分布、对数分布、伽玛分布、帕累托分布等，但这些分布单独使用都难以很好地拟合出 IT 严重度，在"混合方法"下，我们将这些分布加权相加（权重之和为1），用这个"混合"的模型拟合效果更佳。

"分组拟合"是指将严重度划分若干区间，计算出符合每个区间的事件数量，基于这个信息来对模型的参数进行估计。因为信息科技风险事件难以用一个确凿的具体金额来衡量影响，而估计其影响的大体区间相对容易，用"分组拟合"估计分布参数会更精确。

"混合方法"模型：

$$f(\theta, x) = \sum_{i=1}^{k} \omega_i f_i(\theta_i, x) + l \cdot f_i(\theta_l, x) + g \cdot f_g(\theta_g, x) + p \cdot f_p(\theta_p, x)$$

其中：

$$\sum_{i=1}^{k} \omega_i + l + g + p = 1, \omega i, l, g, p > 0$$

指数分布：

$$f_i(\theta_i, x) = e^{\frac{-x}{\theta i}}$$

对数分布：

$$f_i(\theta_l, x) = lognormal(\theta_l, x)$$

伽玛分布：

$$f_g(\theta_g, x) = gamma(\theta_g, x)$$

帕累托分布：

$$f_p(\theta_p, x) = pareto(\theta_p, x)$$

六、基于蒙特卡罗模拟的总损失分布整合

（一）蒙特卡罗模拟简介

在拟合好频率分布函数和损失严重程度函数后，便可通过蒙特卡罗模拟计算出信息科技风险的预期损失、非预期损失、灾难性损失。主要过程如下：

1. 根据损失频率分布的类型及参数估计，得到损失频率分布的累积分布函数 $F_f(x)$；

2. 根据损失严重性分布的类型及参数，得到损失严重性分布的累积分布函数 $F_s(x)$；

3. 根据蒙特卡罗模拟次数 T，生成均匀分布随机数列 $\{x_1, x_2, \cdots, x_T\}$，$t = 1, 2, \cdots, T$；

4. 对于每个 x_t，根据损失频率分布 $F_f(x)$，得到给定时间段内发生操作风险损失事件的数量 $n_t = F_f^{-1}(x_t)$，$t = 1, 2, \cdots, T$；

5. 对于每个 n_t，生成均匀分布随机数列 $\{y_1, y_2, \cdots, y_{n_t}\}$，$t = 1, 2, \cdots, T$；

6. 对于每个 y_i，根据损失严重性分布 $F_s(x)$，得到每一笔操作风险事件导致的损失金额 $l_i = F_s^{-1}(y_i)$，$i = 1, 2, \cdots, n_t, t = 1, 2, \cdots, T$；

7. 对于每个 t，计算总损失金额：$fs_t = \sum_{i=1}^{n_t} l_i$，$t = 1, 2, \cdots, T$；

8. 将 T 次模拟结果汇总为总的损失分布函数；

9. 根据置信度水平，"截断"出非预期损失，根据分布的期望值，得到预期损失。

（二）划分单元格情况下总损失分布的整合

上文中，我们是将信息科技风险作为一个整体进行计量，将所有信息科技风险事件数据放入一个"池子"，对"池子"总体进行频率分布拟合和损失严重程度分布的拟合，再通过蒙特卡罗模拟得到经济资本。这一方法相对简单，但缺点是计量精确度可能不足。因为不同类型的信息科技风险事件其频率分布和严重程度分布是不同的，所以，如果笼统放在一个"池子"中计量，难以反映出每种类别特有的性质，只能相互折中平均，导致计量结果不准确。

因此，在巴塞尔协议对操作风险的计量中，巴塞尔协会推荐的高级计量法是把操作风险事件按照事件类型（7 种）和事件所属条线（8 条）划分为 7×8 的矩阵，对矩阵中的每一个"格子"分别拟合频率分布和损失严重程度分布，然后再将各个"格子"计量的结果进行整合。在整合过程中，最关键的是要考虑格子之间的相关性，如果将每个格子的计量结果直接加总，将会高估为风险计提的资本。下文中，我们将详细介绍一种考虑相关性的整合方法。

巴塞尔协议对事件划分的矩阵主要是出于将"同质"事件放到一起计量，所以，并不是严格地必须划分成 56 个单元格，只要达到"同质"类别放到一起、"异质"类别相互分开即可，因此，可以把一些格子合并到一起计量。当然，另外一个考虑是每个格子中都要有充足的数据样本，如果某个格子数据太少，不能够支持拟合的话，那只能将几个格子合并到一起计量。

在巴塞尔协议中，为操作风险划分了 7 种事件类型，其中，有 3 种与信息科技风险相关，分别是内部欺诈、外部欺诈、业务中断和系统失败。我们可以以这 3 种类型作为风险事件分类矩阵的类型维度，我们也可以按照其他的分类方法来划分信息科技风险事件的类型，比如，按照软件生命周期，可以把信息科技风险事件划分为需求阶段事件、设计阶段事件、编码阶段事件、运维阶段事件等。在条线方面，我们可以沿用巴塞尔协议划分的 8 大条线，或者沿用中国银监会定义的 9 个条线。

假设我们已经按分类矩阵拟合了每个"格子"的频率分布、严重程度分布，并通过蒙特卡罗模拟计算了每个格子的预期损失和非预期损失，如何把各个格子的结果整合起来？下面，我们介绍两种方法：

1. 简单加总法

简单加总法是一种简单易行的汇总方法，该方法是直接简单加和各计量单元（矩阵中的"格子"）下的预期损失（EL_r）及 VaR_r，即

$$EL_{total} = \sum_{r=1}^{R} EL_r, VaR_{total} = \sum_{r=1}^{R} VaR_r$$

其中，EL_r 表示第 r 个计量单元的预期损失，即

$$EL_r = \frac{\sum_{t=1}^{T} fs_{rt}}{T}, \quad r = 1, 2, \cdots, R$$

VaR_r 表示第 r 个计量单元的置信水平为 $1 - \alpha$ 的 VaR 值，即该计量单元的总损失额分布的 $1 - \alpha$ 分位数：

$$VaR_r = F_r^{-1}(1 - \alpha), \quad r = 1, 2, \cdots, R$$

其中，第 r 个计量单元的总损失额分布 F_r 是由之前步骤的蒙特卡罗模拟得到的模拟分布，是离散型的，所以这里使用的是 F_r 的广义逆：$F_r^{-1}(u) = \inf\{x: F_r(x) \geq u\}$，$\forall u \in [0, 1]$，inf 表示下确界。

这种方法实际是假设了各个风险之间是完全相关的，并且在加总时每个风险元素的权重相等。这种方法实际上产生的结果是资本总额的上界，也就是说，简单加总的方法提供了一种对信息科技风险风险的保守度量。

2. 用 Copular 连接函数来加总

Copula 是连接单变量边缘分布和多变量联合分布的函数，是一种研究随

机变量间的相关性和联合分布的一种较新的工具，特别是在风险相关性信息较少的情况下，能够较好地克服线性相关系数的缺陷，还可以保持各个边缘分布的特点。术语 Copula 的基本含义是"连接"的意思。Copula 的理论基础认为任何联合累积分布函数都可以由一个 Copula 函数和 N 个边缘分布函数来表示。Copula 函数将任意数量的单个随机变量的边缘分布映射到将全部随机变量考虑到一起的联合分布。联合分布明确了随机变量之间的相关性。因此给定不同边缘分布的集合可以产生各种联合分布。连接函数可以应用于描述随机变量间的相关性结构而独立于随机变量的边缘分布。

在信息科技风险中进行各计量单元的风险度量（如 VaR）的加总时，可以运用 Copula 函数，Copula 将各类风险损失分布的边缘分布连接在一起形成联合分布曲线，描述了变量间的相关性特征。其基本方法是，首先根据如前所述的蒙特卡罗模拟方法估计得到各计量单元的总损失额 S_r 的分布 $F_r(S_r)(r=1,2,\cdots,R)$；然后，根据事先设定的不同计量单元的总损失额分布间的 Copula 相关性，计算整个银行的信息科技风险总损失额分布，进而推算银行的信息科技风险 VaR 总额（或其他风险度量的总额）。

Copula 是描述一个随机向量的各个变量之间的相关结构的函数。运用到操作风险时，这里的随机向量则是计量单元总损失额向量 $(S_1,S_2,\cdots,S_R)$，其元素 S_r 为给定时间段内的第 r 个计量单元的总损失额变量。当把 Copula 运用到这些变量的边缘分布时，则可以定义它们的联合多元分布。具体而言，Copula 函数是一个多元分布函数，其边缘分布为标准均匀分布。设 C 为 Copula 连接函数，根据 Sklar's 定理，计量单元总损失额向量 $(S_1,S_2,\cdots,S_R)$ 的联合分布 F 可表示为

$$F(s_1,s_2,\cdots,s_R) = C(F_1(s_1),F_2(s_2),\cdots,F_R(s_R))$$

Copula 函数使得计量单元总损失额向量的联合分布可以分成两个部分来进行描述：计量单元总损失额的边缘分布 $F_r(S_r)$；由一个 Copula 函数来刻画的计量单元总损失额边缘分布之间的相关结构。也就是说，运用 Copula 理论建立操作风险模型时，可将随机变量的边缘分布和它们之间的相关结构分开来研究，它们的相关结构则由一个 Copula 函数来描述。

常用的 Copula 连接函数有 Gaussian 分布函数、t - 分布函数等，下面我们介绍 Gaussian Copula。Guassian Copula 函数的表达式为

$$C(u_1,u_2,\cdots,u_R) = \Phi_{\sum}(\Phi^{-1}(u_1),\Phi^{-1}(u_2),\cdots,\Phi^{-1}(u_R))$$

其中，Φ 表示一维标准正态分布的分布函数，Φ^{-1} 为其反函数，$\Phi_\sum$ 为均值为 0，协方差矩阵为 $\sum$ 的 R 维联合正态分布的分布函数。$\sum$ 为 $R \times R$ 的相关矩阵，形式如下：

$$\sum = \begin{pmatrix} 1 & \rho_{12} & \cdots & \rho_{1R} \\ \rho_{21} & 1 & \cdots & \rho_{2R} \\ \vdots & \vdots & \ddots & \vdots \\ \rho_{R1} & \rho_{R2} & \cdots & 1 \end{pmatrix}$$

需要注意的是，该相关性矩阵的元素 ρ_{ij} 描述的是 $\Phi^{-1}(F_i(S_i))$ 与 $\Phi^{-1}(F_j(S_j))$ 之间的相关性（$i,j = 1,2,\cdots,R$）。（此时，$\Phi^{-1}(F_r(S_r))$，$r = 1,2,\cdots,R$，服从标准正态分布）

在 Gaussian Copula 下，计量单元总损失额向量 $(S_1, S_2, \cdots, S_R)$ 的联合分布 F 的表达形式为：

$$F(s_1, s_2, \cdots, s_R) = C(F_1(s_1), F_2(s_2), \cdots, F_R(s_R))$$
$$= \Phi_\sum(\Phi^{-1}(F_1(s_1)), \Phi^{-1}(F_2(s_2)), \cdots, \Phi^{-1}(F_R(s_R)))$$

在 Copula 函数的表达式中，$\sum$ 为未知参数，所以首先需要估计该参数，估计方法可采取极大似然估计。根据 Copula 密度函数可写出对数似然函数表达式，进而可以计算得到 $\sum$ 的极大似然估计的表达式为

$$\hat{\sum} = \frac{1}{n} \sum_{i=1}^{n} \xi_i \xi_i{}'$$

其中，$\xi_i = (\Phi^{-1}(u_{1i}), \Phi^{-1}(u_{2i}), \cdots, \Phi^{-1}(u_{Ri}))'$，计量单元总损失额样本数据的数据个数为 n。

因此，针对一组计量单元总损失额样本数据估计 $\sum$ 的极大似然估计时，首先应该对样本数据进行转换：

$$u_{ri} = F_r(s_{ri}), r = 1, 2, \cdots, R, i = 1, 2, \cdots, n$$

再对转换后的数据计算参数的极大似然估计：$\hat{\sum} = \frac{1}{n} \sum_{i=1}^{n} \xi_i \xi_i{}'$。

获得参数的估计后，总损失额向量的联合分布的理论形式已经获得，我们可根据该分布函数计算操作风险预期损失总额、VaR 总额（或其他风险度量总额）。但由于分布的函数形式非常复杂，直接推导其分位数的计算公式来

获得 VaR 及 EL 具有一定的难度。我们可以采取蒙特卡罗模拟方法模拟出联合分布函数，再根据模拟结果计算操作风险预期损失总额、VaR 总额（或其他风险度量总额）。

把 Copula 运用到操作风险总损失额分布的计量可以具体分为三大步骤：

（1）估计未知参数的极大似然估计：首先把给定时间段的计量单元总损失额样本数据集 $(s_{1i}, s_{2i}, \cdots, s_{Ri})', i = 1, 2, \cdots, n$ 用边缘分布函数作用后转换为均匀分布数据 $(u_{1i}, u_{2i}, \cdots, u_{Ri})', i = 1, 2, \cdots, n$。再运用转换后的数据估计未知参数的极大似然估计。需要指出的是，此时的计量单元总损失额分布 F_r 是由之前的蒙特卡罗模拟得到的模拟分布，因此，转换方式为：

$$u_{ri} = F_r(s_{ri}) = \frac{1}{T} \sum_{t=1}^{T} 1_{\{fs_{rt} \leq s_{ri}\}}, \quad r = 1, 2, \cdots, R, i = 1, 2, \cdots, n$$

其中，$1_{\{fs_{rt} \leq s_{ri}\}}$ 表示示性函数，若 $\{fs_{rt} \leq s_{ri}\}$ 成立则取值为 1，否则取值为 0。

（2）采用蒙特卡罗模拟方法模拟出计量单元总损失额的联合分布：获得未知参数的估计后，计量单元总损失额向量 $(S_1, S_2, \cdots, S_R)$ 的联合分布的理论形式已经获得：

$$F(s_1, s_2, \cdots, s_R) = C(F_1(s_1), F_2(s_2), \cdots, F_R(s_R))$$
$$= \Phi_{\sum}(\Phi^{-1}(F_1(s_1)), \Phi^{-1}(F_2(s_2)), \cdots, \Phi^{-1}(F_R(s_R)))$$

但由于分布的函数形式非常复杂，直接计算具有一定的难度。我们可以采取蒙特卡罗模拟方法进行模拟，从而得到其联合分布。

（3）根据模拟结果计算预期损失总额、VaR 总额（或其他风险度量）：上一步骤已模拟得到总损失额的分布模拟数据，可由此数据直接计算相应分位数得到 VaR 总额、计算均值得到 EL 总额（或其他风险度量）。

七、基于 FFT 的总损失分布整合

从另一个角度来看，总损失分布由频率分布和严重度分布进行卷积得到，在总损失分布上通过置信度来"截断"，得到非预期损失。

蒙特卡罗模拟和快速傅立叶变换（FFT）是计算卷积的两种常用方法，实证研究表明，FFT 计算结果更稳定，效率更高。

下面简要介绍一下 FFT 方法。

在损失分布法下，信息科技风险的估计由以下总（复合）损失分布决定：

$$Z = X_1 + X_2 + \cdots + X_N$$

这里，N 是关于频率的离散随机变量，即某一时间区间的 IT 事件数，其概率估值函数：$P_k = P_r[n = k], k = 0, 1, 2, 3 \cdots$

X_i 是 IT 事件损失金额的严重度随机变量，其分布函数为 $F(x)$，相应的概率密度函数为 $f(x)$。

N 与 X_i 是相互独立的，即频率分布和严重度分布相互独立。

（一）理论基础

对于 Y_1 服从 $F_1(y)$、Y_2 服从 $F_2(y)$，Y_1 与 Y_2 相互独立，$f_1(y)$、$f_2(y)$ 分别是相应的密度函数，则 Y_1 与 Y_2 可通过卷积计算：

$$f_{y1+y2}(y) = (f_1 * f_2)(y) = \int f_2(y - y1) \cdot f_1(y1) d_{y1}$$

$$F_{y1+y2}(y) = (F_1 * F_2)(y) = \int F_2(y - y1) \cdot f_1(y1) d_{y1}$$

这里 $f_1 * f_2$ 是 f_1 和 f_2 的卷积。

（二）风险总损失的计量

因此，总损失可通过卷积计量如下：

$$H(z) = P_r(Z \leq z) = \sum_{k=0}^{\infty} P_r[Z \leq z | N = k] P_r[N = k] = \sum_{k=0}^{\infty} P_k F^{(k)*}(z)$$

这里，$F^{(k)*}(z) = P_r[x_1 + \cdots + x_k \leq z]$ 是 $F(\cdot)$ 的第 k 重卷积，$F^{(k)*}(z) = \int_0^z F^{(k-1)*}(z - x) f(x) dx$，且 $F^{(0)*}(z) = 1$（$z \geq 0$）或 0（$z < 0$）。

（三）稳定的 FFT 总损失计量方法

1. 离散化严重度密度函数，得到：$f_0, f_1, \cdots f_{M-1}$，这里 $M = 2^r$，r 为整数，M 越大，精度越高。

2. 利用 FFT（快速傅立叶变化），计算严重度模型的特征函数：

$\varphi_0, \varphi_1, \cdots, \varphi_{M-1}$，这里 $\varphi_k = \sum_{m=0}^{M-1} f_m e^{\frac{2\pi m}{M} \cdot k}, k = 0, 1, \cdots, M - 1$

3. 计算复合分布的特征函数：$\lambda_m = \Psi(\varphi_m), m = 0, 1, 2, \cdots, M - 1$

这里 $\lambda(t) = \sum_{k=0}^{\infty} [\varphi(t)]^k p_k = \Psi[\varphi(t)]$

4. 进行 FFT 逆变化：

$$f_k = \frac{1}{M} \sum_{m=0}^{M-1} \varphi_m e^{-\frac{2\pi m}{M} k}$$

代入，则 $\lambda_0, \lambda_1, \cdots, \lambda_{M-1}$，得到混合分布序列 $h_0, h_1, \cdots, h_{M-1}$。

八、运用内部衡量法对计量结果进行调整

运用内部衡量法对计量结果进行调整，能够反映出当前的信息科技风险状况和信息科技风险管控的效果，并能够前瞻性地体现风险变化趋势。本书提出基于 BEICFs 数据计算 γ 系数，对标准法和损失分布法计量的结果进行调整。信息科技风险大小与关键风险指标、风险评估结果负相关，关键风险指标、评估得分越高（假定得分越高表示风险控制得越好），信息科技风险越小。γ 系数是信息科技关键风险指标和信息科技各领域风险评估的函数：

$$\gamma = g(a_1 KRI_1 + a_2 KRI_2 + \cdots + a_i KRI_i)$$
$$+ f(b_1 RCSA_1 + b_2 RCSA_2 + \cdots + b_k RCSA_k)$$

其中，KRI_i 表示第 i 个关键风险指标的得分；$RCSA_k$ 表示第 k 个信息科技风险评估的得分。并有 $a_1 + a_2 + \cdots + a_i = 1, b_1 + b_2 + \cdots b_k = 1, g(x) = p \cdot x + q,$ $f(y) = m \cdot y + n, (p, m < 0; q, n > 0)$

KRI_i 和 $RCSA_k$ 的计算方法如表 5-6 所示，基本原理是设定关键风险指标的阈值（目标值）和风险评估的标准，把指标监测结果和评估结果转化为可量化的得分，在阈值（目标值）或符合评估标准时，得分小于1，超出阈值或符合评估标准时，得分大于1，并动态根据指标监测结果或评估结果变化缺失对得分进行修正。这里 $\alpha1 \sim \alpha6$、$\beta1 \sim \beta4$ 为需要设定的参数。

表 6-6　　　　　　　将指标监测值和评估结果转化为得分

初始评分	当期结果大于指标上限	初始评分 $KRIi_0 = \alpha_1 (\alpha_1 > 1)$	不适用
	当期结果小于指标下限	初始评分 $KRIi_0 = \alpha_2 (\alpha_2 < 1)$	不适用
	当期结果位于指标上下限之间	初始评分 $KRIi_0 = \alpha_3 \times KRI + \alpha_4$	初始评分 $RCSAk_0 = \beta_1 \times RCSA + \beta_2$
最终评分	当期评估结果小于上期评估结果	最终评分 $KRI_i = KRI \times \alpha_5 (\alpha_5 < 1)$	最终评分 $RCSA_k = RCSAk_0 \times \beta_3 (\beta_3 < 1)$
	当期评估结果大于上期评估结果	最终评分 $KRI_i = KRIi_0 \times \alpha_6 (\alpha_6 > 1)$	最终评分 $RCSA_k = RCSAk_0 \times \beta_4 (\beta_4 > 1)$
总分		KRI_i	$RCSA_k$

第六节 信息科技风险资本计量实例

本书以一家国内省级银行为例计量信息科技风险。该银行下辖601个营业网点，总资产规模1882亿元，贷款余额760亿元，总收入53.95亿元，员工1.7万人，IT系统实现了省域数据集中，目前该银行收集了2009年1月1日至2011年12月31日的信息科技风险事件，正在监测信息科技的关键风险指标，开展了多个领域的信息科技评估。如按照标准法计量信息科技风险资本，一是风险暴露指标选择FTP定价折算的信息科技总收入，假定为总收入的20%，约10.7亿元，乘以监管系数（假定为15%）为1.6亿元。二是选择信息科技总投入再乘以监管系数。标准法方法相对简单，重点是风险暴露指标和监管系数的确定。本书将重点实证研究使用高级法计量信息科技风险。

一、信息科技风险事件原始数据集

该银行自2009年1月1日至2011年12月31日共收集信息科技风险事件95件。其中，10件事件直接产生了损失金额，85件事件并未造成直接的损失，但在不同范围内造成了对外业务中断（如表6-7所示）。

表6-7　　　　　　　信息科技风险事件原始数据集

序号	机构层级	发现时间	影响时间（小时）	损失金额（元）	序号	机构层级	发现时间	影响时间（小时）	损失金额（元）
1	1	20090730	—	10 000	12	1	20091028	18	—
2	1	20110201	—	10 000	13	1	20100324	17	—
3	1	20100626	—	108 000	14	1	20111212	16	—
4	1	20100528	—	100 000	15	1	20101212	16	—
5	2	20090109	—	2 200 000	16	1	20090317	16	—
6	2	20100730	—	2 170 000	17	1	20090117	16	—
7	2	20110211	—	1 800 000	18	1	20091127	15	—
8	3	20100312	—	7 854 600	19	1	20090604	15	—
9	3	20110310	—	5 762 633	20	1	20100120	15	—
10	3	20090330	—	2 868 413	21	1	20100119	8	—
11	1	20100915	21	—	22	1	20091215	7	—

续表

序号	机构层级	发现时间	影响时间（小时）	损失金额（元）	序号	机构层级	发现时间	影响时间（小时）	损失金额（元）
23	1	20091012	7	—	60	1	20110422	160	—
24	1	20091012	6	—	61	1	20110829	153	—
25	1	20090413	5	—	62	1	20090514	125	—
26	1	20110229	5	—	63	1	20091216	111	—
27	1	20090310	4	—	64	1	20091215	93	—
28	1	20091022	4	—	65	1	20091209	302	—
29	1	20100628	3	—	66	2	20090405	218	—
30	1	20111101	3	—	67	2	20090430	145	—
31	1	20110330	3	—	68	2	20110823	143	—
32	1	20100101	1	—	69	2	20090818	101	—
33	1	20090531	1	—	70	2	20110914	98	—
34	1	20090323	1	—	71	2	20100426	91	—
35	1	20091116	1	—	72	2	20091027	86	—
36	1	20100110	1	—	73	2	20100603	72	—
37	1	20110121	73	—	74	2	20110408	72	—
38	1	20090305	59	—	75	2	20090318	71	—
39	1	20100325	58	—	76	2	20100330	48	—
40	1	20100203	54	—	77	2	20100827	45	—
41	1	20091116	52	—	78	2	20090907	40	—
42	1	20091214	50	—	79	2	20090907	35	—
43	1	20091001	50	—	80	2	20091223	35	—
44	1	20110101	47	—	81	2	20100301	31	—
45	1	20100316	44	—	82	2	20090827	22	—
46	1	20100128	42	—	83	2	20090505	21	—
47	1	20091209	41	—	84	2	20101116	21	—
48	1	20101215	40	—	85	2	20110706	21	—
49	1	20100828	36	—	86	2	20101206	21	—
50	1	20090307	32	—	87	2	20090901	19	—
51	1	20100109	1	—	88	2	20100801	18	—
52	1	20090128	0.5	—	89	2	20100812	18	—
53	1	20100405	0.3	—	90	2	20110307	18	—
54	1	20110713	250	—	91	2	20110322	17	—
55	1	20090209	250	—	92	2	20100305	17	—
56	1	20090224	250	—	93	2	20110617	15	—
57	1	20090901	220	—	94	3	20090928	45	—
58	1	20090820	193	—	95	3	20110514	42	—
59	1	20091202	160	—					

说明：机构层级1表示支行/网点范围，2表示地区分行范围，3表示全行范围。

二、经过转换后的数据集

在该银行收集的 95 件事件中，85 件事件没有损失金额，必须要把其造成的中断时间量化为损失金额。但考虑到系统之间的差异，如个人业务系统和对公业务系统每中断 1 小时，其造成的影响不同，根据对损失的确认方法，首先要把实际中断时间转化为"标准"影响时间，再转化为损失金额。

（一）实际中断时间转化为"标准"影响时间

我们按照加权转化法将实际中断时间转化为"标准"影响时间，即 $T = Y \cdot Z \cdot \tau$。

Y、Z 取值如表 6 - 8 所示。

表 6 - 8　　　　　　　　　　影响范围和系统重要程度系数表

影响范围（Y）		系统重要程度（Z）	
全国范围	5	非常重要	5
省域范围	3	较重要	3
地区范围	2	重要	2
支行	1	一般	1
网点	1	其他	1

（二）标准影响时间和损失金额的转化

标准影响时间与损失金额之间的映射关系（如图 6 - 13 所示）。

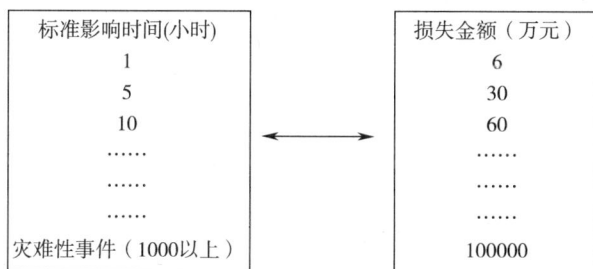

标准影响时间(小时)	损失金额（万元）
1	6
5	30
10	60
……	……
……	……
……	……
灾难性事件（1000以上）	100000

图 6 - 13　标准影响时间与损失金额之间的映射关系

这里假设标准影响时间（T）与损失金额（L）之间的映射关系为：县域支行/网点：$L1 = T1 \times 200$；地区范围：$L2 = T2 \times 2000$；省域范围：$L3 = T3 \times 20000$。经转化后的数据集如表 6 - 9 所示。

表 6 – 9　　　　　　　　　经转化后的数据集

序号	机构层级	影响时间（小时）	标准时间（小时）	转化后金额（元）	序号	机构层级	影响时间（小时）	标准时间（小时）	转化后金额（元）
1	1	—	—	10 000	49	1	36	72	14 480
2	1	—	—	10 000	50	1	32	63	12 635
3	1	—	—	108 000	51	1	1	1	200
4	1	—	—	100 000	52	1	0.5	1	190
5	2	—	—	2 200 000	53	1	0.3	1	100
6	2	—	—	2 170 000	54	1	250	500	100 000
7	2	—	—	1 800 000	55	1	250	500	100 000
8	3	—	—	7 854 600	56	1	250	500	100 000
9	3	—	—	5 762 633	57	1	220	440	88 000
10	3	—	—	2 868 413	58	1	193	385	77 000
11	1	21	43	8 500	59	1	160	320	64 090
12	1	18	36	7 101	60	1	160	319	63 800
13	1	17	34	6 762	61	1	153	307	61 300
14	1	16	33	6 500	62	1	125	250	50 000
15	1	16	33	6 500	63	1	111	221	44 234
16	1	16	33	6 500	64	1	93	186	37 252
17	1	16	33	6 500	65	1	302	604	120 708
18	1	15	31	6 160	66	2	218	871	1 741 000
19	1	15	30	6 000	67	2	145	580	1 160 518
20	1	15	29	5 830	68	2	143	572	1 143 546
21	1	8	16	3 200	69	2	101	404	808 280
22	1	7	14	2 782	70	2	98	390	780 000
23	1	7	14	2 700	71	2	91	365	729 106
24	1	6	11	2 247	72	2	86	343	686 749
25	1	5	9	1 864	73	2	72	290	579 500
26	1	5	9	1 819	74	2	72	286	572 192
27	1	4	9	1 708	75	2	71	283	565 179
28	1	4	7	1 410	76	2	48	191	382 940
29	1	3	5	1 062	77	2	45	180	360 000
30	1	3	5	1 048	78	2	40	161	322 300
31	1	3	5	1 000	79	2	35	139	278 710
32	1	1	3	500	80	2	35	139	278 710
33	1	1	3	500	81	2	31	125	250 000
34	1	1	2	414	82	2	22	86	172 738
35	1	1	2	400	83	2	21	85	170 000
36	1	1	2	300	84	2	21	85	170 000
37	1	73	146	29 235	85	2	21	84	168 328
38	1	59	119	23 715	86	2	21	83	165 964
39	1	58	116	23 290	87	2	19	78	155 800
40	1	54	107	21 445	88	2	18	73	146 319
41	1	52	104	20 730	89	2	18	72	143 738
42	1	50	100	20 000	90	2	18	70	140 000
43	1	50	100	20 000	91	2	17	69	138 888
44	1	47	95	18 982	92	2	17	66	132 467
45	1	44	88	17 691	93	2	15	60	120 708
46	1	42	85	16 955	94	3	45	270	2 698 282
47	1	41	81	16 256	95	3	42	250	2 500 000
48	1	40	79	15 804					

说明：机构层级 1 表示支行/网点范围，2 表示地区分行范围，3 表示全行范围。

三、频率和严重度拟合结果

由于该银行的数据量相对较少，在本实例中不划分计量单元格，所有的计量数据作为一个整体计量。

（一）频率模型参数

把该银行的信息科技风险数据分别对泊松分布、负二项分布、复合泊松分布等频率模型按周（在计算总损失时再将其转化为年）进行估计，对参数估计结果进行卡方检验，选择卡方检验通过且结果最优的复合泊松分布为该计量单元的频率分布。假设检验结果如图 6 – 14 所示，复合泊松分布（21）的卡方检验值相对最小（01，11 是修正的负二项分布和泊松分布，不具备可分性，无法从周转化为年，一般不选取）。参数为 $\lambda 1 = 0.5128, \lambda 2 = 0.1799$。

fd type	df	CHI_V	CHI_D	p value	maxlik
00	4	9.4877	4.9109(√)	0.2966	-166.2561
01	3	7.8147	2.6076(√)	0.4562	-165.0719
10	5	11.0705	12.5594(X)	0.0279	-169.0125
11	4	9.4877	2.5913(√)	0.6284	-165.06
20	4	9.4877	4.4022(√)	0.3543	-166.0219
21	4	9.4877	3.7647(√)	0.4388	-165.731
22	3	7.8147	3.7985(√)	0.2841	-165.7483

图 6 – 14 频率拟合结果

实线表示样本数据，虚线表示拟合曲线，从图 6 – 15 可看出频率分布拟合效果很好。

（二）严重度模型参数

考虑到 IT 事件的影响跨度较大，从营业网点的业务中断到支行、二级分行、全行的系统中断严重程度差异很大。把该银行的信息科技风险数据的金额数据，用分组计量的方式，分别对混合分布（由指数分布、对数正态、伽玛分布、帕累托分布进行混和）进行参数估计。

1. 分组区间

把信息科技风险事件按照金额分为 12 个区间：[0.0001，0.1)、[0.1，

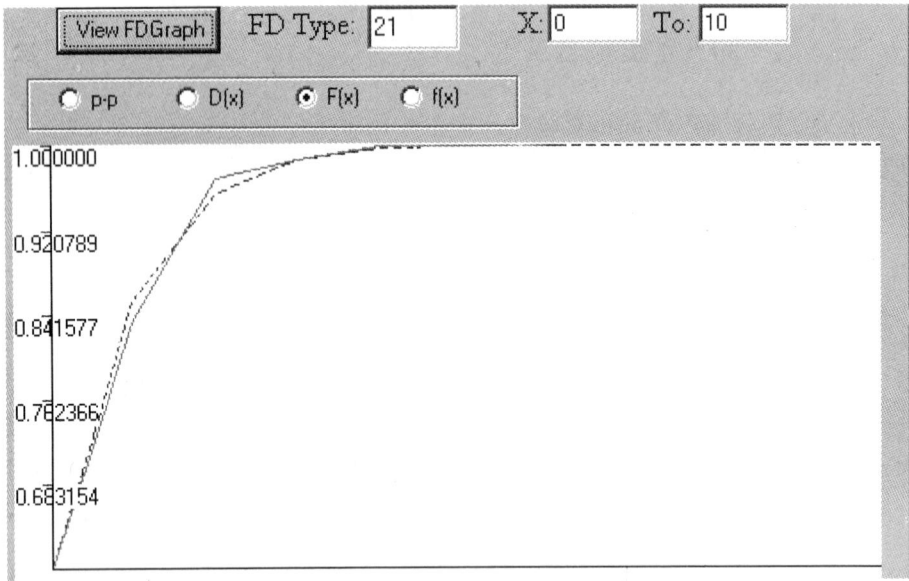

图6-15 频率拟合结果展示

1)、[1,50)、[50,100)、[100,150)、[150,200)、[250,300)、[300,400)、[400,500)、[500,600)、[600,1000),采用分组计量的方法(如图6-16所示)

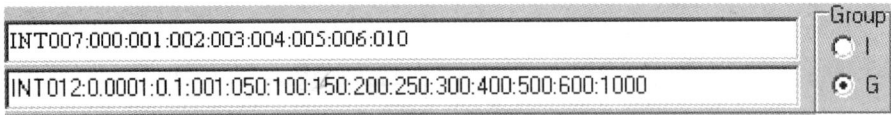

图6-16 对严重度数据的分组

2. 参数估计和假设检验

假设检验结果如图6-17所示,混合分布(MR)的卡方检验值最小,该分布是伽玛分布和帕累托分布的混合,两个分布的权重分别为 $\omega 1 = 0.5032$,

ld type	df	CHI_V	CHI_D	p value	maxlik	
MG	7	14.0671	4140.5476(X)	0	-232.9846	
ML	7	14.0671	12.0891(√)	0.0977	-153.357	
MP	7	14.0671	10.3995(√)	0.167	-153.0755	
MR	6	12.5916	7.6786(√)	0.2626	-151.8351	
MS	6	12.5916	24.223(X)	0.0005	-158.6387	

图6-17 严重度拟合结果

$\omega 2 = 0.4968$。伽玛分布的参数为 $\alpha = 0.3309, \theta = 243.7759$；帕累托分布的参数为 $\alpha = 1.0502, \theta = 1.2569$。

实线表示样本数据，虚线表示拟合曲线，从图 6-18 可看出严重度分布拟合效果很好。

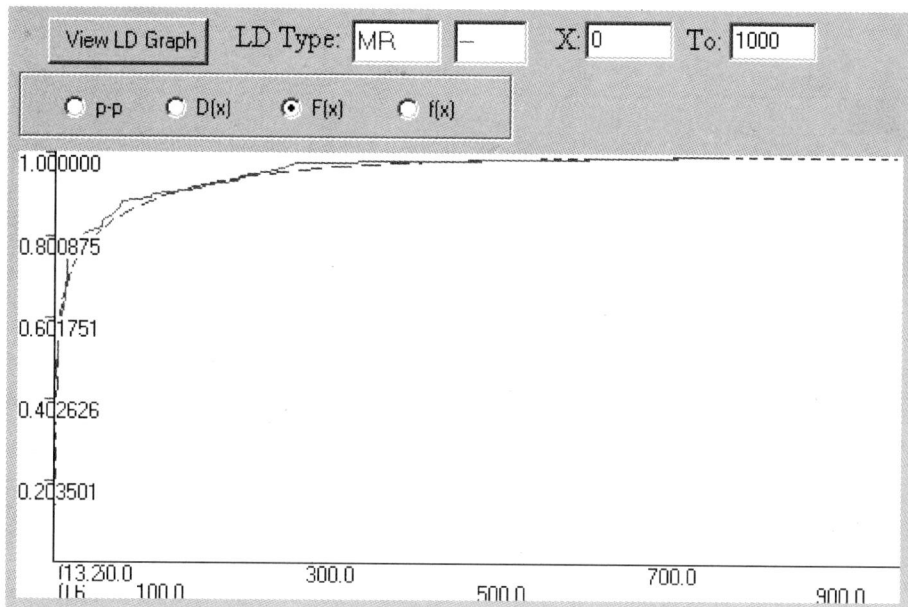

图 6-18　严重度拟合结果展示

四、损失分布法下的总损失

使用快速傅立叶变化（FFT）把选定的频率分布模型——复合泊松分布（21）和严重度分布模型——伽玛—帕累托混合分布（MR）整合为总体损失分布，同时，按周拟合的频率分布转化为年频率分布，在置信度 99.9% 下，得出该银行周总损失为 1045 万元，年度总损失为 13888 万元。计算结果如图 6-19 所示。

混合分布图形见图 6-20 所示。

五、内部衡量法下的调整系数

本实例将基于该银行信息科技关键风险指标和信息科技风险评估结果（BEICFs 数据）计算 γ 系数，对损失分布法计量的总损失进行调整。假定该银行监测 7 项关键风险指标（如表 6-10 所示），并开展了 3 项信息科技风险

FD_Type:	21	LD_Type:	MR	quantile:	0.999

r: 20　delta: 0.5

☑ FFT　☐ DNI　☐ Recursion　☐ Mont-Carlo　☑ ToYear

no	agg type	VaR	EL	FFT V	DNI V	Recursion V
0	00MR(W)	1043.50	32.09	1043.5 (17s)	0 (0s)	0 (0s)
1	00MR(Y)	13886.50	1673.36	13886.5 (16s)	0 (0s)	0 (0s)
2	21MR(W)	1045.00	32.09	1045 (18s)	0 (0s)	0 (0s)
3	21MR(Y)	13888.00	1673.36	13888 (17s)	0 (0s)	0 (0s)

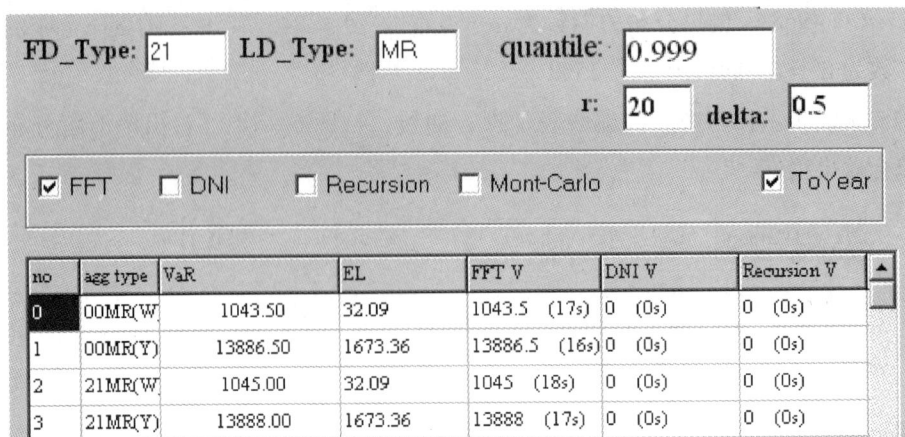

图 6 – 19　非预期损失计量结果

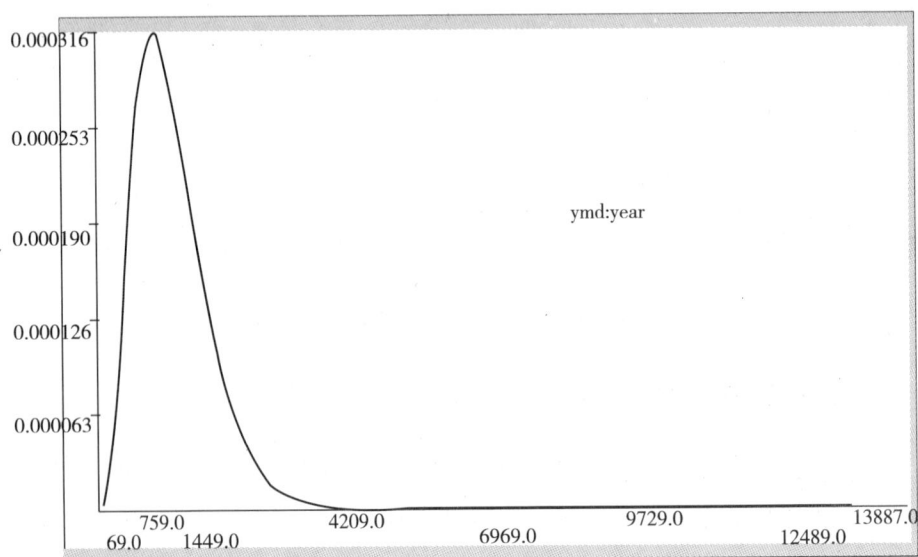

图 6 – 20　总损失分布图

评估（如表 6 – 11 所示）。γ 系数是信息科技关键风险指标和信息科技各领域风险评估的函数：

$$\gamma = g(a_1 KRI_1 + a_2 KRI_2 + \cdots + a_i KRI_i)$$
$$+ f(b_1 RCSA_1 + b_2 RCSA_2 + \cdots + b_k RCSA_k)$$

这里假定 $g(x) = -0.7x + 1.5$，$f(x) = -0.6x + 1.6$ 表示信息科技风险大小与关键风险指标、风险评估结果负相关，关键风险指标、评估得分越高（假定得分越高表示风险控制得越好），信息科技风险越小。

表 6 – 10　　　　　　　　关键风险指标得分

序号	指标名称	目标值（%）	实际值	指标得分	权重（a）
1	灾备系统的覆盖率	［90%，95%］	92%	1.2	0.2
2	交易成功率	［97%，98%］	99%	1.25	0.2
3	灾备演练覆盖率	［90%，95%］	90%	1	0.1
4	科技人员流失率	［1%，2%］	5%	0.8	0.15
5	信息安全事件导致的客户投诉率	［15%，20%］	13%	1.1	0.1
6	数据策略执行率	［95%，98%］	93%	0.9	0.15
7	监控系统覆盖率	［80%，90%］	95%	1.27	0.1
	总分			1.082	

表 6 – 11　　　　　　　　风险评估得分

序号	评分标准	评估结果	得分	权重（b）
1	系统运行情况	中等风险	1	0.3
2	数据安全	高风险	0.5	0.4
3	信息科技风险外包	低风险	1.5	0.4
	总分		1.1	

由上式计算得出 $\gamma = KRI$ 得分 $+ RCSA$ 得分 $= 0.74 + 0.94 = 1.68$。

六、总资本

该银行总资本（ C_{IT} ）等于损失分布法下的总损失乘以内部衡量法的调整系数，即

$$C_{IT} = VaR \times \gamma = 13888（万元） \times 1.68 = 23331.84（万元）$$

表示该银行年度的信息科技风险资本为 23331.84 万元。

第七章

研究结论及政策启示

第一节　信息科技风险管理与监管的理论价值

金融监管存在的理论基础是，金融市场交易主体之间存在信息不对称，金融机构和金融体系具有较高的脆弱性，以及金融机构倒闭容易引致风险传染并具有较高的负外部性。与此相对应，信息科技风险监管其实也有着坚实的理论基础，也有助于完善这些领域的理论研究。

一、强化信息科技风险监管有助于改善金融基础设施

金融基础设施建设的目的是为了降低或者化解信息不对称，利用信息科技来提高信息的透明度和扩大信息公开的及时性是一个重要方面。随着信息科技的发展，银行业正在向集约化、自动化、流程化、智能化不断发展，信息科技已成为银行交易和服务不可缺少的一部分。但是，信息科技的应用和普及并不必然代表银行市场信息不对称的降低，以此为基础发展起来的金融模式和开发出来的金融产品可能会引致更大的信息不对称，降低市场配置资金的效率，而信息科技风险可能会带来各种新形式的市场失灵。美国次贷危机就是一个例证，由物理和数学专家开发出来的次贷衍生产品定价模式和风险管理模式让业务人员和投资者根本无法了解到产品的实际价值和风险状况。

一方面，信息科技的不合理利用会扩展信息不对称。出于自身科技实力不足、节约成本等方面的考虑，一些银行会将运营系统或者部分业务系统外包给专门的信息技术服务商，由外包商进行开发、运营和维护，并且外包的范围在不断加强。银行不掌握核心技术和系统缺陷及其稳健性，这会增加银行与外包商之间的信息不对称。与此同时，银行系统不同部门之间的信息不对称也可能会加强。普遍认为，信息办公系统提高了银行系统不同部门之间的信息共享，降低了银行内部的信息不对称。但由于业务部门和系统设计部门之间的知识结构和专业分工的差异，设计人员可能在设计系统时对业务和产品的理解不够，从而使得系统设计存在重大缺陷；业务人员由于缺乏 IT 技术知识，不恰当的业务操作可能导致违规操作或者系统故障。

另一方面，信息科技的运用可以提高银行业的运行效率，但是信息科技风险会放大单个风险的外部性。信息科技的广泛应用使得金融机构的关联度大大提升，各国金融的外部依赖度也不断加强。在经济全球化、金融创新和信息技术迅速发展的支撑下，金融机构跨国配置资源从而进行全球布局已经变得非常普遍，国际金融机构普遍通过境外直接敞口形成了密切的跨国联系。然而，现代银行的正常运营依赖于各种技术、网络的连续稳定运行，但是没有一种技术能确保万无一失。一旦单家机构出现经营困难，或者其运行系统出现故障，其关联机构也会遭受损失，并且风险扩散的速度更快、范围更大，外部性也大大增加。

正因如此，信息科技风险的管理和监管显得非常重要。只有通过严格的管理和有效的监管确保银行信息科技系统的安全平稳运行，信息科技的应用才会切实改善金融基础设施，在安全可靠的前提下提高银行业的运行效力。

二、强化信息科技风险监管有助于降低银行的脆弱性

在明斯基（1982）提出"金融不稳定假说"后，现代金融脆弱性理论不断发展和丰富。现有的理论大多是从银行的高杠杆率、借短贷长、部分准备金率等方面来分析其脆弱性，并没有考虑到信息科技风险对其的影响。但是现代银行的经营管理建立在信息科技系统上，信息科技风险为银行的脆弱性添加了新的内容和特征。

一是信息科技风险会直接增加银行风险的促发点。银行对信息科技依赖程度不断提升，信息科技风险事故一旦发生就可能对其造成全局性、灾难性的冲击。不管是由于内部管理失误还是外部攻击，一旦造成了信息科技的安全事故，银行首先会遭受声誉风险。如果银行因此而遭受资金损失，还有可能引致存款人恐慌和挤兑。而且在信息网络高度发达的现代银行体系，恐慌会更快地传递，资金会迅速转移，从而对银行造成的流动性冲击更加严重。

二是信息科技的广泛应用会助推和放大银行的传统银行风险。对单个银行而言，银行的各个业务条线、各种产品通过信息系统联系在一起，如果这些业务条线或者产品之间的"防火墙"不够严实，那么一旦单个业务条线或者单个产品出现问题，信息系统会将问题扩大到其他业务条线或者产品。而对金融体系而言，随着信息科技的应用和资产证券化的发展，银行信贷由传统的"存款人—银行—贷款人"简单链条转变为一个非常长的金融中介链条，

资金要沿着由金融机构构成的一个很长的链条，才能从最终贷款人那里流到最终借款人手中（Shin，2010）。由此，金融机构之间的业务和交易相互渗透和关联，各国金融体系的外部依赖度也在随着金融全球化而不断加强。这使得金融风险一旦爆发，就会在金融机构之间、各国金融体系之间的交叉传染，而信息科技在金融体系的应用和发展使得这种传染的速度更快、范围更大、方式更加多样。

三是信息科技的广泛应用使得银行经营环境的不确定性更大。信息科技的广泛应用在提高服务和交易效率的同时，也会加大银行经营管理的不确定性。一方面，银行的经营困境、财务亏损等负面信息会更快传递给存款人或者投资者；另一方面，网上银行等电子交易系统的应用，存款人或者投资者一旦发现更加有利的投资机会，会更快撤离资金。信息科技的广泛使用，以及金融衍生工具的不断丰富，为银行快速进行这种投资转变提供了可能，会使得银行的经营风险在短时间内急剧膨胀。这些会大大缩短银行的应对时间，给其流动性管理造成更大挑战。更有甚者，银行面对客户和资金的流失，如果盲目开展高风险—高收益投资，提高自身产品的收益率，那么会大幅提高风险偏好。

信息科技风险丰富了金融脆弱性理论，也为加强信息科技风险监管提供了新的证据。

三、强化信息科技风险管理有助于完善金融安全网

关于金融安全网（Financial Safety Net），不同机构对其赋予了不同的内容。但是，一般意义上的金融安全网包含三大支柱，即金融监管、最后贷款人和投资者（包括存款人）保护制度。此次国际金融危机爆发前，世界主要国家大都建立了相对完善的金融安全网，所以此次金融危机相对较快地得到了控制。但是，此次国际金融危机是在金融信息科技高度发展的背景下爆发的，信息科技风险管理是未来完善金融安全网的需要。

首先，强化信息科技风险监管是完善银行全面风险管理的需要。当前银行业对信息科技的依赖性不断增强，银行业发展已经与信息科技密不可分。但与此同时，银行的业务快速发展和数据高度集中，银行业金融机构的信息系统越来越庞大和复杂，银行业信息科技风险在不断增大，近年来大型国际机构屡有信息科技风险事件发生。在巴塞尔委员会新制定的《有效银行监管

的核心原则（2012）》中，"原则15—风险管理体系"要求，监管机构需要确定银行具备全面的风险管理体系，及时识别、计量、评估、监测、报告和控制或缓释所有实质性风险，并提出了相应的准则和要求。此次国际金融危机爆发后，各国也对金融监管体系做了较大改革，比如美国的《多德—弗兰克华尔街改革与消费者保护法案》，其中一个重点就是扩大监管范围。鉴于信息科技风险对银行稳健性的重要程度越来越高，及其与其他风险关联性的日益加大，信息科技风险不应仅仅是纳入操作风险管理和监管的范畴，其在银行自身全面风险管理和监管当局的全面风险监管中应当引起更大的重视。

其次，信息科技风险为投资者保护制度提出了新要求。信息科技的发展和应用在提高银行自身运营效率的同时，可能会在一定程度上加大银行与存款投资者（包括存款者）之间的信息不对称。这种信息不对称的增加不仅体现在银行基于高新信息技术开发出的金融产品上，也体现在交易系统和金融机构的运营系统上。一方面，这会增加投资者的隐性损失。例如，在产品认购方面，对于发行额度之外的认购，如果银行的信息系统不能很好地处理退单退款，就会造成资金长时间无法退回投资者，增加投资者的机会成本，甚至本金损失。另一方面，如果投资者由于不理解银行产品交易的信息系统，就有可能由于操作不当或者操作失误而遭受损失。这些信息不对称给投资者造成的损失不同于银行利用信息优势进行交易对投资造成的损失。因此，信息科技风险为投资者保护制度提出了新的要求。例如，在存款保险制度中，存保银行保费的确定和调整应考虑其信息科技风险。

最后，信息科技风险管理需要金融安全网三大支柱进一步加强沟通协调。信息科技已经应用到银行的方方面面，银行业务条线和经营管理方面涉及的信息科技风险需要监管当局进行监管，电子支付和划拨系统等方面涉及到中央银行的管理，而信息科技风险给投资者造成的损失又归属存款保险机构或者相关的投资者保护制度。因此，信息科技风险的监督管理对金融安全网三大支柱的沟通和协调提出了新的挑战。

第二节　研究总结

　　信息科技风险管理理论经历了以技术为驱动、以控制为导向到以风险为导向的一系列演变过程。本书在梳理国内外信息科技风险管理发展历程和现状的基础上，对信息科技风险进行了定义和分类，总结了信息科技风险特点及发展趋势。在分析银行业全面风险管理理论和业界信息科技风险管理理论的基础之上，深入剖析了信息科技风险与操作风险、全面风险管理的关系，明确了信息科技风险在全面风险管理中的定位。

　　研究认为，基于信息科技风险的重要性和特殊性、国内外对信息科技风险的关注程度，以及目前在操作风险模式下管理信息科技风险存在弊端等因素，将信息科技风险从操作风险中拆分并独立管理能更加有效地管理信息科技风险。同时对单独拆分后的信息科技风险管理机制和流程等提出了建议。

　　本书分析了国际银行业信息科技风险监管的现状，以及中国银监会"风险为本"的信息科技风险监管原则、框架和手段，揭示了信息科技风险监管在实时、量化监管以及资本计量等方面的两大挑战，并提出了相应的监管思路。

　　同时，论证了建立一套核心监管指标体系进行量化和实时监管的必要性，研究提出了以"监管目标"和"过程控制"为导向的两种核心监管指标的构建方法，其中结果性指标反映客观存在的风险，过程性指标反映银行机构的风险管控水平；并对核心监管指标在监管中如何运用提出了建议。

　　研究提出信息科技风险可以单独计量的观点，并通过从金额和时间两个维度定义信息科技风险的损失，建立时间损失与金额损失的映射关系，解决间接损失计量的问题；结合个体计量和分组计量相结合的模型计量方法，解决信息科技风险损失不确定性的问题；同时提出了信息科技风险的计量框架、计量基础和计量方法，并以某商业银行5年内部收集的信息科技风险事件为实例验证了信息科技风险计量的流程。

　　总之，本书明确了信息科技风险与操作风险和全面风险的关系和定位，梳理了监管框架，并对信息科技风险核心监管指标和信息科技风险风险计量两种监管手段进行了深入分析，提出了相应的监管框架和方法，为信息科技风险监管理论体系的完善和具体运用提供了有益探索。

第三节 信息科技风险管理与监管的思考和展望

随着信息技术的飞速发展，银行业对信息科技的依赖越来越大，云计算、物联网等新技术加快了银行创新发展，对信息科技风险管理也提出了更高的要求。快速变化的外部环境、开放的互联网环境、技术类企业、第三方平台等非金融机构与银行业的业务服务不断融合，信息科技风险管理与监管面临着更加现实的挑战。因此，提出以下对未来发展的思考与展望。

一、构建体系化的信息科技风险管理框架

我国银行业金融机构已开始建立风险识别、监测、评估和报告的风险管理程序，但在方法、流程的科学性和系统化上还需进一步提高。本书提出了一套信息科技风险的核心监管指标体系，给出了构建原则、过程、步骤和设计方法，明确了信息科技风险的核心管控目标，下一步，银行业金融机构可以结合本机构信息科技风险管理现状，积极建立体系化的风险识别、监测和评估的方法，构建出覆盖商业银行信息科技各主要领域的信息科技风险指标体系，探索管理方法和工具，加强风险动态监测、预警；同时，可进一步完善信息科技风险自评估机制，建立全量风险点库，并分析评价，提高科技风险管理的科学性和精准度；此外，可进一步探索科技风险的计量方法，根据历史风险事件建立内部损失数据库，探索将科技风险和资本计量进行关联，实现以资本管理来提高科技风险管理水平的目的。

二、丰富、完善风险监管工具和量化技术

本书提出了面向"风险为本"监管理念的信息科技风险监管框架，并重点研究了信息科技风险核心监管指标体系构建和风险资本计量方法，但科技监管是一个持续循环的过程，需进一步丰富监管框架，以信息科技风险核心监管指标体系和资本计量为重要抓手，不断完善，强化非现场监管、现场监管、风险通报、监管准入等监管手段，灵活运用核心监管指标体系，用于快

速和动态识别银行业的信息科技风险状况，直接准确地度量行业风险，以提高监管的针对性、有效性和实时性。探索建立信息科技风险与监管资本和经济资本计量的模型，研究行业信息科技风险事件带来间接损失的量化方法，实现科技风险识别和计量的精细化，加强信息科技风险监管的科学化、系统化。同时，还要从资本角度加强监管，以资本量化科技风险，实现用资本约束信息科技风险，督促银行机构提升风险管理能力。

三、实现从单体机构风险监管向系统性风险监管的转化

本书在信息科技风险核心监管指标设定、资本计量方法选取和监管框架设计上，初步考虑了系统性风险，但对于行业系统性风险关注不够。系统风险具有强力的隐匿性、积累性和传染性特点，较难察觉和评估，一旦积聚会产生巨大的负外部性效应，并且系统性风险难以通过一般的风险管理手段相互抵消或者削弱，数据和系统集中、外包集中、外部技术依赖、数据中心集中、外部共享设施依赖进一步加剧了银行业信息科技服务体系的脆弱性。为了加强信息科技的行业性、系统性风险控制，一方面应加强风险识别机制的研究，加强外包风险、集中度风险、共性技术风险的规避、缓释、迁移和控制措施的研究，建立动态监测体系，明确风险职责和控制措施，同时也应探索加强各部门参与的社会协作机制建设，建立起跨行业、跨机构、跨区域的应急协调机制，通过做好关键节点的风险控制，共同防范可能的行业性系统风险。

四、强化互联网金融的信息科技风险监管

信息网络技术为互联网上便捷、快速地进行金融服务交易提供了充分的技术支撑的同时，也带来了互联网金融监管的难题。互联网金融运营的虚拟性、种类繁多、交易对象模糊等特征，使其风险具有扩散速度快、交互传递广、爆发突然且破坏性大等特点，并使得传统的分业经营、市场准入等监管手段被削弱。监管政策和工具应当如何适应互联网条件下的融资、支付和货币电子化发展，怎样加强互联网金融交易的监管，风险监管的模式、策略和方法应有哪些调整和变化，这些都有待我们进一步研究和深入思考。

五、加强银行信息化建设和大数据应用的监管与指导

进入信息化时代，大数据成为一种高级的信息生产力，并由此推动了社

会生产方式的转变，对数据的积累、加工和利用能力也成为各行业竞争与持续发展能力的标志。大数据背景下，信息传播与资源配置速度显著加快，银行既面临金融脱媒的压力，也具备拥有海量金融数据资产的优势。在国家通过大数据推动产业发展、提高国家竞争力的进程中，应当抓住历史机遇，加强对银行业的监管与指导，深入推进银行业信息系统规划，加强数据标准化建设和知识挖掘，持续提高数据质量和信息系统的数据处理能力，注重数据分析应用，进一步提高和完善银行业客户服务、风险管理、金融创新和可持续发展能力，提高信息时代我国银行业的国际竞争力。

参考文献

［1］张倩，张云志，祁妙．关于商业银行信息科技风险的调查与思考［J］．中国信用卡．2009（2）.

［2］中国银行业监督管理委员会．加强监管信息化建设促进银行业提高信息科技风险管理水平［J］．中国金融电脑．2009（5）.

［3］吴博．操作风险管理视角下的商业银行信息科技风险管理研究［J］．新金融．2010（9）.

［4］李庆莉．以中国式的监管促进中国式的风险管理［J］．中国金融电脑．2010（9）.

［5］骆絮飞．加强科技监管，推进银行业信息科技风险管理能力建设［J］．中国金融电脑．2011（4）.

［6］Ernie Jordan，Luke Silcock．基于 IT 治理的风险管理之道［M］．北京：清华大学出版社，2006.

［7］中国银行业监督管理委员会．银行业信息科技风险管理指引［银监发（2009）19 号］［Z］．2009.12.

［8］中国人民银行办公厅．中国现代化支付系统运行管理办法（试行）.［银办发（2005）287 号］［Z］．2005.11.05.

［9］谢翀达．全面推进"十二五"银行业信息科技跨越式发展［J］．金融时报．2012－04－17.

［10］林晓轩．信息科技提升商业银行全面风险管理水平［J］．中国金融电脑．2010（1）：10－13.

［11］程宝安等．金融信息化存在的风险及防范措施［J］．华南金融电脑．2003（4）.

［12］李卫东．对商业银行信息科技风险的几点思考［J］．金卡工程（经济与法）．2008（9）.

［13］张成虎，李淑彪．信息技术风险监管——银行监管的新领域［J］．中国金融电脑．2002（9）.

［14］李丹．对中国银行业"十二五"信息科技发展规划的思考［J］.中国金融电脑．2011（3）．

［15］杨涛．商业银行的信息科技风险及其防范［J］.金融论坛．2010（11）：55－60.

［16］GB/T 24353－2009 风险管理—原则与实施指南．

［17］ISO31000：2009 风险管理—原则与指南．

［18］陈文雄．信息科技风险监管和管理［J］.金融电子化．2009（10）：27－29.

［19］李庆莉．信息科技风险管理：在新资本协议推动下稳步前行［J］.中国金融电脑．2011（2）：12－13.

［20］李勇．信息科技风险管理：银行业信息化建设的关口［J］.中国金融电脑．2009.（9）：20－21.

［21］香港金融管理局．监管政策手册——外判［Z］.V.1－28.12.01.

［22］香港金融管理局．监管政策手册——信息科技风险的一般原则［Z］.V.1－24.06.03.

［23］香港金融管理局．监管政策手册——电子银行的监管［Z］.V.1－17.02.04.

［24］阎庆民．中国商业银行操作风险研究［M］.北京：中国经济出版社，2012.

［25］张磊．银行业信息科技风险管理的三个维度［J］.金融电子化．2011（2）：81－82.

［26］胡振华，全民邦．银行信息科技风险防控重在机制建设［J］.金融实务．2010（9）：70－71.

［27］ISACA．中国香港信息科技风险与回报测量研究［R］.香港．2010.

［28］HSBC.2011 年度报告［R］.香港．2011.

［29］ICBC.2010 年年度报告［R］.香港．2010.

［30］章培毅，曹棣泉．商业银行信息技术风险控制［J］.科技与管理．2003（3）：123－126

［31］中国银行业监督管理委员会．银行业金融机构信息科技风险评估指南［Z］.2011.

［32］中国银行业监督管理委员会．商业银行资本管理办法（征求意见

稿）［Z］．2011.08.

［33］张成虎，王雪萍．我国银行技术风险监管的策略研究［J］．情报杂志．2005（11）：13－19.

［34］ISO．信息技术—安全技术—信息安全风险管理［Z］．第一版．2008.06.

［35］巴塞尔委员会．巴塞尔新资本协议［Z］．第三次征求意见稿．2006.

［36］中国银行业监督管理委员会．银行业重要信息系统突发事件应急管理规范（试行）［Z］．2008.04

［37］安娜·S.彻诺拜，斯威特洛扎·T.维特夫．操作风险：新巴塞尔协议资本要求、模型与分析指南［M］．大连：东北财经大学出版社，2010.

［38］巴曙松．巴塞尔新资本协议框架下的操作风险衡量与资本金约束［J］．经济理论与经济管理．2003（2）.

［39］徐晓霞．农村信用社信息科技风险管理的思考［J］．金融经济．2008（6）.

［40］中国银行业监督管理委员会．商业银行信息科技风险管理指引［Z］．2009.

［41］李政．银行信息科技风险管理和信息安全发展概况［J］．计算机安全．2011（3）.

［42］吴建，陈望．银行业风险管理数据平台建设探索［J］．金融科技时代．2011（3）.

［43］陈朝晖．商业银行信息科技风险及防控策略研究［D］．北京交通大学硕士研究生论文．2009.04.

［44］刘正良，刘厚俊．新巴塞尔协议下的操作风险与我国银行业改革［J］．财经理论与实践，2005（3）.

［45］张成虎，孙景，陈靓．我国银行技术风险评级体系研究［J］．金融论坛，2006（2）.

［46］李勇．信息科技风险管理：银行业信息化建设的关口［J］．中国金融电脑，2009（9）.

［47］米海杰．银行操作风险管理的高级计量法研究进展［J］．江苏科技信息，2009（1）.

［48］李华．商业银行信息科技风险管理需求解决方案［J］．华南金融电

脑，2009（10）.

［49］李政．银行信息科技风险管理和信息安全发展概况［J］．计算机安全．2011（3）.

［50］吴建，陈望．银行业风险管理数据平台建设探索［J］．金融科技时代．2011（3）.

［51］吴博．操作风险管理视角下的商业银行信息科技风险管理研究［D］．博士后征文，2011.

［52］叶贵添．商业银行信息科技风险分析及管理策略［J］．管理科学，2010.

［53］杨涛．商业银行信息科技风险评估研究［J］．统计与信息论坛，2011（5）.

［54］何茂春．商业银行信息科技风险的量化计量研究［J］．金融论坛，2009（2）.

［55］Ernie Jordan，Luke Silcock，信息科技风险——基于 IT 治理的风险管理之道［M］．北京：清华大学出版社，2006.

［56］西安交通大学高等数学教研室．工程数学积分变换［M］．北京：高等教育出版社，1981.

［57］杨奇林．数学物理方程与特殊函数［M］．北京：清华大学出版社，2011.

［58］朱成熹．近世实分析基础［M］．天津：南开大学出版社，1993.

［59］B. A. 卓里奇．数学分析［M］．北京：高等教育出版社，2001.

［60］谢平，尹龙．网络经济中的金融理论和金融治理［J］．经济研究．2001（4）：24 - 31.

［61］杨大楷．论银行业务外包［J］．国际金融研究．2008（2）：25 - 31.

［62］FFIEC. E - Banking Booklet . August 2002.

［63］FFIEC. Operation Booklet . July 2004.

［64］FFIEC. Management Booklet . June 2004.

［65］FFIEC. Information Security Booklet . July 2006.

［66］Gartner. Survey Analysis：Risk Management，2012 . Stamford，US. 2012.

［67］Routti，M. Risk Management. 2012. 8.

［68］Bank Nagra Malaysia. Guidelines on Data Management and MIS Framework. BNM/RH/GL 018 － 1.

［69］Monetary Authority of Singapore. Internet Banking and Technology Risk Management Guidelines. version3. 0. 2 June 2008.

［70］PwC LLP. Risk Appetite － How Hungry Are You . The Journal. 2010.

［71］The Institute of Operational Risk. Operational Risk Sound Practice Guidance － Risk Appetite. December 2009.

［72］UK Financial Services Authority. Data Security in Financial Services. April 2008.

［73］NST（US）. Technical Guide to Information Security Testing and Assessment. Special Publication 800 － 115. Sep. 2008.

［74］NST（US）. Guide for Assessing the Security Controls in Federal Information Systems and Organizations. Special Publication 800 － 53A. June 2010.

［75］NST（US）. Guide for Conducting Risk Assessments. Special Publication 800 － 300. September 2011.

［76］NST（US）. Risk Management Guide for Information Technology System. Special Publication 800 － 30. July 2002.

［77］ISACA（US）. The Risk IT Framework. 2009.

［78］Security Service（UK）. CRAMM User Guide . Issue 5. 1. July 2005.

［79］PwC LLP. Defining Risk Appetite . 2012.

［80］ISO/IEC 27005：2008 － A New Standard for Security Risk Management. http：//www. symantec. com/connect/blogs/isoiec － 270052008 － new － standard － security － risk － management.

［81］Siemens Enterprise（UK）. CRAMM v5. 1 Information Security Toolkit. 2010.

［82］Standards Australia. Australian/New Zealand Standard Risk Management. AS/NZS 4360：2004. Oct 2004.

［83］The Business Model for Information Security（BMIS），ISACA，USA，2010.

［84］The 2011 Standard of Good Practice for Information Security，Information

Security Forum (ISF), UK, 2011.

[85] Common Security Framework (CSF), Health Information Trust Alliance (HITRUST), USA, 2009.

[86] Health Insurance Portability and Accountability Act (HIPAA)/Health Information Technology for Economic and Clinical Health (HITECH), USA, 1996 and 2009, Respectively.

[87] ISO/IEC 27000 Series, Switzerland, 2009 – 2012.

[88] National Institute of Standards and Technology (NIST). Special Publication 800 – 53A.

[89] Guide for Assessing the Information Security Controls in Federal Information Systems and Organizations, Building Effective Security Assessment Plans, Department of Commerce, USA, 2010.

[90] Payment Card Industry Data Security Standards (PCI DSS) v2.0, PCI Security Standards Council, USA, 2010.

[91] The 2011 Standard of Good Practice for Information Security, Information Security Forum (ISF), UK, 2011.

[92] COBIT (Control Objectives for Information and related Technology), http://www.isaca.org.

[93] URSIT (Uniform Rating System for Information Technology).

[94] ISO 17799: 2005. Information Security Techniques—Code of Practice for Information Security Management [S].

[95] ISO 13335. Information Technology – Security Techniques. Guidelines for the Management of IT Security (GMITS) – Part 1: Concepts and Models for IT Security (revision) [S]. 2001.

[96] Williams R. C., Walker J. A., Dorofee A. J.. Putting Risk Management into Practice [J]. IEEE Software. 1997, 3.

[97] Ray Bernard. Information Lifecycle Security Risk Assessment: A Tool for Closing Security Gaps [J]. Computers&Security. 2007, 12. 26 – 30.

[98] J. C. W. RAYNER. Smooth Test of Goodness of Fit. Oxford University Press, 1989.

[99] Natalia Markovich. Nonparametric Analysis of Univariate Heavy – Tailed

Data Research and Practice. John Wiley & Sons Ltd, 2007.

[100] John A. Rice. Mathematical Statistics and Data Analysis. Third Edition. Cengage Learning, 2007.

[101] Geoffrey Mclachlan, David Peel. Finite Mixture Models. John Wiley & Sons, Inc.

[102] Basel Committee on Banking Supervision, Core Principles for Effective Banking Supervision, September 2012.

[103] Haldane, A. , Rethinking the Financial Network, Speech Delivered at the Financial Student Association, Amsterdam, 2009.

[104] Hyun Song Shin, Financial Intermediation and the Post – Crisis Financial System, BIS Working Papers, No. 304, 2010.

[105] May, R. , S. Levin, and G. Sugihara, Complex Systems: Ecology for Bankers, 21 February 2008.

[106] Minsky, H. , The Financial Instability Hypothesis, 1992, Prepared for Handbook of Radical Political Economy, Edited by Philip Arestis and Malcolm Sawyer, Edward Elgar: Aldershot, 1993.

附件一

商业银行信息科技风险管理实例

　　针对目前国内银行业的信息科技风险管理现状和普遍问题，本书选取了国有大型商业银行、股份制商业银行和外资银行信息科技风险管理实例，分析其在信息科技风险管理方面的工作开展情况和各自的特点，希望能够为国内同业提供可借鉴的工作方法和实践经验。

第一节 某国有大型商业银行信息科技风险管理实例

一、信息科技风险管理架构

（一）组织体系

自 2006 年起，某国有大型商业银行（以下称 A 行）将信息科技风险管理作为操作风险管理的重要内容之一，纳入了全面风险管理体系，例行化向操作风险管理委员会和风险管理委员会汇报信息科技风险管理情况。该行董事会每年审阅信息科技风险管理的年度报告，并审查信息科技发展规划等重大信息科技战略。

2009 年，根据银监会《商业银行信息科技风险管理指引》要求，A 行成立了信息科技管理委员会，负责审议信息科技战略、科技制度和技术规范体系建设规划、信息科技重大决策事项及信息科技风险管理、信息安全管理工作，推动信息科技治理建设等。同时，信息科技管理委员会下设技术审查委员会，负责重大科技项目方案的审查，确保全行信息科技架构体系的科学性和合理性。

A 行逐步形成并确立了由各信息科技部门和业务部门承担信息科技风险管理第一道防线职能、信息科技风险管理部门承担信息科技风险管理第二道防线职能、内部审计部门承担信息科技风险管理第三道防线职能的信息科技风险管理体系（如图 1 所示）。

各信息科技部门和业务部门承担信息科技风险管理第一道防线的职能，负责落实信息科技风险管理策略以及信息科技管理制度等各项要求，做好应用研发、生产运行、信息安全及科技治理等信息科技工作过程中的风险管理控制。

总行信息科技风险管理部门承担信息科技风险管理第二道防线的职能，负责制定信息科技风险管理策略，组织开展信息科技风险评估、监测、控制、报告、业务连续性管理等工作，监督信息科技风险管理执行情况。

内部审计部门承担信息科技风险管理第三道防线的职能，负责信息科技审计制度和流程的实施，制定和执行信息科技审计计划，对信息科技主要风险领域开展审计工作。

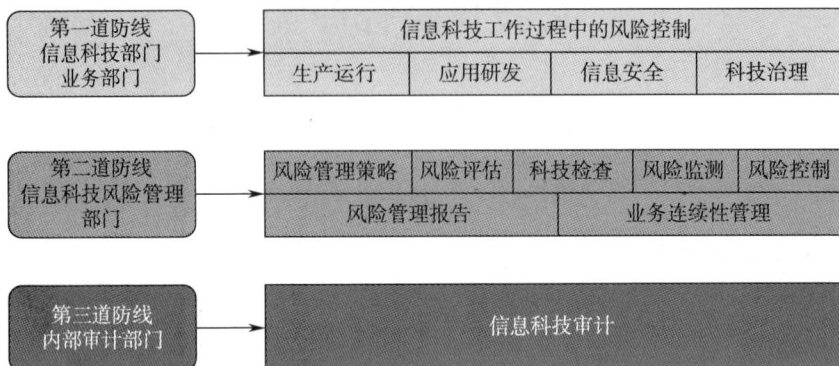

第一道防线 信息科技部门 业务部门	信息科技工作过程中的风险控制			
	生产运行	应用研发	信息安全	科技治理

第二道防线 信息科技风险管理 部门	风险管理策略	风险评估	科技检查	风险监测	风险控制
	风险管理报告		业务连续性管理		

第三道防线 内部审计部门	信息科技审计

图1　A行信息科技风险管理三道防线

（二）风险管理策略

为加强信息科技风险管理，A行依据银监会《商业银行信息科技风险管理指引》要求，制定了符合本行实际的信息科技风险管理策略，明确了信息科技风险管理的目标、应遵循的原则、具体职责要求和管理机制。

信息科技风险管理目标是通过建立有效的策略机制，实现对信息科技风险的识别、监测和控制，确保业务连续性运作，提高信息科技风险管理水平，增强核心竞争力和可持续发展能力。

信息科技风险管理应做到事前可控，提前发现风险隐患，及时制定和实施风险管理措施；应考虑风险影响与成本投入的关系，合理控制风险；应根据业界标准和监管要求的变化，以及内外部事件、新风险等情况，及时调整信息科技风险管理策略和流程，确保信息科技风险管理持续发挥作用。

信息科技风险管理策略明确了信息分级与保护、信息系统开发、测试和维护、信息科技运行和维护、访问控制、物理安全、人员安全、业务连续性计划与应急处置等方面的工作原则和要求。

为更好地满足本行信息科技风险管理工作的需要，A行根据监管要求，结合自身特点，定期梳理和完善信息科技风险管理策略，并及时提交总行信息科技管理委员会审议，以不断提高策略的规范性和科学性，促进信息科技风险管理工作的规范化开展。

（三）信息科技风险管理制度体系

A 行在立足工作实践和借鉴国内外银行先进经验的基础之上，结合监管部门要求以及内外部审计意见，制定了信息安全制度框架体系，按照"全面防范，重点突出"的原则，先后制定发布了一系列涉及物理安全、网络安全、系统安全、桌面安全、应用安全、数据安全、开发安全、运行安全、风险评估、风险处置和应急管理、IT 审计等在内的信息科技风险管理制度。通过上述制度，构建了全行信息科技风险管理整体框架，明确了信息科技风险管理对象、管理角色及各对象全生命周期的科技风险管理要求；规范了软件开发及运维中的安全管理行为；统一了全行科技风险评估的尺度和方法；在全行员工行为准则中明确了违反信息科技管理原则的处罚。

目前，A 行初步建立起以政策、制度、标准为导向的信息科技风险管理体系，建立了涵盖开发、运维、合规、治理全方位的信息科技风险管理体系（如图 2 所示）。

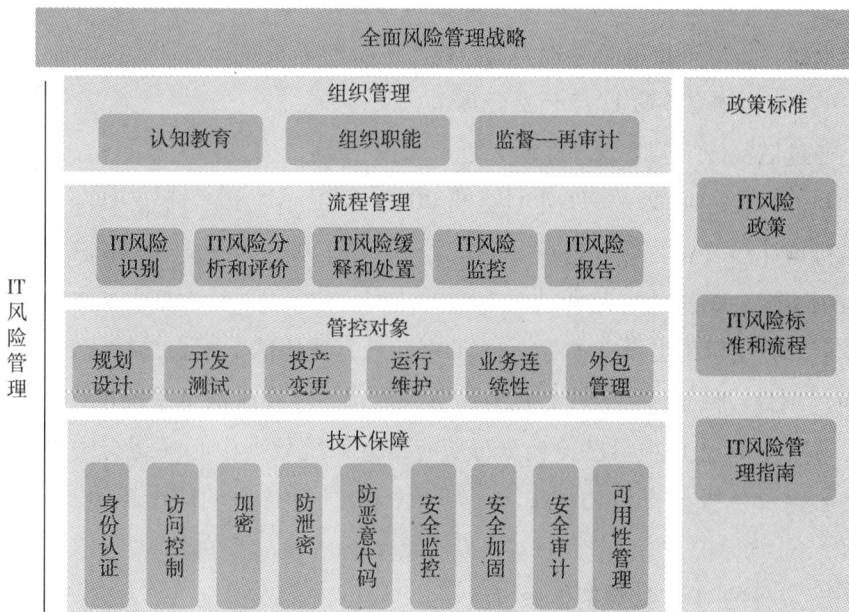

图 2　A 行信息科技风险管理体系

（四）"以人为本"的信息科技风险管理文化建设

A 行始终坚持"人"是信息科技风险管理中最重要的因素，一直以来注重员工合规管理和教育培训两手抓。加强合规管理，以流程管理引导员工做正确的事，以严格制度促使员工规避风险。加强信息安全知识培训，培训开发人员安全编码能力，提高软件安全质量；编印员工信息安全知识手册、信息安全实务手册及相关课件，传递信息安全基础知识和基础技能，提高员工安全应用信息系统的能力；加强银监会风险提示宣传和内部风险警示教育，以典型事件教育、提升全员信息科技风险意识，以常规化的培训教育，促进信息科技风险管理文化的建设，营造了"人人参与，全员共进"的良好信息科技风险管理氛围。

近年来，在员工信息安全教育和培训方面取得了显著的成效。一是每年组织编制信息安全方面教材，同步开发配套电子课件并组织全员培训，陆续完成了面向全员的信息安全知识手册和实务操作手册，面向技术人员的信息安全技术人员安全知识手册，对典型案例进行分析，编写警示录。二是每年组织安全技术人员专业技能培训，2009 年组织开展了"注册信息安全专业人员（CISP）"专业认证培训，2011 年组织开展了"注册信息系统审计师（CISA）"专业认证培训，全行认证考试通过率超过95%。通过培训，信息安全技术人员、信息科技风险管理人员专业水平得到不断提升。

（五）构建完善的 IT 审计监督体系

通过借鉴传统风险管理经验，近年来 A 行逐步构筑并完善了信息科技风险管理的第三道防线——IT 审计。自 2002 年第一次开展 IT 专项审计以来，在总行审计部设立了专职的 IT 审计的处室，专门负责全行信息系统审计工作的组织实施、IT 审计规范和技术方法的研究，以及 IT 审计专业人才的培养。在各审计分支机构也设立了相应的 IT 审计处室或团队，配合总行或自主实施 IT 审计项目。截至目前，全行已有逾百人取得国际注册信息系统审计师（CISA）资格，IT 内审项目已覆盖全行所有信息系统数据中心（运行中心）、开发中心以及各级分支机构，实现了对银行信息科技活动的全覆盖、全流程监督。

1. 完善的 IT 审计规范体系

A 行 IT 审计规范体系以 ISACA 发布的 COBIT 模型为框架，实现了国际 IT 审计规范与国内监管、内部制度与实际情况、业界最佳实践的有机融合。

A 行 IT 审计规范内容主要涉及 IT 流程、IT 资源和业务需求（信息标准）三个维度，包括计划与组织、获取与实施、提供与支持、监督与评价 4 个领域，以及可行性分析等33 个流程，208 个子流程，共计477 个控制点。

从层次上看，分为准则、指南、测试库三个层级，并配有工具组件提供相应的过程支持。其中，IT 审计准则是针对信息技术审计的专项审计准则，明确了 IT 审计的定义、审计人员能力要求、IT 审计程序等内容，是内部审计准则的组成部分；IT 审计指南是对 IT 审计流程的描述，主要明确计划、准备、测试和报告四个阶段的相关事项；IT 审计测试库是 IT 规范体系的核心和主要内容，它参照 COBIT 控制目标内容要点，结合具体的信息技术架构和管理流程，形成包括风险、控制目标、控制要点、审计测试步骤、审计依据的二维矩阵，为 IT 审计项目的规划和实施提供了指导。

A 行以风险为导向，遵照 IT 审计准则、遵循 IT 审计指南组织 IT 审计管理，并按照 IT 审计测试库制定 IT 审计方案，组织 IT 审计。

2. 先进的 IT 审计手段

为提高审计效率、提高审计发现的精准度，A 行自主研发了非现场审计系统，一种面向内部审计的业务数据调集和分析系统。在 IT 审计过程中，审计人员利用该系统对业务数据进行分析，对应用系统处理交易的正确性，数据的一致性、完整性，以及机控措施的有效性进行测试，利用 IT 手段实现对信息科技活动的非现场审计。

二、信息科技风险管理方法、流程和工具

在信息科技风险管理工作中，A 行从信息科技风险识别和评估、风险监测、风险控制和风险报告等各环节推动全行信息科技风险管理工作的落实（如图 3 所示）。

（一）风险识别和评估

为系统而全面地识别信息科技风险，A 行结合历史信息科技风险事件、日常检查审计发现的问题以及信息科技风险管理工作重点，综合运用专家调查法、情景分析法、流程图法和过程分解法等方法和手段，将影响生产运行、应用研发、信息安全、科技治理等方面的风险因素识别出来，形成具体的风险清单。

2009 年起，A 行以风险为导向，构建了一套信息科技风险评估体系，明确了风险评估的方法和流程。这一体系能融合进科技制度规范体系，实现了科技风险管理工作的落地。

近年来，A 行持续推进风险评估工作，评估过程包括工作准备、评估启

```
┌─────────────────────────────────────┐
│           科技风险识别                │
│   风险点和风险因素识别，形成风险清单    │
└─────────────────────────────────────┘

┌─────────────────────────────────────┐
│           科技风险评估                │
│  建立信息科技风险评估体系，形成风险评估 │
│     方法和流程，定期实施风险评估        │
└─────────────────────────────────────┘

┌─────────────────────────────────────┐
│           科技风险监测                │
│  建立信息科技风险监测指标体系，持续开展 │
│        风险监测工作                   │
└─────────────────────────────────────┘

┌─────────────────────────────────────┐
│           科技风险控制                │
│  组织落实信息科技风险管理措施，加强风险 │
│        控制                          │
└─────────────────────────────────────┘

┌─────────────────────────────────────┐
│         科技风险管理报告              │
│    定期编制信息科技风险管理报告         │
└─────────────────────────────────────┘
```

信息科技风险管理流程

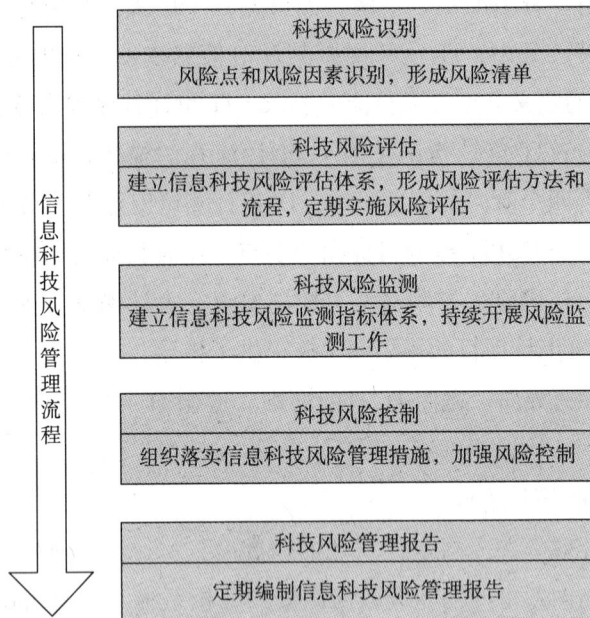

图 3　A 行信息科技风险管理流程

动、信息采集、评估分析和总结等。根据风险评估情况，确定风险所在的领域，评价风险对业务的潜在影响，并结合风险出现的可能性和影响程度确定风险的级别，分析查找原因，并确定风险防范措施及所需资源的优先级别。风险评估结果将作为科技制度和规范修订的重要依据，以持续改进相关制度和流程。

（二）风险监测

近年来，为动态、快速监测和量化信息科技风险状况，提前采取有效处置措施，A 行建立起一套信息科技风险管理指标体系，并坚持开展例行化的风险监测工作。同时，每年结合监测情况及风险变化情况，对指标内容和阈值进行优化，不断提升指标体系的完整性和科学性。

A 行正持续优化各类管理系统和平台，采用系统硬控制手段，对指标数据进行采集、分析和报告，不断提升指标管理的自动化水平，为管理层提供直观的风险视图和决策依据。

信息科技风险指标体系促进了 A 行改进风险管理，实现从定性分析到定量计算，成为 A 行审视信息科技风险管理情况的有效工具之一。

（三）风险控制

A 行根据风险识别、评估和监测情况，制定全面的风险防范措施，包括风险提示、通报、考核、检查等一系列措施，以加强风险控制。

为严格防控各类风险，A 行定期发布风险管理简报，对检查、审计问题情况进行统计与跟踪，并对高风险问题和重复发现的问题，加大通报和考核力度，并在检查频度和力度方面进行倾斜。

（四）风险报告

A 行目前已经建立了信息科技风险管理报告机制，定期根据信息科技风险监测、评估结果，结合生产运行、应用研发、信息安全、科技管理方面的风险管理情况，形成信息科技风险管理报告，按照制定的风险报告路径，提交信息科技管理委员会、操作风险管理委员会、风险管理委员会和董事会等审议。同时，日常风险报告，根据风险级别、影响范围等因素，向不同层级进行报送。对于一些突发性风险事件和潜在的重大风险，强调与相关业务部门的合作，在现有事件管理和应急处置等工作的基础上，不断加强风险的及时报告和预警等工作。

为加强信息科技风险监测报告、风险管理报告的专业性分析，增强报告的深入性和全面性，提高风险管理决策水平，A 行信息科技风险管理部门结合信息科技风险管理工作的开展情况，增加风险评估、计量和监测等方面的情况，提高了报告的科学性和针对性，为制定信息科技风险控制措施或相关决策提供参考依据。

三、信息科技风险管理控制措施

A 行按技术和管理并重的原则，加强安全技术保障体系和业务连续性管理，强化风险管理和审计管理，建立了全面、集中、统一、灵活的信息安全架构体系和安全管理机制。

（一）信息科技治理

自 2009 年 A 行成立信息科技管理委员会以来，不断加强对全行科技规划等重大科技事项以及信息科技风险管理的指导力度，定期召开信息科技管理委员会，审议重点工程项目及重大事项。同时，不断完善信息科技管理制度及技术标准规范的，优化信息科技风险管理体系，持续开展例行化信息科技风险监测、分析、报告工作。

A行重视科技队伍的建设管理，全行科技人员保持稳定，是开展各项信息科技风险管理工作的有力保障。通过建立系统、网络、设备、信息安全等信息科技专业团队，培养科技专家队伍，提高解决专业技术难题的水平；通过优化职责和流程、组织培训和交流等多种方式，进一步提升队伍的专业能力；积极开展各级管理和技术人员的交流；鼓励科技部门和业务部门的常态化人员流动；加强人员培训，建立起初、中、高级信息科技序列专业资格认证体系。

（二）信息安全管理

国内外信息安全形势日益严峻，信息安全管理工作的重要性日益凸显，加强信息安全管理对强化信息科技风险有重大意义。信息安全管理的核心是要建立健全信息安全的内部控制体系，通过技术和管理手段，确保银行信息系统和数据的机密性、完整性和可用性。

加强组织和制度建设，推进管理措施落实。经过近年来的持续推动，A行已建立了覆盖各级机构的信息安全管理组织体系，为全行信息安全工作提供有力组织保障；通过制定信息安全相关管理制度，进一步细化明确了有关工作职责和管理流程，指导开展安全管理等工作。

完善技术控制手段，发挥安全防护工具作用。发挥安全防护工具的作用，如在客户端安全技术控制方面，推广网络准入硬控制，加强了信息泄露检查和控制；强化互联网访问安全管理，减少了用户接触高风险网站和感染病毒木马的可能。通过推广各类信息安全防护技术措施，在面对每年数百万次的入侵报警前，A行均及时监测发现并进行了处理，成功抵御了外部攻击，没有对生产系统的运行造成实际影响，有效防范了信息安全风险。

强化信息及信息系统安全检查。为确保A行信息及信息系统的安全，在加强内部控制体系建设和技术硬控制的同时，不断强化信息安全检查工作，定期组织开展信息及信息系统安全防护检查，推动各项安全管理制度的落实，对发现的安全问题，加强整改跟踪力度，及时消除安全隐患。

定期开展专项分析研究。A行通过开展针对网银系统安全事件的专项分析研究，例行化实施电子银行系统关键业务处理机制的检测，及时提出电子银行安全防范改进建议并积极跟踪落实。

（三）信息系统开发

在应用研发方面，A行坚持自主研发的原则，每年完成数百个应用项目的研发、测试及投产工作，应用研发测试效率不断上升和版本差错率持续降低。A行先后完成了四代核心应用系统开发和推广工作，依托先进的核心系统和强大的自主研发能力，有力地支持了全行业务和产品的创新。

A行强调科技与业务融合的重要性，建立起业务部门参与研发的工作机制，有效防范了项目风险。通过强化应用研发中的总分行上下联动，组织分行参与总行应用研发项目，保证了系统功能的可操作性和适应性，降低了版本投产风险。对于重大项目建设，及时提交总行技术审查委员会进行审议，以确保全行技术架构的统一和规范化管理，降低系统性设计风险。同时，A行积极组织新技术应用的研究，推动如云计算、智能技术的应用研究；完善专业领域系统的应用架构及系统功能，进一步提升了对业务发展及产品创新的技术支持能力。

（四）信息科技运维管理

A行注重全面深入开展运行精细化管理，加强系统运维计划管理。采用六西格玛"定、测、析、改、控"的管理流程对系统运维工作进行全面梳理，明确主要问题和薄弱环节，通过利用系统运维计划管理系统，加强变更操作过程控制，完善变更审核流程等措施，控制变更操作风险；制定系统数据备份策略，建立备份数据验证环境，提高数据安全保障能力。细化系统运行事件分类，建立事件处理知识库，提高运行事件响应处理能力；优化岗位设置，细化岗位职责、报告路线、任职资格和绩效考核指标，不断提高运维人员的工作责任心；在全行部署和使用集中监控平台、集中备份等自动化运维系统、扩大系统监控的覆盖范围，提高运维自动化手段，规避人工操作风险，提高运行维护工作效率。

在电子银行安全管理方面，A行面向广大客户推出了更为先进，安全性更高的二代网银盾，充分利用二代盾"所见即所签"和物理按键确认的特性增强网银交易防伪。此外，明确了短信确认机制启用规则，针对高风险交易要求必须通过短信确认，大幅度提升了抵御交易内容篡改类攻击的能力。制定了收款账户分级规则，按照可信度对收款账户实施风险级别划分，依据收款账户级别确定需要采取的安全控制措施，提升客户体验的同时，增强转账交易安全性。A行持续加强网络钓鱼攻击防控力度，通过监测钓鱼网站、深入研究网络钓鱼攻击手法、及时关闭钓鱼网站并部署安全加固等措施，切实保障客户资金安全。

在敏感信息保护方面，A 行启用邮件系统敏感信息过滤技术，加强对全行外发邮件中敏感信息的拦截。组织开展互联网出口敏感信息防护系统应用试点，对分行进出互联网邮件信息、网站访问信息、即时通讯信息进行实时监控和拦截。

（五）业务连续性管理

金融是国家经济运行的命脉，金融信息安全直接关系国民经济大局的稳定。随着数据大集中深入推进，银行在从信息科技获得越来越多动力的同时，信息科技风险也在急剧累积，因此 A 行作为国有四大行之一，对自身信息系统的业务连续性管理格外重视。

在管理层面，A 行建立了总、分行统一的指挥体系，建立了与公安、电信、电力、媒体的统一协助体系，建立了信息科技管理部门和业务部门统一联动的内部沟通体系，建立了信息科技管理部内本部与开发中心、数据中心的一体化的高效应急管理体系。实现了信息系统应急常态化管理，各单位按工作计划定期组织风险评估，按银监会信息系统应急管理规定，定期开展重要信息系统应急演练，按"平时强化训练，战时才有保障"的策略组织应急演练管理，不分一线二线，全员参与应急演练；循序提高应急处置目标要求，持续提升应急能力；明确并初步建立了训中有战、战训统一的信息系统应急管理机制。

在技术层面，A 行推进信息科技灾备建设。依据监管机构发布的《关于进一步加强银行业金融机构信息安全保障工作的指导意见》和《银行业信息系统灾难恢复管理规范》，A 行结合本行实际情况，务实推进，科学构建灾备保障体系。

一是规划先行。2011 年，发布 IT 基本架构规划，明确"两地三中心"的生产、灾备布局，提出了中心建筑等级目标和"十二五"末全行灾备覆盖率达到 100% 的建设目标。

二是夯实基础，完善灾备保障机制。A 行遵循监管要求，确立符合国家战略、监管要求和 A 行业务发展战略的业务连续性管理体系框架。在全行业务连续性管理体系框架指导下，建立了分层次的灾备管理制度体系，构建了信息系统灾备建设及运维的组织架构、管理框架以及具体管理的方法标准；明确灾备管理技术策略，通过高可用性设计及配置，应对软硬件故障等高频低损事件，通过建立关键系统的灾备系统，应对自然灾害等灾难性低频高损事件。目前，A 行已构建了层次分明、流程畅通、领域全面的 IT 应急与灾备管理框架。

三是见贤思齐，着眼未来。借鉴国际灾备体系管理规范和技术标准，A 行还计划建立包含运维组织、运维标准、运维流程、运行监控、基础设施实施管理和应急恢复组织的一体化数据中心生产运维管理体系，通过标准化的技术组件，在日常运行、切换、紧急运营、回切及演练等五个阶段，实现多中心跨地域的一体化日常运行管理。

（六）信息科技外包管理

A 行从提升自主研发服务能力和规范供应商管理两方面综合进行供应商管理，防范外包服务风险。一是通过建立内部有效激励机制，建立内部人员技术水平持续提升机制，持续提升自主研发和自主服务的能力。二是完善与供应商合作机制，从源头严把供应商的准入关；严把责任关，通过签署合作框架协议，明确基本服务内容要求、人员资质和价格等方法规范供应商责任；三是与所有外包公司在签订合同时签署保密协议，制定并颁发了技术支持服务合作公司人员管理办法，明确外包安全管理中的工作职责，针对安全保密要求，对数据保密、设备管理、远程登录等行为进行了规范。

（七）信息科技审计

A 行自 2002 年起设立了专职的信息科技审计处室，承担信息科技风险第三道防线职责。经过十年来的发展，A 行信息科技审计工作组织体系、工作规范体系、审计方法体系持续改进，为全行防范信息科技风险、提高信息科技管理水平发挥了重要作用。目前，A 行在总行内部审计局和 10 家内审分局，组建了一支 60 人的信息科技审计专业化团队，团队成员均通过了 CISA、CIA 或 CISP 等国内外资格认证。在一体化的管理模式和运作机制下，对全行境内外、各层级信息科技机构和重要信息系统开展各类信息科技审计。

为保证和提高信息科技审计工作质量，A 行建立了一套信息科技审计制度体系、工作标准规范体系，制定了包括信息科技审计管理办法、IT 审计工作规范、信息科技风险评估实施细则等一系列制度和规范，统一了信息科技审计的工作标准，提高了信息科技审计工作的有效性。

近年来，A 行不断提升信息科技审计的广度和深度、扩大信息科技审计的覆盖面，先后实施了 100 多个信息科技审计项目，审计范围涵盖了信息科技治理、信息科技内部控制体系、信息系统生产运行管理、应用系统研发管理、信息安全管理、业务连续性管理、信息科技外包管理等主要信息科技风险管理领域。

四、信息科技风险管理工作中的突出特点

为推进信息科技风险管理体系架构建设，近年来 A 行在信息科技风险管理组织建设和推进信息科技风险评估方面进行了积极探索。一是探索建立专业化、独立性的全行信息科技风险管理组织，二是加强合规管理，系统了解海外监管要求，建立海外监管数据库，增强满足海外信息科技合规的能力。

（一）构建专业独立的信息科技风险管理组织

1. 构建专业化风险管理组织

A 行在完善三道风险体系的基础上，重点强化二道防线专业化能力。借鉴国际先进银行信息科技风险管理经验，并结合本行实际进行改进，对全行信息科技风险管理职能进行了整合，细化工作分工，重点充实和加强信息技术管理部第二道防线信息科技风险管理职能。在信息技术管理部内调整增设条线，落实全行信息科技风险管理职责，由信息技术管理部和风险管理部及其他中后台部门共同承担第二道防线职责。具体为：在信息技术管理部成立五个职能条线，分别负责风险政策与内控、安全技术管理、风险监控、安全生产管理以及灾备与 IT 连续性管理。

在部署中心设立专职团队，分别负责全行管理信息系统的身份管理、认证、加密等安全平台建设，电子银行安全技术实施，运行风险监控、授权和漏洞管理。

在一级分行信息技术管理处和总行信息技术管理部各中心内设专业科室（团队）承担具体信息科技风险管理工作。

2. 建立双线汇报机制

总行信息技术管理部指定一名副总专职负责信息科技风险管理，每周向分管信息技术的行长和首席风险官双线报告。

一级分行信息科技风险管理团队定期向分管信息技术的行长、风险总监和总行信息技术管理部分管信息科技风险管理的副总报告。

总行各信息安全专职团队向所在中心领导和总行信息技术管理部分管信息科技风险管理的副总报告。

该机制的推行，集中调度全行信息安全力量，提高了网银攻击等信息安

全事件响应速度；构建了明晰高效的信息科技风险报告体系，为管理层掌控全局信息科技风险及高效决策提供了有力支持。

（二）建立海外信息科技监管要求数据库

随着 A 行海外业务的不断发展，海外信息科技合规管理已成为一项急需加强的基础性工作。对此，A 行启动了海外信息科技监管体系评估指标建设工作。在收集整理了美国、英国、德国、新加坡、中国香港等 16 个国家和地区的 160 余份监管法规材料的基础，总结形成了海外信息科技监管需求库。该数据库支持国家间监管要求比较，便于知悉国家间差异；可支持快速抽取某个国家的全部监管要求，快速了解具体国家监管要求；可从不同控制领域抽取不同国家在该方面的监管要求，全面了解具体领域的监管重点；可实现按开业、业务创新、运营及退出等业务阶段筛选监管要求，满足业务拓展的需要；同时，也支持不同团队从中获取与自身工作相关的监管要求，便于合规工作落实。该数据库的建立为全行海外机构开业信息科技准入，提升海外机构信息科技工作合规性提供了有力支持。

（三）与操作风险管理的有机结合

为提升操作风险管控能力，A 行于 2012 年初在全行推广实施"信息技术操作水平协议"，通过确立操作水平核心评估指标，明确信息系统可用性、账务信息一致性和安全性三大安全生产目标。信息技术管理部与所辖中心分别签署操作水平承诺书，落实生产安全职责。操作水平协议的推广使得全行信息技术操作层面的服务目标更加明确，信息技术条线内部、信息技术条线与外部技术供应商之间的职责分工更加清晰，操作流程更加规范，对信息系统安全生产保障能力的提升发挥了显著作用。

第二节　某股份制商业银行信息科技风险管理实例

一、信息科技风险管理架构

（一）信息科技风险管理组织架构

某股份制商业银行（以下称 B 行）信息科技风险管理组织架构涉及横向和纵向两个维度，横向为各部门（专业条线），纵向为总行、分行、支行。从横向和纵向两个维度，界定信息科技风险管理工作的责任主体，并逐步形成了信息科技风险管理的"三道防线"。

1. 总、分行的信息科技部、各业务和职能部门作为防范信息科技风险的第一道防线，对本专业条线范围内的信息科技风险管理情况负直接责任。部门内设置信息科技风险管理职责或岗位，负责本专业条线信息科技风险的日常管理、控制和自我评估。

2. 信息科技风险管理部门、法律部门、合规部门作为防范信息科技风险的第二道防线。信息科技风险管理部门负责信息科技风险管理体系的建设和实施，信息科技风险管理工作的统筹、支持、监控和督促工作；法律部门、合规部门关注外部法规变化，把握其对 B 行经营的影响，审核评价 B 行各项政策、程序和操作指南的合规性，确保其符合外部法律法规。

3. 审计部门作为防范信息科技风险的第三道防线，负责对信息科技风险管理体系建设、实施、运行的完整性和有效性进行独立评估，并依照规定揭示和报告评估过程中发现的问题。

在信息科技风险"三道防线"的基础上，落实了各责任主体在信息科技风险管理工作中的职责。

（1）法定代表人是信息科技风险管理的第一责任人，负责组织信息科技风险管理工作的贯彻落实。

（2）董事会负责制定全行信息科技风险管理的整体模型，确保信息科技风险管理工作所需要资金，委托信息科技管理委员会审定信息科技风险管理策略。

（3）总行信息科技管理委员会负责监督、指导全行信息科技治理，建立完整的管理组织架构。总行信息科技风险管理部门和人力资源部门负责落实信息科技管理委员会有关信息科技风险管理组织架构的具体工作任务。

（4）信息科技部门和相关业务部门、分行信息科技管理委员会，负责管理本部门（分行）相关的信息科技风险，并根据全行信息科技风险管理政策细化、完善和落实信息科技风险管理的相关标准、流程和制度。

（5）信息科技风险管理部门负责信息科技风险管理体系的建立、实施与更新，并指导和监督风险管理政策、标准等在信息科技部门、各相关业务部门和分行的细化、落实、执行和自我评估情况。

（6）信息科技风险审计部门检查评估 B 行信息科技风险管理体系运行情况，监督信息科技风险管理政策执行情况。

（二）信息科技风险管理体系设计

B 行信息科技风险管控体系主要设计分为风险管控制度、风险管控流程、风险管控能力三个方面（如图 4 所示）。

1. 风险管控制度

信息科技风险管控制度建设的基本目标是建立完善的、符合监管要求的、具有良好落地性的风险管控制度体系，为风险管控组织架构设置、资源分配以及管控活动的开展提供保障和指导。风险管控制度可分为四个层级：

- 一级制度：信息科技风险管控政策和策略；
- 二级制度：信息科技风险管控管理办法和操作规程；
- 三级制度：信息科技风险管控实施细则和操作手册；
- 四级制度：信息科技风险管控行动指南。

风险管控政策是组织内部指导信息科技风险管控工作的最高纲领，规定了信息科技风险管控工作的基本目标、组织架构设置和岗位职责分配、制度文件体系要求、主要风险区域的划分及基本管控要求、政策如何执行和维护等内容。

风险管控策略则是风险管控政策提出的基本管理要求在各个风险区域的细化，旨在全面、系统地规范对某一信息科技风险域的具体管控目标、管控范围、合规要求、管理要求、技术要求等内容，明确各风险域具体的管控规则。

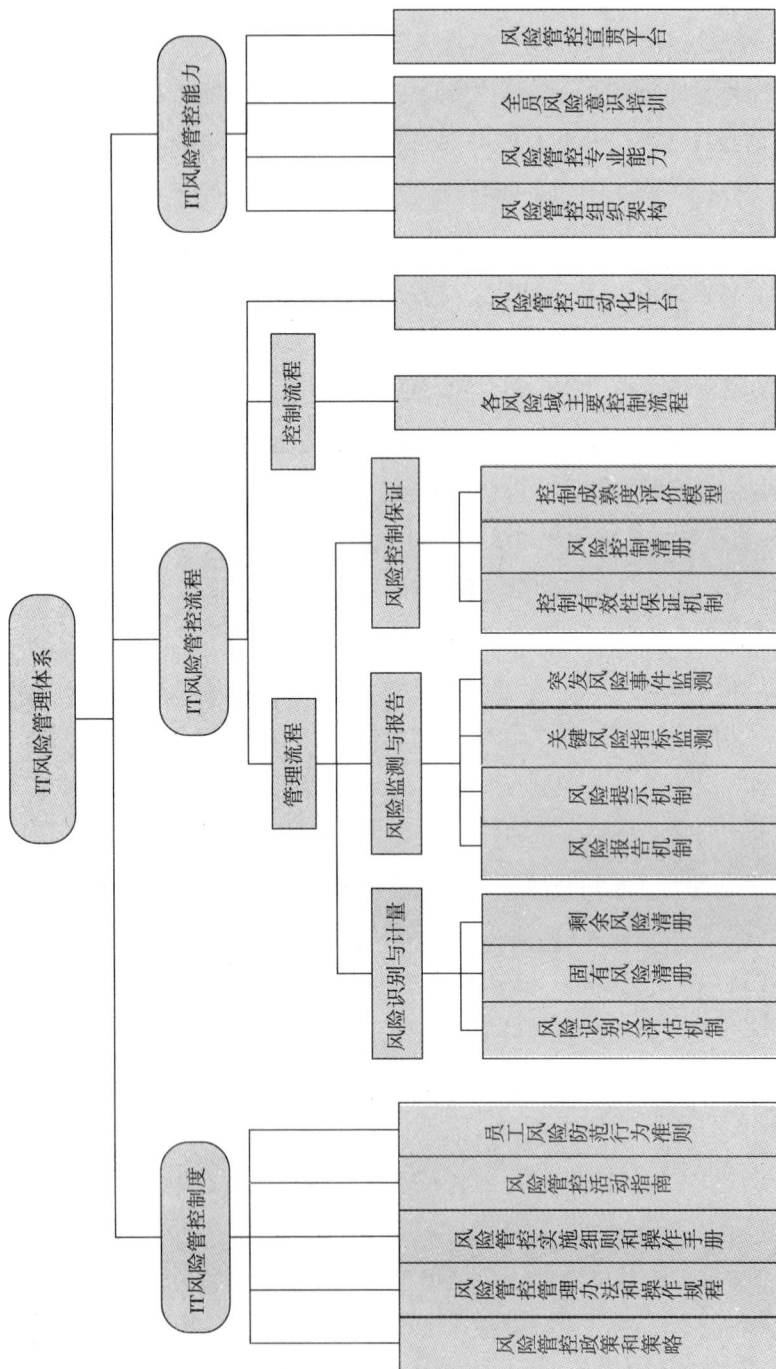

图4 B行信息科技风险管理体系

IT风险管理体系

- IT风险管控能力
  - 风险管控宣贯平台
  - 全员风险意识培训
  - 风险管控专业能力
  - 风险管控组织架构

- IT风险管控流程
  - 控制流程
    - 风险管控自动化平台
    - 各风险域主要控制流程
  - 管理流程
    - 风险控制保证
      - 控制成熟度评价模型
      - 风险控制清册
      - 控制有效性保证机制
    - 风险监测与报告
      - 突发风险事件监测
      - 关键风险指标监测
      - 风险提示机制
      - 风险报告机制
    - 风险识别与计量
      - 剩余风险清册
      - 固有风险清册
      - 风险识别及评估机制

- IT风险管控制度
  - 员工风险防范行为准则
  - 风险管控活动指南
  - 风险管控实施细则和操作手册
  - 风险管控管理办法和操作规程
  - 风险管控政策和策略

风险管控管理办法和操作规程用以解决风险管控政策和策略在某个风险域如何落地实施的问题，其中管理办法适用于原则性较强的管理制度，操作规程则适用于流程性较强的管理制度。

风险管控实施细则是依据管理办法的相关要求，规范风险管控流程的操作步骤和具体要求的规章制度。风险管控操作手册是某一项风险管控活动、系统或工具的详细操作步骤或者是其正确的使用方法的描述。

此外，为了辅助风险管控人员能够正确、有效地执行制度，还应当开发充足的风险管控行动指南，以帮助风险管控人员理解并实施相关管控活动。

上述层级与日常的风险管控记录文件一起，最终构成较为完整的信息科技风险管控文件体系。

2. 风险管控流程

B 行信息科技风险管控概括为风险识别与评估、风险监测与报告、风险控制保证三个主要流程。

（1）风险的识别与评估

风险识别与评估是信息科技风险管理的基础。在银行操作风险管理领域应用最为广泛、最为成功的风险识别方法是风险与控制自我评估（Risk and Control Self - Assessment，RCSA）。该方法一般需要由银行各部门积极主动辨识与评估营运活动中所面临的操作风险，大多采用固定格式的调查问卷、引导会议、德尔菲法（专家预测）等方式。

然而，RCSA 在信息科技风险管理领域的应用也存在某些局限性。由于信息科技风险管理本身所具有很强的复杂性、专业性特征，普通操作人员甚至专业管理人员通常也难以完全依赖自身的专业能力和经验完备、准确、高效地识别和计量信息科技风险。因此，除了利用 RCSA 等传统操作风险识别方法以外，作为操作风险一个特殊子类，在信息科技风险识别环节中还应当充分借鉴和利用当前国内外在该领域的现有标准、方法和最佳实践，结合信息科技风险评估活动，形成银行信息科技领域完备、动态、可读的固有风险清册。

在识别银行信息科技固有风险的基础上，应评估银行的现有风险控制措施，对当前剩余风险进行评估，在固有风险清册的基础上形成剩余风险清册。对于风险管控团队而言，剩余风险清册提供的信息更为直接、更具有针对性，指明了实际风险管理工作的方向与目标。而固有风险清册则作为生成剩余风险清册以及其他管控工具的基础模板，其重要性也不言而喻。

信息科技风险的动态性决定了固有风险清册与剩余风险清册都需要定期更新和维护。应建立识别及评价机制，保证当组织架构、重要人员、流程、系统、技术上发生变更时，固有风险清册和剩余风险清册能得到及时更新。即使没有上述情况发生，这两项工具也应当定期更新，以确保所罗列风险点的完备性，以及对剩余风险评估的准确性。

（2）风险的监测与报告

利用固有风险清册、剩余风险清册等风险识别手段，得到组织内部的信息科技固有或剩余风险，能够帮助风险管理人员掌握风险分布的基本情况。然而，与一般意义上的操作风险不同，信息系统内在属性决定了信息科技风险具有极强的动态性。软件缺陷、外部攻击、人员误操作等种种因素，都可能在瞬间导致关键信息系统失去作用，使企业蒙受巨大的经济损失。因此，除了需要清晰地了解基本风险分布之外，企业还需要持续监测信息科技风险，以准确判断风险发展态势，为风险控制赢得时间。

除了关键风险指标监测，信息科技突发风险事件报告机制能够保障信息科技风险事件发生时自下而上的信息通路，避免因信息传递中断、延误、失真导致的决策失误。此外还应当建立完备的日常风险事件报告机制，覆盖各个风险域、各个重要性级别的风险事件，明确定义各类风险事件的处置流程和报告路径。对于导致经济损失或潜在经济损失的风险事件，还应当根据操作风险损失事件收集管理规程及时上报。

最后，在监测突发风险事件与关键风险指标的基础上，还应建立起定期风险报告机制，以及不定期的风险提示机制，向管理层或上级机构报告信息科技风险态势，向同级或下级部门提示潜在的风险隐患，加强风险控制。

（3）风险控制保证

风险控制保证水平的高低在某种意义上决定了风险管理水平的高低。风险控制保证是根据固有风险清册中列明的每一个风险点设计一至多个风险控制点，同时明确控制目标、控制范围、控制方法、控制频率、制度依据、验证方法等一系列相关信息，并指派某个（或某些）具体岗位（或人员）作为此控制点的属主，由此形成一张完备的控制措施清单，即所谓的风险控制清册。风险控制清册作为所有风险控制措施的基本依据，同时也能够帮助管理者发现控制缺陷。

由于信息科技具有内生的动态性和复杂性，风险控制清册在开发之后需要被不断地更新和完善。首先，当固有风险清册发生变更时，风险控制清册必须被重新审阅并予以必要的调整，以保证剩余风险仍然维持在可接受水平。其次，应当定期或不定期地评估风险控制清册的有效性，以确保风险控制清册能够为风险控制目标提供合理的保证。风险控制清册的有效性包括两方面：一是设计有效性，即实现控制目标所需的控制存在且设计恰当；二是执行有效性，即控制措施能够按照预先设计被正确的执行。可以说，提高风险控制水平，关键在于建立有效的机制和流程能够保证风险控制清册得到必要的管理和维护。

3. 风险管控能力

风险管控流程、活动、技术、系统、工具是一个企业风险管控的硬实力，制度、组织、技能、意识、文化则是企业风险管控的软实力。企业信息科技风险管控能力建设主要包括风险管控组织架构建设、风险管控专业能力建设、员工风险意识培训等内容。

（1）组织架构建设

风险管控组织架构建设方面，应当依照银行的风险管控政策设置信息科技风险管理组织构架，完善信息科技风险治理，明确董事会及高级管理层所应当担负的职责，明确各部门在信息科技风险管理中承担的职责、工作界面以及协作模式。

（2）专业能力建设

风险管控专业技能建设方面，应当区别风险管理团队和风险控制团队在管控活动中应当具备的能力，并针对每个管控岗位制定差异化专业技能成长路线图。

（3）全员风险意识教育

信息科技风险作为操作风险的子类，与操作风险一样具有广泛性的特征，即涵盖范围广泛，包括所有与信息科技相关的内部程序、人员和系统，广泛存在于银行经营管理的各个领域和层面。因此，做好信息科技风险管理工作不能仅仅依靠专业化的风险管理与风险控制队伍，还需要全行上下所有员工的共同参与，做到"全防全控"。做到这一点，只有通过广泛的信息科技风险教育来培养所有员工对风险的敏感和了解，并将风险意识贯穿于所有人员的自觉行动中。

（三）业务连续性管理体系设计

保障业务连续性不但关乎商业银行的自身利益，也是商业银行应肩负起的社会责任。B 行对业务连续性管理体系的设计如图 5 所示。

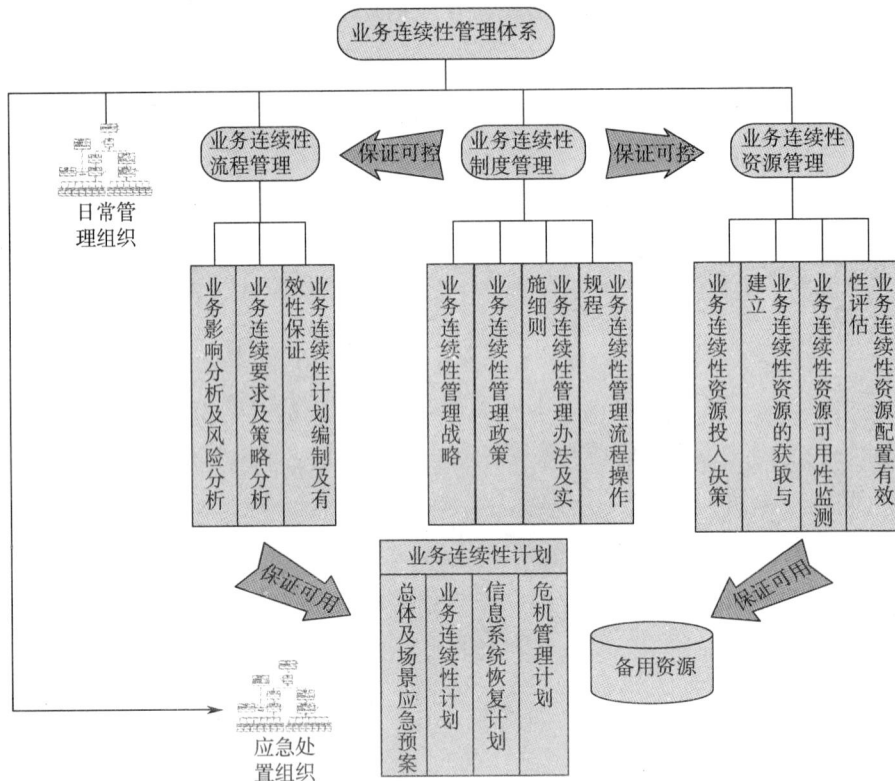

图 5　B 行业务连续性管理体系设计框架

B 行业务连续性管理体系由日常管理组织及应急处置组织、业务连续性制度管理、业务连续性流程管理、业务连续性资源管理、业务连续性计划及备用资源五部分构成。其中，制度管理的主要目的是加强业务连续性管理相关工作的规范性，使得业务连续性管理工作的开展有据可依且受到控制。业务连续性流程管理的主要目的是研究并制定科学开展业务连续性管理工作的方式和方法，持续提升业务影响分析、风险分析、业务连续要求分析、策略分析、业务连续性计划的编制（并通过演练等手段检验其有效性）等基本流程的效果和效率。业务连续性资源管理的主要目的是为业务连续性计划提供充足的资源保证，通过强化日常管理手段使得突发事件下人财物等资源能够有效支撑业务连续性计划的顺利实施。由图 5 可见，业务连续性管理体系最终的产物是应急组织、业务连续性计划及相关资源，首先由制度建设保证流程实施和资源建设有效可控，进而保证业务连续性应急组织、计划、资源有效可用。

1. 组织层面

业务连续性管理体系包括日常管理体系和应急处置体系。日常管理体系包括董事会、高级管理层及业务连续性管理委员会及相关部门（总行风险管理总部是日常管理的主管部门，信息科技总部、各业务条线管理部门、分支机构是业务连续性日常管理的执行部门，办公室、人力资源部、财务部、合规部等是业务连续性管理保障部门）；应急处置体系包括应急决策层、应急指挥层、应急执行层、应急保障层（应急处置的主管部门是总行办公室，分行重要业务中断应急处置的组织架构比照总行）。

2. 制度层面

应根据银监会《业务连续性监管指引》编制《业务连续性管理政策》，完成《业务连续性监管指引》的内化工作，并根据《业务连续性管理政策》编制其他关于业务连续性的管理制度，明确银行业务连续性管理的组织架构和职责，以及方法、流程、工具方面的要求。

3. 流程、方法和工具层面

虽然银行在突发事件下的业务连续性保障能力最终取决于所编制的业务连续性计划以及相关资源建设成果，但科学合理的业务连续性流程无疑是导出准确有效的业务连续性计划的前提。业务连续性主要流程可根据图 6 方式

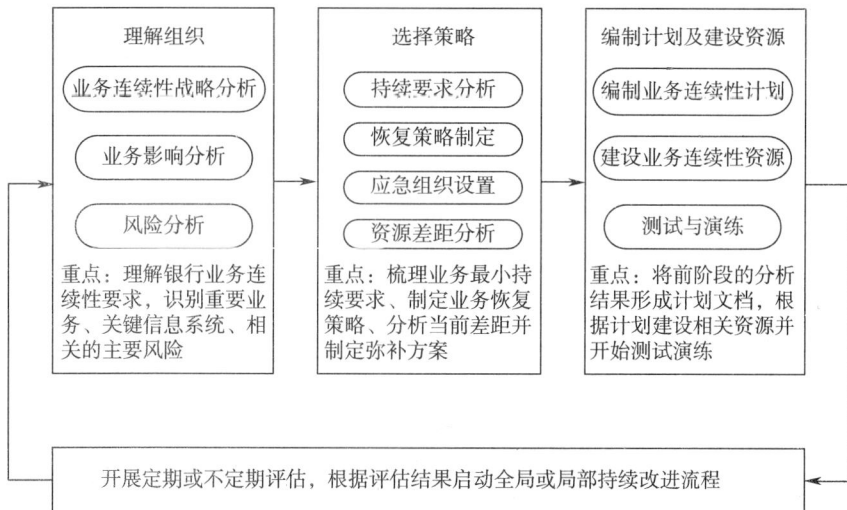

图6　B行业务连续性主要流程

开展。

4. 业务连续性计划层面

业务连续性管理体系与传统的应急响应体系的本质区别主要体现在业务连续性计划立足于资源，根据关键资源的缺失情况实施资源补偿措施或选择流程替代，避免传统应急管理体系需要根据不同风险场景建立不同应急预案的复杂和繁琐。归根结底，业务所依赖的关键资源总是有限的，但现实中可能的风险场景却是无穷无尽的。因此可以说，业务连续性管理体系相对于传统应急管理体系的优势主要就体现在业务连续性计划的结构设计方面。业务连续性计划结构的设计如图 7 所示。

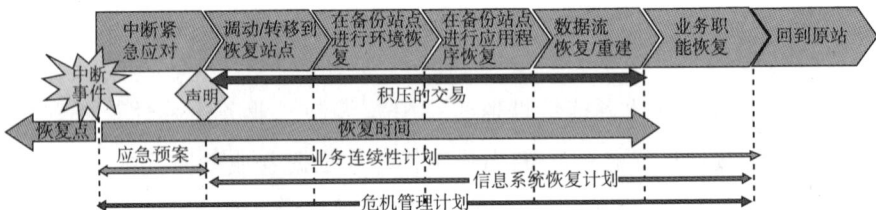

图7 B 行业务连续性计划结构图

由图 7 可见，在突发事件处置过程中，应急预案在业务连续性工作中的作用仅限于紧急应对临时中断，完成事件上报、控制损失范围、评估损害程度等方面的工作，以应急处置组织决策是否需要执行及执行哪些业务连续性计划为终点。业务连续性计划则是事前预先制定好的缺失资源补偿或流程替代方案：它或是通过预先安排的备用资源获取渠道尽快获取相关的备用资源，或是改变原有业务运作流程，用替代流程保持业务的最低水平持续运作，并提供该流程所需的资源。从这种意义上，应急预案就像一个筛子，将各种突发事件场景过滤到某类或某几类关键资源缺失的情况，作为业务连续性计划的启动条件，如图 8 所示。

在上述观点下，传统的信息系统恢复计划本质上只是业务连续性计划的一种，针对的是信息科技资源可用性丧失的情况。但是，由于信息科技众所周知的重要性和复杂性，仍建议将其独立对待。此外，在突发事件处置的全流程中（甚至事件处置完成之后），还需要实施危机管理计划以控制银行的声誉风险。

5. 资源建设层面

业务连续性资源管理是业务连续性管理的重要内容，是有效实施业务连

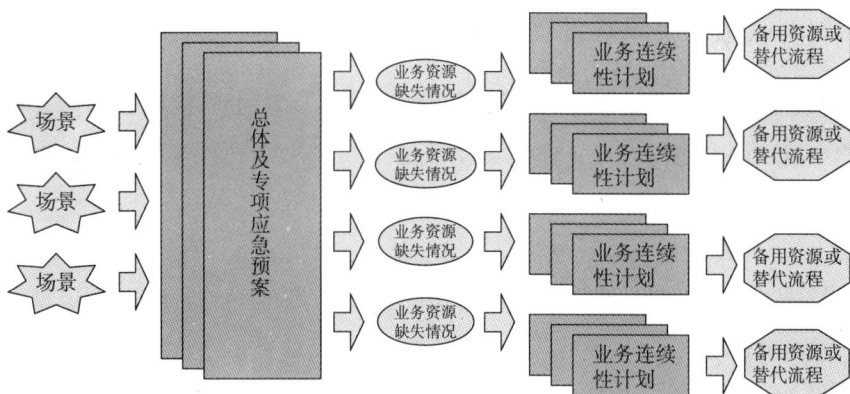

图 8　B 行应急预案与业务连续性计划

续性计划的基础保障。业务连续性资源管理的主要内容包括资源投入、资源的获取与建立、资源可用性监测、资源配置评估等方面，如图 9 所示。

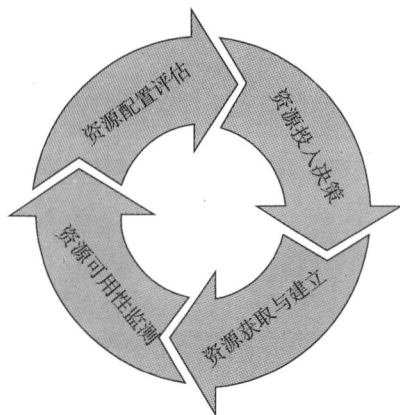

图 9　B 行业务连续性资源管理

　　资源投入决策是业务连续性资源管理的初始阶段。该阶段的主要工作是根据银行的业务连续性战略，选择适当的业务连续性资源配置方案，拨付相应的建设资金。而后，进入资源的获取与建立阶段，即通过外购、自建、外包、共享等手段落实各类业务连续性资源。资源获取与建立完成后，还须对各类在产资源的可用性进行持续不断的监测，以保证突发事件下能迅速启用备用资源进行生产接管。最后，还要定期对资源配置情况进行评估，及时发现资源"短板"，调整现有资源配置，或开展新一轮的业务连续性资源投入。

二、信息科技风险管理方法、流程和工具

B 行信息科技风险管理框架以信息科技风险管理生命周期为基础，参考 COCO ERM 模型进行设计，包括建立信息科技风险治理模型、风险评估、风险应对、风险监控和管理体系的持续改进等五个方面。

（一）信息科技风险治理模型

B 行已构建较为完善的信息科技风险管理治理结构，并明确了信息科技风险管理的责任主体及职责，形成信息科技风险管理治理模型，如图 10 所示。

序号	职能领域	法定代表人 a	董事会 b	风险管理委员会 c	信息科技管理委员会 d	信息科技主管行领导 e	首席财务官 f	信息科技部门 g	信息科技风险管理部门 h	信息科技风险临审计部门 i	法律部门 j	合规部门 k	纪检监察部门 l	人力资源部门 m	业务和职能部门 n	所有员工 o	外部合作伙伴 p	q
1	建立IT风险管理策略	A	R	R	R	S	S	S	S	R	C	C	C	C	I	C		
2	建立IT风险管理职责与组织	—					—								—		—	
2.1	制定IT风险治理模型	I	A	A	R	S	S		S	R	S	S	S	C	S	C		
2.2	落实IT风险治理构架		I	I	A	S	S		S	R	C/S	S	S		R	D		
3	评估IT风险管理现状	—					—								—		—	
3.1	风险识别																	
3.1.1	风险识别政策、工具、方法		I	I	A	C	C	C	S	R	C	C	C	C	C	C		
3.1.2	日常风险识别、分析			I		I		S/D	S	C/I	C	S/C	I	S/D	R/D	D	D	
3.2	风险评价		I		A	C	C	C	S	R	C	C	C	S	D			
4	建立IT风险管理相关标准与流程	—		—			—								—		—	
4.1	建立IT风险管理政策、标准			C	A	S	I		S	R	C	S	S	C	S			
4.2	制定和实施IT风险管理流程和制度			I	S	S		S/D	C	C	C	C	S/D	R	D	D		
5	设计及实施IT风险管理技术			I	S	S		S/D	R	C	C	C		S	D	D		
6	监控IT风险管理绩效		I	C	A	S	S		S	R	C	C	C	C	S	D	I	I
7	持续改善与IT审计	—		—			—								—		—	
7.1	风险自评估			I	I	I	I		S/R	A	I/C	C	C	C	I	R	D	
7.2	管理层监控	I	I	C	A	I	I	C	S	R	I/C	S	S	C/S	S	S	D	
7.3	IT审计	I	A	I	S	S	S		S	S	R	S	S	I	S	D		

职能说明：　　A：负责　R：主办　S：协办　C：征询　D：执行　I：报告

图 10　B 行信息科技风险管理治理模型

在 B 行信息科技风险治理模型中，定义了信息科技风险管理的各主要责任主体，通过对信息科技风险管理各责任主体的分析、识别，将各责任主体的职能划分为负责、主办、协办、征询、执行、报告六种类型。

（二）信息科技风险评估

B 行在风险评估方面，一般采用人员访谈、系统现场调研、文档审阅等形式。通过人员访谈以了解被评估领域的管理组织架构、规章制度和工作流程，通过系统现场调研以了解信息系统运行及管理情况，通过文档审阅以了

解信息科技风险管理相关规章制度的完备性与有效性，如图11所示。

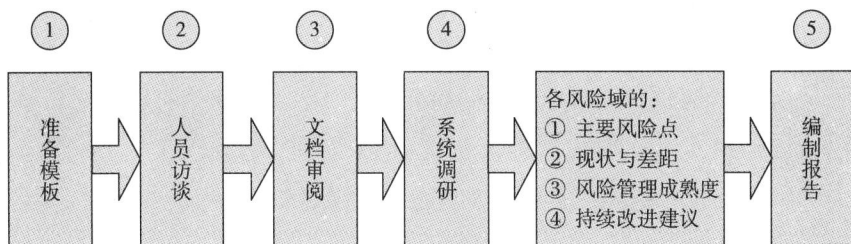

图11　B行信息科技风险评估流程

主要评估结果则包括：

- 评估领域的主要风险点；

- 评估领域管理现状以及现状与管理目标之间存在的差距；

- 评估领域的管理总体符合度量化值；

- 对于评估领域的持续改进建议。

评估人员依据行内外管理要求，在每个评估领域设立若干风险管理目标。风险管理目标的实现程度即为该风险管理目标的符合度。

为了能够量化计算风险域管理总体符合度，对各个管理目标在该评估领域的重要性进行量化。风险管理目标重要性由该风险对业务的影响程度决定，即管理目标未达成导致的风险暴露可能给银行带来的损失大小。

一般而言，可将管理目标重要性划分为五个等级：极端重要（5分）、非常重要（4分）、一般重要（3分）、较不重要（2分）、不重要（1分）。等级（分数）越高代表管理目标的重要性越高。具体如表1所示。

表1　　　　　　　　　　　B行管理目标重要性等级

等级	描述
极端重要（5分）	综合考虑该管理目标未达成所导致风险事件的可能性及潜在损失，认为其极端重要
非常重要（4分）	综合考虑该管理目标未达成所导致风险事件的可能性及潜在损失，认为其非常重要
一般重要（3分）	综合考虑该管理目标未达成所导致风险事件的可能性及潜在损失，认为其一般重要
较不重要（2分）	综合考虑该管理目标未达成所导致风险事件的可能性及潜在损失，认为其较不重要
不重要（1分）	综合考虑该管理目标未达成所导致风险事件的可能性及潜在损失，认为其不重要

为了能够量化计算评估领域管理总体符合度，还需要对管理状况与各个管理目标的符合程度进行量化。管理目标的符合度由评估人员依据评估过程中收集的各类信息进行综合判断。

一般而言，可将管理目标符合度划分为五个等级：完全符合（5分）、基本符合（4分）、部分符合（3分）、基本不符合（2分）、完全不符合（1分）。等级（分数）越高代表符合度越高。具体如表2所示。

表2　　　　　　　　　　B行管理目标符合度等级

等级	描述
完全符合（5分）	根据判断，该管理目标与管理现状（或预期状态）完全一致。
基本符合（4分）	根据判断，该管理目标与管理现状（或预期状态）基本一致。
部分符合（3分）	根据判断，该管理目标与管理现状（或预期状态）部分一致。
基本不符合（2分）	根据判断，该管理目标与管理现状（或预期状态）很不一致。
完全不符合（1分）	根据判断，该管理目标与管理现状（或预期状态）完全不一致。

对于任意一个风险域，评估领域总体符合度由风险管理目标的重要性和符合度计算生成，公式如下：

$$M_i = \frac{\sum\limits_j W(G_{ij}) F(G_{ij})}{\sum\limits_j W(G_{ij})}$$

其中，i为风险域编号；M_i为风险域i的管理总体符合度；G_{ij}为风险域i的第j个管理目标；$W(G_{ij})$为G_{ij}的重要性等级；$F(G_{ij})$为G_{ij}的符合度等级。

对于评估领域中所发现的信息科技风险，将从风险影响度和风险发生可能性的角度进行评价，并综合形成该风险的等级。评价标准如表3所示。

表3　　　　　　　　　　B行风险发现评价标准

信息技术管理风险		影响				
		极大	较大	中等	较小	极小
发生可能性	极大	★★★★★	★★★★★	★★★★☆	★★★☆☆	★★☆☆☆
	较大	★★★★★	★★★★☆	★★★☆☆	★★☆☆☆	★☆☆☆☆
	中等	★★★★☆	★★★☆☆	★★☆☆☆	★☆☆☆☆	★☆☆☆☆
	较小	★★★☆☆	★★☆☆☆	★☆☆☆☆	★☆☆☆☆	★☆☆☆☆
	极小	★★☆☆☆	★☆☆☆☆	★☆☆☆☆	★☆☆☆☆	★☆☆☆☆

（三）信息科技风险应对

B行在风险评估等级确定后，绘制信息科技风险分布图（如图12所示），明晰重要风险的分布情况，风险应对时重点考虑对高风险领域优先投入资源。

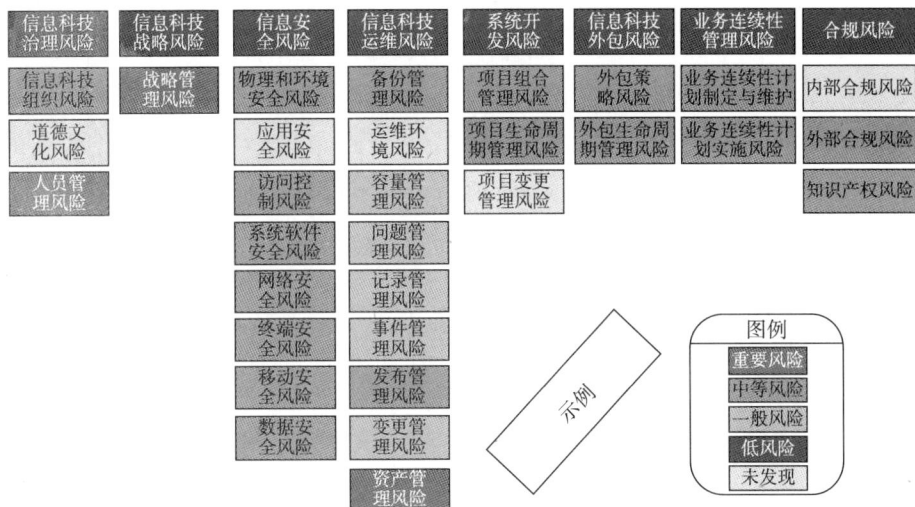

信息科技治理风险	信息科技战略风险	信息安全风险	信息科技运维风险	系统开发风险	信息科技外包风险	业务连续性管理风险	合规风险
信息科技组织风险	战略管理风险	物理和环境安全风险	备份管理风险	项目组合管理风险	外包策略风险	业务连续性计划制定与维护	内部合规风险
道德文化风险		应用安全风险	运维环境风险	项目生命周期管理风险	外包生命周期管理风险	业务连续性计划实施风险	外部合规风险
人员管理风险		访问控制风险	容量管理风险	项目变更管理风险			知识产权风险
		系统软件安全风险	问题管理风险				
		网络安全风险	记录管理风险				
		终端安全风险	事件管理风险				
		移动安全风险	发布管理风险				
		数据安全风险	变更管理风险				
			资产管理风险				

示例

图例：重要风险 / 中等风险 / 一般风险 / 低风险 / 未发现

图 12　B 行信息科技风险分布图示例

针对 8 个第一层级风险所辖的 31 个第二层级风险，从治理、流程、人员和技术四个维度给出了信息科技风险分类应对策略。

1. 治理：信息科技风险管理相关的组织架构、管理层级、报告关系，以及各组织、层级的角色和责任。

2. 流程：为支持信息科技相关职能运营结构运转的实务和程序。

3. 人员：信息科技风险管理的执行者或参与者。

4. 技术：用来支持信息科技风险管理的工具和技术。

（四）信息科技风险监控

B 行在信息科技风险监督与检查过程中，制定了若干量化的信息科技风险监控指标，通过对指标变化趋势及其根源的分析，掌握信息科技风险管理活动的有效性。B 行正在逐步建立信息系统安全运行关键风险控制矩阵，通过确定风险控制指标及基线，对信息科技风险进行监控，及时识别出关键风险并进行分析、提示、督导整改。

（五）信息科技风险管理体系的持续改进

B 行通过信息科技风险自评估、管理层监控及信息科技审计三个步骤，对发现的问题进行整改，实现信息科技风险管理的持续改进。具体包括：

1. 信息科技风险管理部门定期对各部门和业务单位风险管理工作实施情

况及有效性进行检查和检验，包括对信息科技风险策略进行评估，并组织对各有关部门（信息科技部、其他业务部门）的信息科技风险管理实施情况及有效性进行检查，汇总形成全行的信息科技风险管理报告。

2. 信息科技风险管理部门会同信息科技部门、信息科技审计部门，每年组织对全行信息科技风险管理策略进行审查和修订，将信息科技风险管理纳入全行整体风险管理体系，使策略能够反映信息科技风险管理的最新状况，符合全行业务发展对于信息科技风险管理的要求。

三、信息科技风险管理控制措施

B行按照银监会《商业银行信息科技风险管理指引》要求，在信息科技治理、信息安全、信息系统开发、信息科技运维管理、业务连续性管理、外包风险管理和信息科技审计等方面，提出了明确的风险应对策略，经过几年的努力，已经较好地控制了信息科技风险，已经实施的风险控制措施如下：

（一）信息科技治理

1. 信息科技治理结构

B行董事会和高级管理层重视信息科技工作，组织贯彻落实监管部门文件要求，听取和审议全行信息科技建设、安全和风险管理等工作情况报告，建立规范完善的信息科技决策机制，进一步明确信息科技管理、开发和运行职责，在信息科技风险管理、资金和人员等方面给予充分倾斜和大力支持。

B行总分行设立了各级信息科技管理委员会，负责所辖行信息科技发展战略、规划、预算和实际支出、风险与安全管理等，并发挥安全领导小组职能。

B行信息科技风险管理部门会同信息科技部门每年制定年度信息科技风险管理报告，描述当年信息科技风险管理情况及下年度信息科技风险管理策略，提交董事会风险管理委员会和董事会审议。

2. 信息科技战略规划

B行信息科技管理委员定期对信息科技战略规划进行审核，重点关注信息科技战略与全行业务战略的一致性，信息科技战略与目前全行信息科技化建设情况和发展方向一致性，配置足够人力、财力资源，保持稳定、安全的信息科技环境。相关部门根据审核意见对信息科技战略规划进行修订。

按照银监会对银行业"十二五"信息化建设规划工作的要求，在总结

"十一五"期间主要成绩的基础上，并组织编制了信息科技"十二五"规划。其中，将"融入全面风险管理的信息科技风险管控能力"作为信息科技"十二五"规划发展目标的主要标志之一，提出要进一步完善信息科技风险管理组织架构，将信息科技风险管理纳入全面风险管理框架，引入风险防控技术及工具，辅助风险决策，提高风险识别、计量和分析水平。

3. 信息科技人员管理

"人"是信息科技风险管理的关键要素，B 行从信息科技风险管理专业人员配备、信息科技人员能力培养、信息科技人员风险管控、全员风险意识提升四个方面进行信息科技人员管理。

（1）B 行信息科技部门、信息科技风险管理部门和审计部门均配备了一定数量的具备相关专业背景、技能和资质（如 CISSP、CISA、CIA 等）的人员作为专职信息科技风险管理或审计人员；各业务条线、分行等部门和机构配备了具有相关专业背景和技能的人员作为兼职信息科技风险管理人员，确保信息科技风险工作的全面开展。

（2）完善以岗位职责、工作标准、绩效考核和薪酬激励为主的信息科技人力资源管理模式，建立多元化的人才培养、补充和引进机制，建设信息科技专业队伍。

（3）梳理信息科技风险管理相关岗位职责，明确需要专人专岗的岗位范围；根据信息科技岗位职责，制定不相容岗位矩阵，据此对相关岗位进行合理化设置和调整，完善监督制约机制；执行关键岗位轮岗计划；评估关键岗位人员流失风险，制定相应防范措施。

（4）采取集中培训、在线学习、内网宣传平台等不同形式，组织在岗人员进行信息科技风险和信息安全相关培训、学习。

（二）信息安全管理

B 行以全行信息科技风险评估的结果为基础，以风险导向和成本效益为基本原则，在全行信息科技风险管理体系的指导下，将安全管理和技术手段优先部署在风险高或风险低但频率高的风险点，在安全管理措施到位的前提下，重点考虑技术控制措施。

B 行全面实施信息系统安全等级保护，对 B 行信息系统进行梳理和整合，并划分安全保护等级，对全行三级及以上信息系统开展等级保护测评和安全建设整改。

在安全管理方面，根据国家主管、监管部门的各项规定与要求，参照ISO 27001等国际信息安全标准，结合信息安全管理实际，制定了信息安全策略，阐明信息安全管理政策，涵盖信息资产、人员安全、物理和环境安全、网络安全、运行安全、访问控制、系统开发和维护、信息安全事故、业务连续性、终端安全、移动设备安全、数据安全等领域，作为实施信息安全具体管理工作和规范员工的工作指南，以及制定信息安全管理制度和各类信息安全标准的依据。随后制定了信息安全管理办法、信息系统等级保护管理办法等一系列安全管理制度。

在安全技术方面，B行实施了互联网和办公网、生产网的"三网隔离"，严格控制总、分行互联网用户数量；针对外包人员，建立独立的终端开发环境，封闭光驱、USB等物理接口，堵住敏感信息外泄渠道；针对行内人员，通过虚拟化技术和生产网、办公网专机专用等方式，封堵敏感信息下载途径；推广桌面安全管控系统，针对全行办公网计算机和生产网计算机，实施统一的管理策略，通过技术手段实现对敏感信息、软件程序、移动介质等的安全硬控制。

B行重点关注网银、网站系统的安全风险防控，每年聘请至少两家专业机构进行安全漏洞技术检测，对Web页面、系统应用、客户端等方面内容进行渗透测试，避免一家专业机构的技术局限性。对发现的问题研究制定解决方案，积极推动问题整改和复测工作，增强互联网服务系统的风险抵御能力。

在关键时点前期，组织全面排查重要网络和信息系统风险点，包括基础环境、网络、系统、安全管理、技术防护、应急处置和灾备等方面，排查潜在的安全隐患和薄弱环节，分析面临的安全威胁和风险，针对风险排查过程中发现的问题，及时采取快速、有效措施予以整改，确保万无一失。

（三）信息系统开发

B行制定了《业务需求应用系统总体架构设计和技术评审实施细则》、《信息系统标准数据管理实施细则》等管理制度和《应用系统日志规范》、《系统字符集使用规范》等应用系统开发规范和技术标准，规范了需求功能规格书等文档的标准模板。抓住系统开发过程中的组织推动、过程监控、结果核查三个主要环节，加大问题协调和进度控制力度，建立应用系统版本变更操作流程和风险控制程序，加强上版、上线过程的版本审核和检查，逐步形成科学、合理、规范的系统开发管理机制。

B行将需求创建、业务评审、架构设计及功能切分、技术评审、工作量估算及开发计划、需求审定，直至项目启动后的功能规格编写、设计、编码内部测试、集成测试、用户验收测试、准生产验证、上线发布、验收等全部纳入项目管理平台，制定各阶段流程的准入、准出条件，控制项目生命周期内各阶段工作质量，并通过项目管理平台妥善保管项目实施过程文档，实现信息系统开发生命周期管理电子化、流程化和固化。

B行制定了《应用开发类项目整体计划制定和变更管理办法》，建立了二级变更审批机制，对符合年度整体计划要求的变更，经相关责任人审核通过后由PMO审批；对不符合年度整体计划要求的变更，由PMO汇总该项目需求情况，提交信息科技部和科技开发中心审批。建立严格的电子化审批程序，将项目执行过程中出现的需求变更和项目进度调整等纳入项目管理平台管理，通过严格的审核和控制，降低项目变更过程的各种不确定因素。

针对外包或合作开发的信息系统，使用国际先进的工具对系统进行代码审查，在系统投产前发现安全漏洞和代码缺陷，做到潜在问题的早发现、早解决。

在测试管理方面，完善测试管理实施细则，从系统功能点、业务流程、业务规则、移植数据、分行特色业务流程等方面丰富业务场景，提高测试案例的覆盖面。加强测试过程管理，强化测试工作的计划性、协调性、实效性和测试案例执行的规范性，对测试发现的严重系统缺陷进行重点追踪、督促解决，保证缺陷修复后在测试环境中及时上版、快速验证。

（四）信息科技运维管理

信息科技运维管理是保证B行业务安全、持续、稳健运行的关键要素。B行完成数据大集中后，在总行初步建立了一、二、三线运维保障格局。生产运行支持中心面向总分行提供一线支持和服务，统一收集、分析和调度解决生产问题；逐步将已投产的应用系统从开发项目组移交到运维团队，形成二线日常运维支持；开发团队作为三线运维支持人员，重点解决突发故障和难点问题。

在运行维护方面，切实落实"7×24小时"一线值守，组建"全天候"一线运维保障团队，为应对各类信息系统紧急事件做好充分准备。细化系统巡检计划，采取日常巡检与定期巡检结合、人工巡检与设备监控结合的方式，落实生产运行监测。每日汇总分析存在的问题，落实责任人解决，并对完成情况进行跟踪。

在技术措施方面，建设集成监控平台与专业监控工具相结合的自动化监控体系，制定指标阈值标准，规范阈值监测、分析、判断、预测和处理。实现总行生产系统的操作系统、数据库、中间件，以及总分行网络设备、通讯线路的集中监控。全面部署运维操作审计系统，指定专人每日回放和审查系统记录，利用技术手段防控运维操作风险。采用自动化作业调度系统，实现系统跑批和清算的自动化处理，作业动作程序化、标准化、固定化，有效防范人工登录后台操作带来的风险。

（五）业务连续性管理

B 行在业务连续性管理方面重点完成了以下工作：

组织层面，建立了业务连续性管理体系，包括日常管理体系和应急处置体系。

制度层面，编制了实施业务持续计划研究报告及实施建议，制定了业务持续性计划手册。2011 年底银监会《商业银行业务连续性监管指引》下发后，B 行制定并下发了业务连续性管理政策，以制度形式明确了业务连续性管理的组织架构和职责，以及方法、流程、工具方面的要求。

流程、方法和工具层面，在 2010 年、2011 年的两次业务影响分析和风险分析工作的基础上，进一步优化调整了流程、方法和相关工具，进一步梳理和评估当前全行的重要业务、重要信息系统、重要业务及信息系统恢复目标等业务连续性管理要素，并根据分析结果对相关建设规划进行调整和优化。

业务连续性计划层面，目前 B 行已经积累了一定数量的业务层面专项应急预案和信息系统突发事件专项预案。其中，信息系统类目前共有各类应急手册 70 多份，已经覆盖了各类重要信息系统的重大异常场景。2013 年 1 月，根据《中国银监会办公厅关于近期多起信息科技突发事件有关情况的通报》（银监办发〔2012〕247 号）要求，组织总行部门进一步完善应急预案并开展演练，开展了部门联动、总分行联动的协同应急桌面演练。后续还将继续优化应急预案，将应急预案体系转换为业务连续性计划体系并逐步开展业务连续性计划的演练。

资源建设层面，信息系统灾备体系建设的持续推进为业务连续性管理提供了重要的技术和资源保障。2009 年以来，B 行推进异地灾备建设，已完成生产中心、同城灾备中心和异地灾备中心"两地三中心"战略布局，建设了包括核心业务、信用卡、网上银行等信息系统群的异地灾备，重要信息系统灾备覆盖率达到 100%。为防范电力中断、自然灾害等全局性风险导致分行业务中断，B 行 2012 年启动了分行灾备建设，逐步开展境内一级分行核心业务系统分行大前置及分行核心网络灾备建设。灾备演练方面，除了经常开展模拟接管演练之外，2012 年 6 月成功举行了首次核心业务、网银、信用卡等重要灾备信息系统群的真实业务接管演练，检验了上述灾备系统的实战能力，达到了银监会关于应用级灾备系统必须实现真实业务接管的相关要求。

（六）外包风险管理

B 行根据银监会《银行业金融机构外包风险管理指引》等有关监管要求，完善信息科技外包管理办法，并制定信息科技外包实施细则。建立了一套外包前、外包中、外包后的全流程风险控制体系。

建立了外包商信息库、外包商黑名单管理机制和外包人员管理信息档案，对项目驻场人员背景资质进行调查和备案，加强外包人员进场、退场、变更等管理，细化外包商信息库版本控制方法和黑名单解禁流程，定期对外包商进行过程考核评价和服务期结束后评价。在项目立项阶段和项目实施过程的各里程碑阶段，开展外包风险评估，制定外包商异常退出应急预案。定期走访外包公司，了解外包公司违约事件等情况，防范合作风险。

与外包商签订合同时增加保密条款和知识产权保护条款，约束外包服务商对在服务中了解的 B 行业务和技术等信息不泄露、不提供给第三方，不编写、安装内嵌和条件触发等有潜在安全危险的代码。在外包服务合同中明确界定外包工作范围，包括服务方技术人员水平、服务响应时间、服务质量条款和相应的罚则等。加强软件开发过程中的配置管理和维护过程中的文档管理，保护敏感信息安全，禁止外包服务人员通过远程登录方式进行系统维护。加强外包服务人员权限控制，按照角色、任务分配不同的权限。对项目成员不断进行信息安全意识教育。

（七）信息科技审计

总行审计部门充分发挥信息科技风险第三道防线作用，按照监管部门关于信息科技每三年一次全面审计要求，根据 B 行实际情况制定年度信息科技审计计划，在信息科技风险评估的基础上确定重点审计领域。

所有审计结果均抄送信息科技风险管理部门。相关部门对审计发现的问题提出整改计划，及时整改。审计部门对审计发现问题的落实情况进行督改与问责。审计中发现的重大问题，及时向信息科技管理委员会报告。

四、信息科技风险管理工作中的突出特点

（一）优化技术架构，提升关键业务的连续性

B行针对信息科技技术架构风险，规划了"两条腿"的应对策略，设计了"小核心、双前置、大外围"技术架构，通过负载均衡、应用集群、数据库集群和虚拟化等技术，实现集群内系统的无缝切换。

从能够造成全局性风险的角度，选取前置系统构建了异构型"双前置"平台。平时，两个前置各自承担一半外围系统负载，但针对三方存管等关键系统在两个前置上部署相应接口，一旦一个前置出现包括数据在内的各类问题，由于两个前置是异构的，另一个前置仍能够接管正常服务。通过这种异构的"双路负载、互为备份"的架构设计，大幅提升重要信息系统高可用性。通过"双活"架构，将传统的"一个生产中心、两个灾备中心"的模式转变为可用性更高的"三中心多活"的模式，不断提升关键业务的对外服务连续性。

（二）建立"监、管、控"三位一体的运维管理平台

B行"监、管、控"三位一体的运维管理平台实现了以"规范管理制度、强化管理工作、提供决策支持"的管理目标。该平台覆盖了网络监控、主机监控（开放平台）、应用监控、交易监控、作业自动化、接入认证管理、运维流程管理、报表管理等功能。

B行"监、管、控"三位一体的运维管理平台通过基于SOA架构的数据总线和工作流引擎机制，实现了集中监控、流程管理和作业自动化系统之间的数据交互与共享，以及故障的监控发现、流程处理、自动化操作的"监、管、控"协同式闭环处理过程，缩短了故障修复时间，降低了手工操作带来的风险，提高了运维效率，将运维管理方式从传统的面向技术的松耦合方式转化为面向业务的紧耦合管理方式，提升了运维管理效率。平台逻辑架构如图13所示。

B行一体化运维管理平台实现了资源整合和共享，促进了运维管理技术标准化和管理工作规范化，实现了资源共享，提高了整体运维水平和质量。主要体现在以下几点：

第一，提升了"监、管、控"的力度和细度，保证了业务服务的持续性

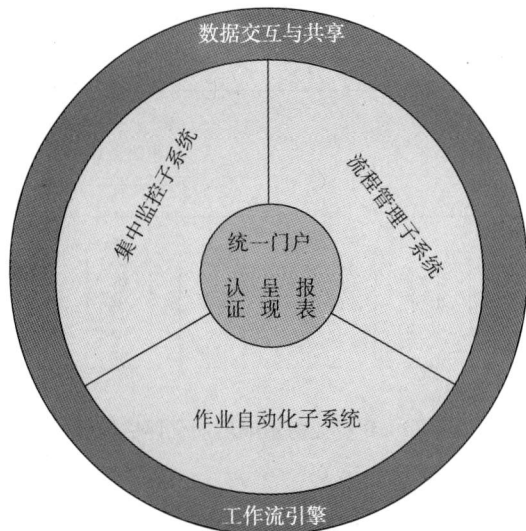

图13　B行一体化运维管理平台架构图

和高可用性。不仅丰富了日常运维管理的手段，还扩大了管理的覆盖面，基本上消除了管理上的盲区和死角，缩短了故障处理时间，保证了业务服务的持续性和高可用性。

第二，提升了运维管理自动化水平，提高了资源使用效率。实现应用部署、配置管理、脚本集中管理与自动执行、批量作业的自动化调度等工作，降低了人工操作的风险，节约了人力成本，提高了运维管理的整体效率。

第三，在提高用户满意度的同时，降低了管理成本。提高了关键业务系统的可用性，不仅能够主动发现问题、通过根源性分析迅速找到故障源，而且能够采取有效措施在第一时间解决问题，提高了最终用户的满意度。

（三）开展可量化的业务影响分析

银监会《商业银行业务连续性管理指引》和《B行业务连续性管理政策》发布后，B行调整了业务影响分析流程、方法和相关工具，开展新一轮的业务影响分析工作。与以往做法不同，本次业务影响分析，采用量化的手段，以客观、中立的视角从全行层面梳理、度量和评估当前全行的重要业务、重要信息系统、重要业务及信息系统恢复目标等业务连续性管理要素，并根据分析结果对相关建设规划进行调整和优化。

B行的业务影响分析采用层次化评估模型，如图14所示。

图14中，业务运营中断（或数据丢失）影响被分为财务影响和非财务影

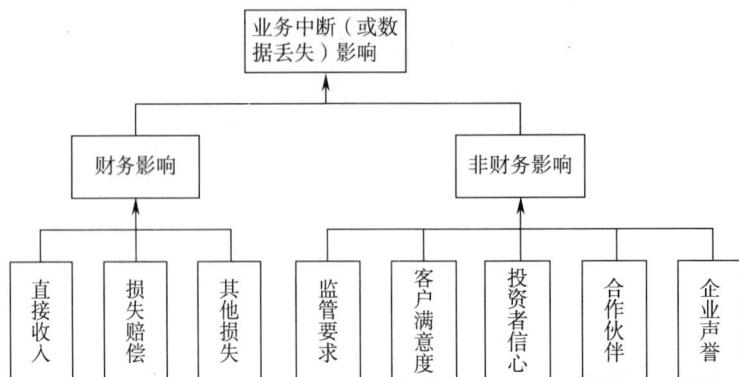

图14　B行业务影响层次化评估模型

响两个维度，每个维度又被分为若干二级评价项。评估时，首先由业务部门识别需要参评的重要业务，并对各评价项进行打分（需结合权威部门意见）形成基础数据。牵头部门根据基础数据计算得到各项参评业务的业务影响指数，同时交由科技部门估算各项业务所涉信息系统的灾备建设成本，并根据灾备建设成本调整得到各项业务的保障价值并排序。最后，由管理层根据评估结果划定业务保障底线，圈定重要业务，牵头部门依据保障底线计算各类业务的恢复目标，排定恢复顺序。各部门则进行差距分析，根据重要业务范围、恢复目标改进或制定包括灾备建设方案、业务连续性计划在内的各类业务保障方案。总体流程如图15所示。

上述流程方法的优点在于：

1. 强调评估的层次性。微观层面尊重业务部门对自身业务影响的研判，宏观层面遵循管理层对总体业务保障偏好的设定。

2. 强调收益与成本之间的平衡性。评估业务影响的同时也评估业务保障所需的资源成本，综合得出业务保障价值。

3. 强调数据的量化。尽可能运用量化手段，通过指数化和排序等手段，提高评估结果的精度，提升决策参考价值。

4. 强调评估标准的一致性。RTO/RPO的评估由业务部门提供基础数据，牵头部门依据管理层业务保障偏好统一计算得出，避免业务部门自主评估的不一致。

业务影响分析流程

	高级管理层	风险管理总部	业务部门	信息科技总部
工作准备			定义业务影响评价维度	
信息收集		识别参评重要业务提供业务基础数据		识别业务信息系统估算系统保障成本
保障决策	划定业务保障底线确定最大可容忍值	计算业务影响 计算业务保障价值		
目标评估		确定重要业务RTO/RPO排定业务恢复顺序		估算重要业务相关系统当前RTO/RPO
方案改进	审议保障改进方案	发起制定改进方案 汇总保障改进方案	分析业务保障差距制定保障改进方案	

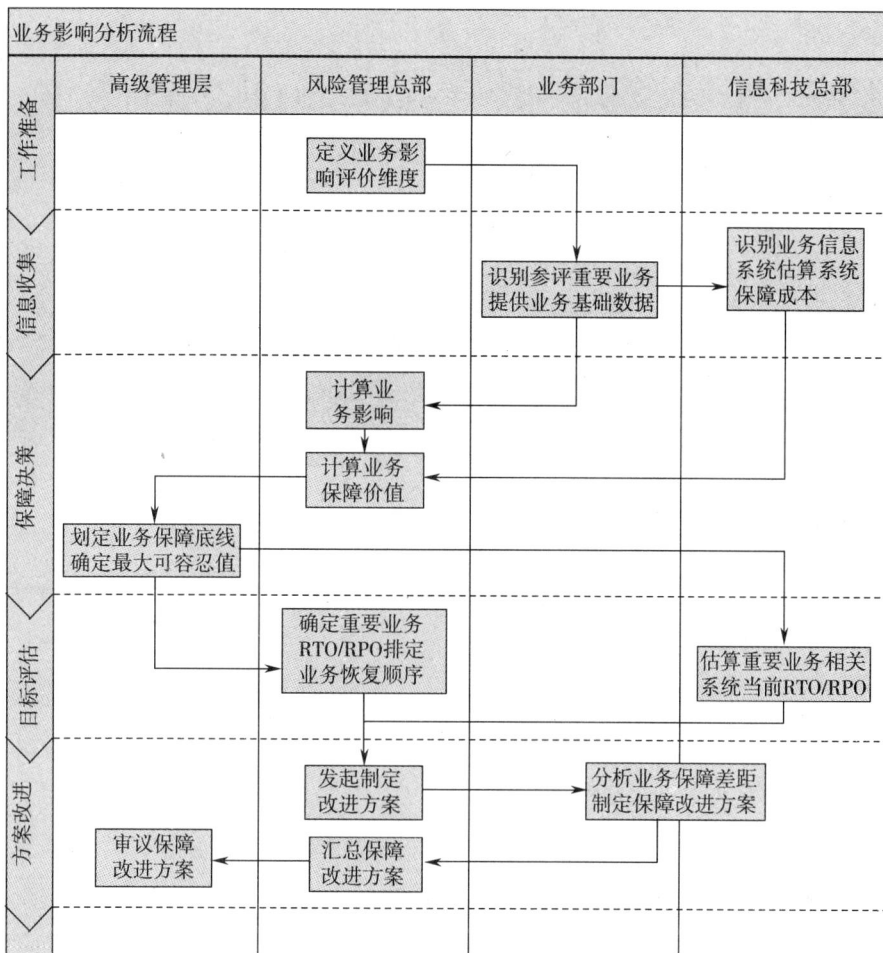

图15 B行业务影响分析流程

第三节　某外资银行信息科技风险管理实例

一、信息科技风险管理架构

某外资银行（以下称 C 行）的风险策略是力图将风险保持在适中水平并以理性、稳健及审慎的方式保持风险和收益之间的平衡。其主要风险管理目标是在可接受的风险范围内为本行股东获取最大价值，并满足董事会、相关监管机构、本行存户及其他利益集团对 C 行审慎和稳健发展的需求。C 行风险管理架构的指导原则包括：（1）依法合规；（2）实现与维持本行风险管理职能的独立性；（3）与业务部门合作使风险管理的目标、资源及优先性与客户及产品战略一致；（4）提供适当披露。

通过不断优化风险管理组织架构，C 行寻求达到以下目标：将风险敞口控制在董事会审核的风险容忍度范围内；建立广泛全面的风险管理文化；不断提高风险管理流程及资源利用情况将效力及效率最大化；提供平衡且具有前瞻性的风险评估，积极管理信贷资产组合的集中度、风险缓解措施及资本利用情况。

在权力划分和责任分工方面，风险管理部主要负责信用风险和市场风险的管理；操作风险的控制渗透在各个前、中、后台的部门当中，银行通过内控自查等手段控制操作风险；合规部负责统筹和协调日常合规管理工作。

C 行风险管理体系包括董事会、风险管理委员会、风险管理部门以及相关专业职能部门等。董事会设立了风险管理委员会，风险管理委员会由一名非执行董事（风控董事）、四名其他董事、首席风险官（非投票成员）、首席合规官（非投票成员）、首席运营官（非投票成员）、企业传播及公共事务总监（非投票成员）以及由董事会决定的其他人员组成，由非执行董事（风控董事）担任委员会的主席。委员会每季度召开一次会议，会议记录由董事会秘书保存，会议通过的方案及表决结果报董事会。风险管理委员会负责定期审阅高级管理层提交的风险报告，了解全行风险管理的总体情况、处理重大操作风险事件的有效性以及监控和评价日常操作风险管理的有效性，确保本行风险管理体系接受内审部门的有效审查与监督。经风险管理委员会主席或三分之一或以上的成员提议，会召开临时会议。风险管理委员会的主要职责包括决定银行风险容忍度，确保其与银行发展战略一致；督促建立风险管理制度和流程，确保银行建立良好的风险管理框架；定期了解、监督和评估银行的风险管理状况等。

该外资银行信用风险管理职能和市场风险管理职能高度集中于总行层面。大部分风险管理人员均在总行和主要分行。商业银行和个人银行在其他分行层面也设置一些风险管理人员，考虑到其业务特征更需要贴近市场并作出实时的审查、审批和监控工作。该行目前配备个人银行风险管理和商业银行风险管理岗位，负责商业银行客户和个人银行客户的风险管理工作。此外，该行配备分行合规经理岗位，在分行层面履行合规管理职能。

在操作风险方面，该行遵照银监会关于操作风险的定义，结合集团的相关政策，建立了适合本行的操作风险管理组织架构和操作风险评估机制及有效的内部控制管理体系，用于识别、评估、监测和控制/缓释操作风险。操作风险是该行全球业务活动中所固有的，它与其他类型的风险一样是通过整体框架设计，通过平衡强有力的企业监督和独立的风险管理进行管理的。该行将操作风险损失事件分为五类：欺诈、盗窃及未经授权的行为，就业制度及工作场所安全，客户、产品和业务活动，实物资产和基础设施，以及执行、交割和流程管理。操作风险管理通过损失案件的根本原因分析以及加强营运风险的控制来减少损失。相关活动包括主动地识别风险并缓解风险、量化风险并建立模型、审查监管报告以及积极努力以弥补亏损。该行根据现有的制度规定将操作风险作为银行面对的一项主要风险进行管理，董事会承担监控操作风险管理有效性的最终责任。目前董事会授权其下设的风险管理委员会对操作风险管理进行日常监督。高级管理层负责执行董事会批准的操作风险管理政策及体系，并在管理层面设立了业务风险及合规控制委员会，每季度召开一次会议，了解银行包括操作风险等内在风险的管理情况。同时，该行按照中国法律法规的要求，借鉴集团在操作风险管理方面的先进经验，构建了较为完善、有效的操作风险管理架构。2008 年 6 月在总行层面集中管理操作风险并组建了操作风险控制部。自 2012 年起操作风险控制部转为企业运营风险部。企业运营风险部的主要职责包括积极支持业务部门、运营部门以及其他独立的控制部门加强内控有效性，管理覆盖产品、业务条线及各地域的操作风险。上述管理工作将通过识别、分析和缓释风险，实施和评估控制活动，宣传内部欺诈的零容忍政策，防范操作风险损失，帮助缓释损失，遵守法规要求等手段实现。企业运营风险部的工作内容包括操作风险管理和反欺诈。目前企业营运风险部直接向首席风险官汇报工作。

信息科技风险管理由运营技术风险控制部负责，并直接向首席信息官报告。该部门也同时负责协调制定有关信息科技风险管理策略，实施持续信息科技风险评估，跟踪整改意见的落实，监控信息安全威胁和不合规事件的发生。该部门也定期向风险管理委员会提交风险报告。

合规部负责就银行业相关监管机构新颁布的法规与银监会以及其他监管机构进行沟通，理解监管法规的具体要求和执行尺度并配合相关业务部门明确当前合规差距及整改计划。在日常工作中，合规部向业务部门提供合规咨询，监督各部门对合规工作的执行情况，并根据要求定期向监管机构进行汇报。

内审部门负责监督银行日常运作的情况，并检查各业务部门是否按照本行的信息安全政策进行操作以及满足监管要求。内审部门审核各部门风险控制自我评估的结果，并独立检查业务部门的风险控制操作和其他日常工作。

在上述风险管理架构的设置中，执行、管理、监控、检查等职责定义清晰，分工明确。各部门间既存在相互的配合，又有制约和监督，从而能够有效地实现对风险的预防、识别、管理和监控。

（一）管理体系总体介绍

该外资银行集团建立有一个由三个层次组成的内部控制体系（如图16所示），以实现科学有效的内控管理。

内控体系第一层是各个部门对自身操作风险的管理和控制。各个部门遵循操作风险识别、评估、控制、报告的流程，通过建立和不断完善本部门的业务流程，使用双人管控、系统硬控制、岗位分离、额度控制、对账、人员培训等方式，减少和缓释相应的操作风险。各个部门也需要落实银行有关内控的其他要求，比如人员强制休假、信息安全等。各部门必须根据集团《风险控制自我评估及操作风险政策》要求，对本部门现有的或新研发的产品、服务和业务活动进行详细风险评估，清楚辨别潜在的操作风险点，根据风险特点，制定有效的风险控制方法，将操作风险控制在可接受的风险水平上。

首先，各部门对高风险点及其相关的控制流程进行自我评估，评估方式

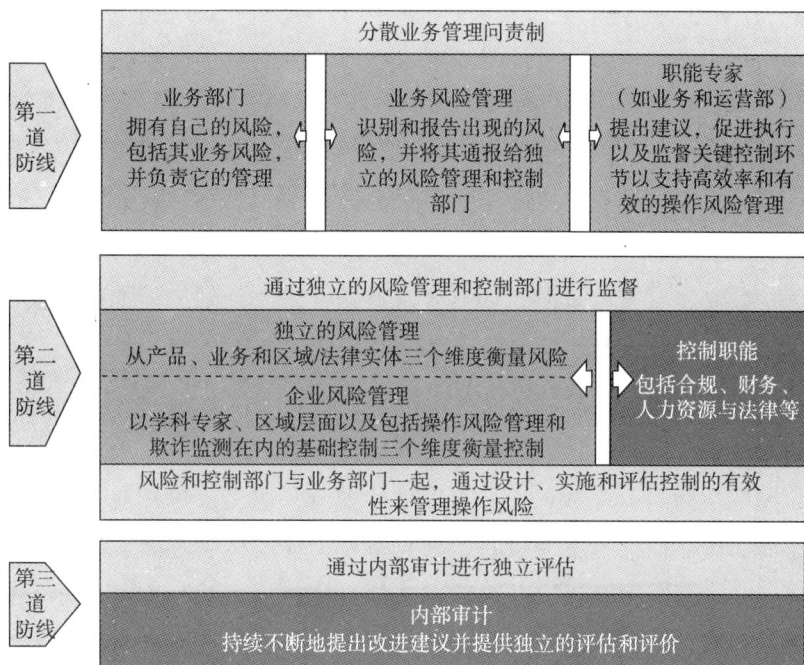

图16 C行三道防线控制

包括流程回顾、访谈相关人员、样本检查等；评估标准、评估过程、测试步骤及测试结果在相关操作风险管理系统上进行记录。在自我评估中，如果发现任何缺陷，如控制不存在、不充分或者执行无效的地方，须在专门的纠正措施记录跟踪系统（iCAP）中开设问题记录，由相关人员进一步分析缺陷的产生原因，并将原因详细记录在 iCAP 整改计划系统中。如果必要，负责部门还需针对发现的问题准备整改计划，确定负责人和预计整改完成的时间，并将相关内容记录在 iCAP 整改计划系统中。企业运营风险管理部和内审部对问题的整改情况进行监控，确保责任部门在预计时间内完成整改计划，并在 iCAP 系统中进行更新。iCAP 系统中所记录问题的整改需经过内审部验收后方可关闭。

内控体系第二层是银行的各专业职能部门包括企业运营风险管理部对与其相关操作风险的管控和监督。针对操作风险的不同类别，财务、信息科技、合规、人力资源等部门承担与其相关操作风险的第二道防线的职责，包括强化控制措施、提供相关的方法和培训支持、独立监督检查等。企业运营风险管理部负责建立并优化适用全行的操作风险基本控制标准，并指导和协调全行范围内的操作风险管理，为各部门提供操作风险管理方面的培训，协助各部门提高操作风险管理水平、履行操作风险管理的各项职责。企业运营风险管理部负责引导业务部门进行自我评估，并对操作风险管理系统和 iCAP 系统中各部门风险控制自我评估的执行情况进行监控，以确保相关部门按照既定的时间和要求完成自我评估的工作，对所发现的问题进行适当的记录和跟踪，并按时完成整改措施。操作风险控制部定期审阅 iCAP 系统报告，监督和督促负责部门按时完成整改计划，如有客观原因，整改计划未能如期完成，协助负责部门遵循整改计划展期审批流程取得相应批准。

内控体系第三层是银行内部审计和外部审计。

银行成立了内部审计委员会，内部审计委员会对董事会负责，根据董事会授权组织指导内部审计工作。内部审计委员会须由一位独立董事、一位执行董事和一位非执行董事组成并由独立董事担任委员会主席。内部审计委员会每年至少召开一次会议，并需要邀请高级管理层人员列席。委员会的主要职责包括：制定内部规则，审议年度财务报告，并向董事会和监事报告，就内部控制提出意见，对内部审计部门的工作程序和工作效果进行评价，向管理层提出建议等。

内部审计委员会下设内部审计部，该部门独立于所有业务部门，负责对全行各基础部门，包括信息科技部门的内审工作。内部审计部负责人为内审总监，内审总监直接主持、管理内审工作。内审总监按季向董事会和高级管理层审计委员会报告审计工作情况。每年至少一次向董事会提交包括履职情况、审计发现和建议等内容的审计工作报告。审计委员会按季向董事会报告审计工作情况，并通报高级管理层和监事。若有任何重大审计发现，董事会及高级管理层需及时向监管机构报告。

内部审计部每年对被审计对象及相应的内控流程进行风险评估，在风险评估的基础上，结合业务性质、复杂程度、风险状况和管理水平等确定审计重点、审计频率及审计计划。对评为高风险的部门或流程每年至少审计一次，对评为中等风险的部门或流程要求至少每 1 年半审计一次，对评为低风险的部门或流程至少每两年审计一次。在制定审计计划时，内审部决定审计范围（如功能部门审计、专项审计、合规审计或内控自评评估等）。内审计划由内部审计委员会审核后交由董事会审批。

（二）信息科技治理

信息技术风险治理是指该外资银行设定战略目标、领导其被付诸实施、监督信息技术管理并向集团管理层、股东和监管机构报告信息科技风险状态的系统。通过建立明确定义关键治理职能的作用和责任以及管理和报告机制使得 C 行信息科技风险在全球范围内可被一致地管理。

为了保持有效的治理架构，C 行的技术管理分成不同流程领域，涵盖所有主要的信息科技管理，如架构管理、解决方案交付、业务持续性、信息安全、项目/工程管理、战略计划、支持和交付以及供应商管理等。C 行信息科技风险管理框架基于跨多个技术流程领域的六大支柱之上进行（如图 17 所示），包括治理和监督、政策和标准、监测和合规、例外管理、管理报告以及持续的流程优化改进等。通过该框架银行明确了各信息科技流程并对其进行相应的治理、评估、管理以及风险报告。

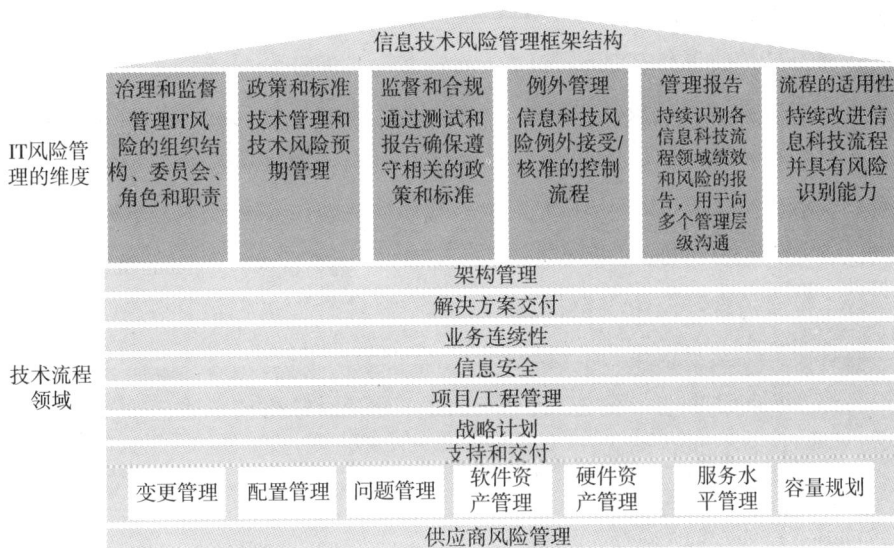

图 17　C 行信息科技风险管理框架

该行作为独立法人在中国设立了信息科技风险管理架构（如图 18 所示）。相关各部门对信息科技风险管理的职责分别为：

1. 董事会

法定代表人是某外资行信息科技风险管理的第一责任人。董事会在首席信息官支持下监督信息科技管理计划的开发、实施和维护。每年董事会对首

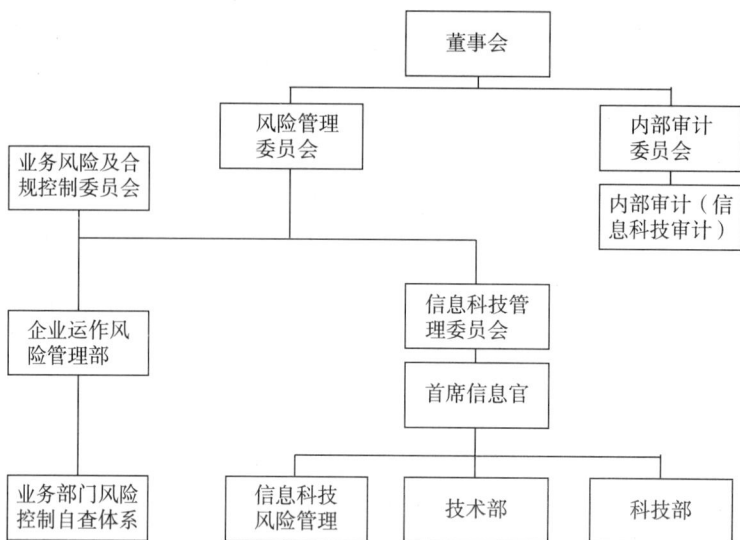

图 18　C 行信息科技风险管理架构

席信息官提交的信息科技战略进行审查和批准，确保其与总体业务战略和重大策略一致。对信息科技预算进行审批，确保信息科技风险管理工作所需资金，并对信息科技及其风险管理工作效果和效率进行评估。在信息科技治理方面，董事会需确保银行所有员工遵守经其批准的信息科技风险管理制度和流程，并安排相关培训。

　　每年首席信息官向董事会提交信息科技风险管理报告，董事会负责审阅并向监管机关报送本银行的信息科技风险管理的年度报告。

　　另外，每年董事会审核公司内审计划，确保信息科技风险内部审计独立有效，并对审计意见进行确认并实施整改。

　　董事会需确保银行涉及客户信息、账务信息以及产品信息等的核心系统在中国境内独立运行，并保持最高的管理权限，符合银监会监管和实施现场检查的要求，防范跨境风险。

　　董事会应确保及时向银监会及其派出机构报告本机构发生的重大信息科技事故或突发事件并按相关预案快速响应。

　　董事会应确保配合银监会及其派出机构做好信息科技风险监督检查工作，并按照监管意见进行整改。董事会是 C 行业务连续性管理的决策机构，对业务连续性管理承担最终责任。主要职责包括：

　　（1）审核和批准业务连续性管理战略、政策和程序；

（2）审批高级管理层业务连续性管理职责，定期听取高级管理层关于业务连续性管理的报告，监督、评价其履职情况；

（3）审批业务连续性管理年度审计报告。

2. 信息科技管理委员会

信息科技管理委员会由董事会批准成立，主要负责监督各项职责的落实，定期向董事会和高管层报告信息科技战略规划的执行、信息科技预算和实际支出、信息科技的整体状况等。信息科技管理委员会应批准交易日志或系统日志的复查频率和保存周期。信息科技管理委员会还负责对 C 行的业务连续性计划和年度应急演练结果进行确认。信息科技项目的实施部门应定期向信息科技管理委员会提交重大信息科技项目的进度报告，信息科技管理委员会应审核该等报告。进度报告应当包括计划的重大变更、关键人员或供应商的变更以及主要费用支出情况等。

在符合法律、法规和监管要求的情况下，C 行会委托具备相应资质的外部审计机构进行信息科技外部审计。

信息科技管理委员会组成成员有：

– 运营技术部负责人；

– 首席信息官；

– 财务总监；

– 运营技术风险控制部负责人；

– 科技部负责人；

– 全球交易服务部业务负责人；

– 个人银行业务负责人；

– 市场部业务负责人；

– 全球交易服务部产品运营负责人；

– 个人银行产品运营负责人；

– 市场部产品运营负责人。

3. 首席信息官

首席信息官直接向行长汇报，或向分管信息管理的高级管理层汇报（在此情况下应向监管部门书面说明）。首席信息官直接参与本银行与信息科技运用有关的业务发展决策，确保信息科技战略，尤其是信息系统开发战略，符合本银行的总体业务战略和信息科技风险管理策略。同时，首席信息官负责建立一个切实有效的信息科技部门，并确保其履行本银行包括信息科技预算和支出、信息科技策略、标准和流程、信息科技内部控制、专业化研发、信息科技项目发起和管理、信息系统和信息科技基础设施的运行、维护和升级、信息安全管理、灾难恢复计划、信息科技外包和信息系统退出等的信息科技职责，确保信息科技风险管理的有效性及有关措施落实到相关的每个内设机构和分支机构；履行信息科技风险管理其他相关工作。

4. 信息科技管理部门

信息科技管理由科技部负责，承担信息科技职责，其履行职能包括信息科技预算和支出，信息科技策略、标准和流程建立，确保信息科技内部控制，专业化研发，信息科技项目发起和管理，信息系统和信息科技基础设施的实施、运行、维护和升级、灾难恢复计划以及信息科技外包等。

大规模信息系统的开发须经过信息科技管理委员会审核批准。在进行大规模信息系统开发时，信息科技管理部门应要求信息科技风险管理部门和内部审计部门参与，保证系统开发符合 C 行信息科技风险管理标准。

5. 信息科技风险管理部门

信息科技风险管理由运营技术风险控制部负责，并直接向首席信息官报告，该部门也同时为信息科技突发事件应急响应小组的成员之一，负责协调制定有关信息科技风险管理策略，尤其是在涉及信息安全、业务连续性计划和合规性风险等方面，为业务部门和信息科技部门提供建议和相关合规性信息。实施持续信息科技风险评估，跟踪整改意见的落实，监控信息安全威胁和不合规事件的发生。信息科技风险管理部门定期向信息科技管理委员会提交信息科技风险评估报告。

6. 内部审计部门（包括信息科技审计）

内部审计部门设立专门的信息科技风险审计岗位，主要负责制定、实施和调整信息科技审计计划，检查和评估商业银行信息科技系统和内控机制的充分性和有效性，并据此提出整改意见以及检查整改意见是否得到落实。

二、信息科技风险管理方法、流程和工具

信息科技部门作为该行内控管理框架中的"第一道防线"，负责在其职权范围内的内部控制设计以及操作风险管理和控制的有效运作，对控制进行监测和评估，发现重大的或内部控制自身的薄弱环节以及新现风险等职责。他

们通过风险控制自我评估机制进行风险识别并向独立的风险管理和控制部门报告信息科技风险和内部控制的薄弱环节。

信息科技管理部门定期对信息科技管理相关风险进行监控和评估。该行开发并推出了管理者风险控制评估工具供各业务部门内控自我评估使用。此评估工具是该行操作风险管理框架和政策的核心组成部分，它与反对虚假财务报告委员会发起组织（COSO）的内部控制——整合框架的要求相一致，也符合《萨班斯—奥克斯利法案》（SOX）第302和404条。它为各业务部门包括信息科技管理部门提供了一个全面的方法和工具来识别和解决其内控中的弱点。信息科技部门每年需要评估其主要的业务活动及流程、定义其主要的风险和控制手段，明确最优的评估方法包括监测和测试活动等以评估流程和控制有效运作的程度；确认对流程有足够的了解和文档记录；评估部门控制的充分性和适当性以及管理者风险控制评估的监测和测试活动是哪些；识别内控的漏洞和差距是什么以及新出现的风险有哪些，严重性和发生概率有多大。对以上识别的控制监督活动可持续进行。

目前该行信息科技风险评估识别的主要风险领域有信息科技相关的监管报告、信息科技外部管理和监控、项目管理、信息科技事件以及信息科技服务支持管理、变更管理、员工权限管理、系统用户权限管理、紧急系统访问、信息安全事件管理、数据保护控制以及物理安全控制等。

每个季度信息科技部门总结和评估从以上风险和控制的监督活动中获取的控制信息并对本部门的风险控制进行评级，向业务风险及合规控制委员会报告风险评估的结果、控制弱点以及改正措施、新的风险以及其他相关信息。

此外，信息科技部门在日常运营中会定期地针对信息科技运营服务及关键绩效指标进行报告，它涵盖系统运行、变更管理、事件/问题管理、项目管理、服务水平、服务质量、系统可用性等重要领域。

三、信息科技风险管理控制措施

该行的信息科技风险管理制度为整个银行提供了信息科技风险管理基线，它是根据其信息科技管理策略、信息科技管理标准以及信息安全标准，并遵照中国当地法律法规和监管要求而制定的。

这些信息科技管理策略及管理标准关注于那些可通过制度规定使信息科技组织表现加强的技术领域，同时也建立了通用的方法来处理运行环境中技术相关的风险以进一步促进信息技术组织内部流程的改善。它们是通过基于成本效益风险驱动的方法，在管理技术的国际框架（信息及相关技术的CO-BIT 4.1的控制目标）基础上开发建立从而保证信息系统的完整性和安全性。

这些信息科技管理策略及相关标准从以下四个方面定义了技术及科技风险管理的最低标准：

- 计划和组织（PO）：主要涵盖战略、战术以及确定最有助于业务目标实现的信息科技/信息安全的方法。战略构想的实现必须从不同的方面计划、沟通和管理。必须设有恰当的组织和技术基础架构。

- 获取和实施（AI）：信息科技解决方案需要被识别、开发（或购买）、实施并整合到业务流程中。另外，对现有系统的变更和维护也包含在此以确保解决方案可继续满足业务目标。

- 交付与支持（DS）：主要包括对所需信息和技术服务的实际交付，其中包括服务提供、安全和连续性管理，用户服务支持以及数据和运营设施的管理。

- 监测和评估（ME）：所有信息科技流程的质量以及是否遵守相关的控制要求需要被持续地定期评估。

另外，其信息安全标准是根据国际标准（ISO27002）信息安全管理实践建立的。它规定了各部门必须遵守的最低的信息安全保护要求，包括组织信息安全、资产管理（包括信息分类和保护）、人员安全、物理和环境安全、通信和操作安全、访问控制、信息系统的采购、开发和维护、信息安全事故管理、业务连续性管理以及合规管理等各方面。信息安全作为一个业务风险管理问题，其目的是确保银行信息资产被充分和适当地防护和控制。不恰当的信息保护可能会导致银行的财务损失和品牌负面影响。

信息安全管理是通过政策、标准、流程和技术的结合，建立各业务部门必须遵守的要求。所有信息安全文件必须与信息科技策略管理框架一致。每个业务部门都有义务与技术管理部门一起努力确保遵守银行信息科技管理政策及相关规定，即采取了有效的流程和程序以符合银行信息科技管理标准的要求。每一个业务部门须确保其用户都知道自己有责任和义务遵守银行信息科技管理相关要求。银行的信息安全标准明确规定各业务和科技部门必须维护银行及银行客户信息的保密性、完整性和可用性，防止其被破坏、更改、泄露或丢失。

（一）信息安全管理

1. 信息安全风险评估

银行对信息科技政策和标准的执行是通过正规的流程来实现的，包括信息安全风险评估、第三方信息安全评估、应用信息安全审核、信息技术风险控制评估、应用系统及基础架构漏洞评估等。所有生产环境的系统和应用均遵守以上流程。

信息安全风险评估首先是明确信息资产资源（如应用系统、基础架构、第三方供应商等）并对其内在的风险级别进行确认。其次评估并记录现有业务或相关支持资源的控制缺陷，对非合规问题或漏洞进行风险分析并结合现有的补偿控制措施以确定风险发生的可能性，从而决定对业务的影响以及问题的残余风险。最后，需要相关业务部门授权人对风险评估进行审核和认可，并依据风险评估结果确定改正计划并对改正计划的状态进行跟踪。风险评估流程如图 19 所示。

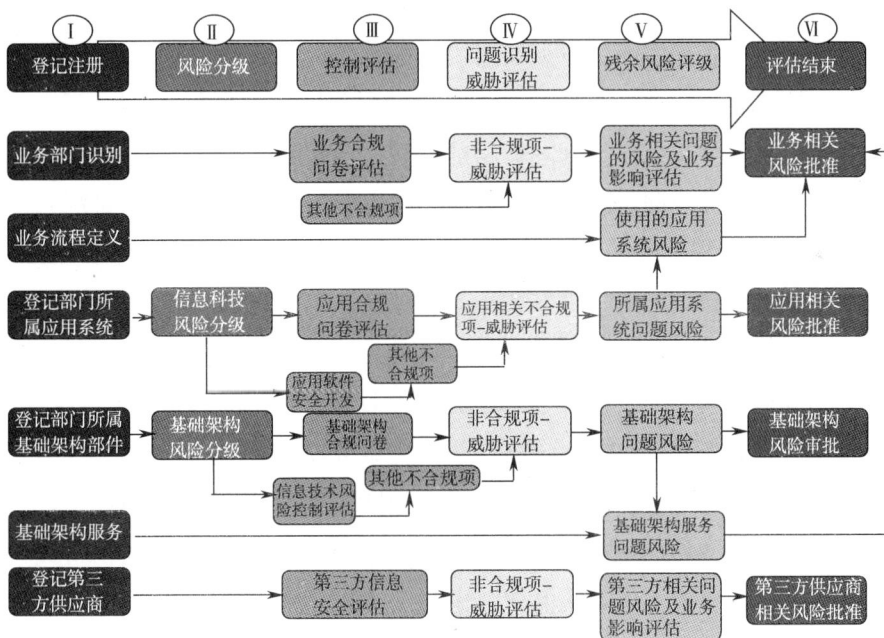

图 19 C 行信息安全风险评估流程

2. 员工安全管理

该行将加强员工对信息安全政策的理解和认识嵌入银行的企业文化之中，在员工的信息安全培训和意识教育方面，所有新员工（包括正式员工、合同工和临时人员）在入职60天内必须进行相关的信息安全培训。另外对于特别岗位人员，如应用开发人员、信息安全管理人员、系统账号管理员、信息安全审计人员等每年均需要完成相关的信息安全培训。

在人员管理方面，员工在聘用前均需通过背景调查，入职之前需与银行签署保密协议。用户对系统访问权限通过专门的权限控制表控制，以确保用户只被赋予完成其工作所必要的访问权限。对特权功能账号的直接登录访问必须通过相关的批准审核临时赋予。账号安全管理员不可进行与其职责相冲突的交易。同一系统的系统管理员与账号安全管理员应分离。安全管理的行为如增减用户、改变用户权限、更改密码等要求有独立的验证或双人管理。用户对系统的访问是被记录下来的和可审核的。所有重要交易流程都有两位以上职员把关；用户访问权限复核至少每半年要进行一次。如员工离职或工作变动，业务部门需要在一个工作日内通知账号安全管理员，确保该员工的访问权限被及时取消或更改。

3. 系统安全管理

在系统安全管理方面，该行根据"积极防御、综合防范"的基本方针保障系统的安全稳定运行。在网络边界所有网络对外 IP 连接有由该行管理的防火墙保护。所有终止在该行管理网络的互联网连接被实时的入侵检测系统或入侵防御系统监控。网络安全系统（如防火墙、入侵检测系统、入侵防御系统等）和安全服务商必须经审核批准。所有该行管理的载有生产数据的互联网连接需要被该行批准的抗分布式拒绝服务攻击服务保护进行攻击检测和缓解。所有操作系统和软件必须是有被批准的供应商支持，具有相关安全补丁和配置更新的。所有的安全补丁和配置应遵照相关漏洞威胁管理流程在规定的时间内完成。所有工作站、服务器、邮件服务器都应安装相关防毒软件并及时更新。所有产品、工具或服务均需按照相关技术标准配置管理。若第三方需存储、管理或访问银行敏感信息或连接银行网络，需确保其符合银行信息安全标准或提供相等级别的保护措施。

4. 数据安全保护

在数据安全保护方面，严格禁止可移动设备的写功能，对于因业务要求，需从一方发送给他方的可移动设备（如光盘、磁带等），银行有专门的电子可移动设备管理计划对其进行登记并确保数据被恰当地加密保护。在电子邮件安全保护方面，设有自动的电子工具实时监测所有向外发送的邮件。对于所发现的违规事件，银行会立即采取措施，确保相关事件被及时地调查和改正。此外，银行还设立了数据防泄露系统，实时监控高风险的终端邮件发送、网络传输、文件复制等操作，及时发现日常操作中的可疑情况并介入调查，减少信息泄露的可能性。

（二）安全软件开发

在软件开发方面，该行采取安全软件开发生命周期以确保数据保护，它包括：（1）审核设计文档信息安全相关内容以确保其符合信息安全标准。（2）静态源代码分析，识别源代码中常见的安全漏洞，并手工验证检测结果。（3）由信息安全团队与开发团队共同参与进行同行代码审核。（4）由内部渗透测试团队或第三方独立团队对包括互联网应用在内的重要系统进行渗透测试，发现常见漏洞以满足银行及行业标准；高风险网银系统每年要至少进行两次全面的渗透测试，同时每18个月必须有一次由外部专业团队进行的渗透测试。所有发现的问题根据风险级别需要在规定的时间内修复。另外，系统每次变更需要相关信息安全负责人审核批准。对有安全影响的变更需进行相关变更的渗透测试以确保问题被及时发现和解决，从而保证系统的安全性。（5）每季度对网站登录前页面进行应用漏洞检测，监控银行互联网系统或网站是否有常见漏洞。

（三）信息科技外包

该行制定外包管理流程，规定了对包括信息科技外包在内的服务提供商进行审核和管理的要求，明确不得将信息科技管理责任外包，不得将外包活动转包或变相转包，并在开展跨境外包活动时，明确境外服务提供商所在国家或地区监管当局已与我国行业监督管理机构签订谅解备忘录或双方认可的其他约定。对重要外包（如数据中心和信息科技基础设施等）在准备实施时应以书面材料正式报告银监会或其派出机构。银行所有信息科技外包合同需由信息科技风险管理部门、法律部门和信息科技管理委员会审核通过。

信息科技部门在外包商选择或续约时，需对其进行恰当的风险评估包括审核其人员招聘制度、声誉、是否有公开报道的投诉和诉讼、设施和服务提供能力、业务连续性计划、财务稳定性和专业经验、安全管理、内控制度、遵守集团的政策和标准的能力，并参考其他用户以及征信机构对其的评价，以及银行业监管机构和内、外部审计能执行足够监督等方面。同时，需关注可能存在的集中风险，如多家商业银行共用统一外包服务商带来的潜在业务连续性风险。对关键的外包商，信息科技部门需准备一份应急计划以确保当供应商无法继续提供产品或服务时，业务仍能持续运行。

在对信息科技外包商的日常管理方面，信息科技部门需对其服务水平进行定期审阅并提供管理报告。每年根据预定的关键绩效指标对其遵守相关流程控制情况以及服务表现进行综合评估。如果外包商会接触到保密信息，信息科技部门需按照信息安全标准要求对其进行信息安全评估。

（四）业务持续运行管理

为正确、高效地处置可能发生的影响业务连续性事件，提高应对突发事件的能力，该行对业务连续计划和信息系统的突发事件应急预案进行及时更新和定期检查，以保证一旦突发灾难事件发生时，有能力有效地恢复核心业务，确保重要信息系统的安全、连续、稳定运行，最大限度地确保业务经营连续进行，保护客户、员工及公司利益。

每年该行都按照相关规定进行业务连续计划检查以确保业务连续计划工作正常有效地开展执行。其中，每半年进行一次紧急电话联络树测试演习，每年安排实地业务恢复测试，以保证业务连续计划是有效的，确保备份的资源是有效可得的，进而保证业务中断时能得以及时有序恢复。

（五）信息科技审计

该行内审部门下设信息科技审计组，定期制定信息科技审计计划，包含对应用层控制、信息安全管理、外包商管理、业务连续性计划测试、变更管理和控制、信息科技问题管理及向监管机构定期报告等内容。另外，内审部门还有对信息技术一般控制的专项审计包括信息科技风险管理、信息科技风险管理策略及评估、信息安全、信息科技开发与维护、信息科技运行、业务连续性计划外包管理和地方监管要求等方面。

四、信息科技风险管理工作中的突出特点

1. 统一的信息科技风险管理框架从而保证了集团范围内信息科技风险管理被一致地治理、评估、管理和报告。在该框架下定义的信息科技风险管理策略和标准建立在国际标准的治理架构 COBIT4.1 和 ISO27002 之上。通过建立统一的策略和标准，确保了其与公司战略发展目标一致，以成本效益风险驱动的方法来保证信息系统的完整性和安全性，同时也方便了满足当地监管和法律对信息技术与安全的合规性要求。

2. 信息科技风险管理被视作业务风险的一部分，通过统一的操作风险管理框架进行监测和评估。该行最新开发应用的管理者风险控制评估工具增加了操作风险管理的灵活性和实用性，它使得信息科技管理部门可以主动地、有针对性地识别和解决其内控中的弱点，并可持续地进行相关控制的监督活动。通过信息科技部门的定期自我评估、运营技术风险管理部的分析与管理，再加上审计部门的跟进检查与监督，构建了内部控制的三道防线，体现了较强的操作风险控制能力，取得了较好的管理效果。

3. 在信息科技管理活动中为减少信息科技风险，提高工作效率尽量采取自动化管理，如主机批处理的自动化以及事件端对端管理，这样减少了人工的参与同时也缩短了批处理周期，提高了运营效率。在技术方面勇于创新，使用了远程磁带仓库、虚拟磁带存储等技术，这为该行数据存储备份，系统恢复能力和业务持续运行提供了有力的保障。同时，该行还在信息科技服务过程中实施了全面质量管理理念，不仅对风险管理有持续的评估和改正，在流程服务质量方面也确保有不断的进步。在该行，质量被定义为符合用户需求。每位员工应按照需求进行操作或在必要时正式地更改需求，员工要有避免差错的工作态度——返工往往比避免差错要昂贵得多。员工致力于一次做对和不断地提高质量以实现零差错、提供满足客户及监管要求的产品和服务，并在以客户为中心的前提下持续提高信息科技运营效率和效益。

中国金融四十人论坛
CHINA FINANCE 40 FORUM

附件二

Principles for Effective Risk Data Aggregation and Risk Reporting

Basel Committee
on Banking Supervision

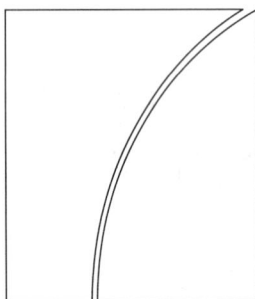

Principles for Effective
Risk Data Aggregation
and Risk Reporting

January 2013

BANK FOR INTERNATIONAL SETTLEMENTS

Task Force on SIB Supervision of the
Standards Implementation Group Chair:
Mr Fernando Vargas, Bank of Spain, Madrid

Australia	Ms Heidi Richards (APRA)	
Canada	Mr James Dennison (OSFI)	
China	Ms Zhangjun Wu (CBRC)	(from October 2012)
	Mr Xianqiu Zhang (CBRC)	(until September 2012)
France	Mr Hedi Jeddi (ACP)	
Germany	Mr Tobias Volk (Bundesbank)	
	Mr Stefan Iwankowski (BAFIN)	
Hong Kong SAR	Mr Sunny Yung (HKMA)	
Italy	Mr Angelo Carriero (BoI)	
Japan	Mr Mitsutoshi Adachi (BoJ)	
	Mr Takao Miyamoto (JFSA)	(until June 2012)
	Mr Yu Nishioki (JFSA)	(from July 2012)
Mexico	Mr Efrain Solorio (CNBV)	
Netherlands	Ms Truus Stadt (DNB)	(from October 2012)
	Ms Inge Veldhuis (DNB)	(until September 2012)
Spain	Ms Cristina Iglesias – Sarria (BoS)	
	Ms Cecilia Lozano (BoS)	
United Kingdom	Ms Jill Elaine Savager (FSA)	
	Mr Ian Tower (FSA)	
United States	Mr Joel Anderson (OCC	
	Ms Stacy Coleman (FRBNY)	
	Mr Kirk Odegard (FRB)	
Financial Stability Board	Ms Grace Sone	
Financial Stability Institute	Mr Amarendra Mohan	(from April 2012)
	Mr Roland Raskopf	(until March 2012)
Secretariat	Mr Juan Carlos Crisanto	
	Ms Ruth Doubleday	(until August 2012)

Principles for Effective Risk Data Aggregation and Risk Reporting

Where is the wisdom we have lost in knowledge?

Where is the knowledge we have lost in information?

T. S. Eliot. The Rock (1934)

Introduction

1. One of the most significant lessons learned from the global financial crisis that began in 2007 was that banks' information technology (IT) and data architectures were inadequate to support the broad management of financial risks. Many banks lacked the ability to aggregate risk exposures and identify concentrations quickly and accurately at the bank group level, across business lines and between legal entities. Some banks were unable to manage their risks properly because of weak risk data aggregation capabilities and risk reporting practices. This had severe consequences to the banks themselves and to the stability of the financial system as a whole.

2. In response, the Basel Committee issued supplemental Pillar 2 (supervisory review process) guidance[1] to enhance banks' ability to identify and manage bank – wide risks. In particular, the Committee emphasised that a sound risk management system should have appropriate management information systems (MIS)[2] at the business and bank – wide level. The Basel Committee also included references to data aggregation as part of its guidance on corporate governance. [3]

3. Improving banks' ability to aggregate risk data will improve their resolvability.

---

[1] Basel Committee, Enhancements to the Basel II Framework (July 2009) at www. bis. org/publ/bcbs158. pdf.

[2] MIS in this context refers to risk management information.

[3] Basel Committee, Principles for Enhancing Corporate Governance (October 2010) at www. bis. org/publ/bcbs176. pdf.

For global systemically important banks (G – SIBs) in particular, it is essential that resolution authorities have access to aggregate risk data that complies with the FSB's Key Attributes of Effective Resolution Regimes for Financial Institutions[1] as well as the principles set out below. For recovery, a robust data framework will help banks and supervisors anticipate problems ahead. It will also improve the prospects of finding alternative options to restore financial strength and viability when the firm comes under severe stress. For example, it could improve the prospects of finding a suitable merger partner.

4. Many in the banking industry[2] recognise the benefits of improving their risk data aggregation capabilities and are working towards this goal. They see the improvements in terms of strengthening the capability and the status of the risk function to make judgements. This leads to gains in efficiency, reduced probability of losses and enhanced strategic decision – making, and ultimately increased profitability.

5. Supervisors observe that making improvements in risk data aggregation capabilities and risk reporting practices remains a challenge for banks, and supervisors would like to see more progress, in particular, at G – SIBs. Moreover, as the memories of the crisis fade over time, there is a danger that the enhancement of banks' capabilities in these areas may receive a slower – track treatment. This is because IT systems, data and reporting processes require significant investments of financial and human resources with benefits that may only be realised over the long – term.

6. The Financial Stability Board (FSB) has several international initiatives underway to ensure continued progress is made in strengthening firms' risk data aggregation capabilities and risk reporting practices, which is essential to support financial stability. These include:

- The development of the Principles for effective risk data aggregation and risk reporting included in this report. This work stems from a recommendation in the FSB's Progress report on implementing the recommendations on enhanced

---

[1] Financial Stability Board, Key Attributes of Effective Resolution Regimes for Financial Institutions (October 2011) at www. financialstabilityboard. org/publications/r_ 111104dd. pdf.

[2] See Institute of International Finance Report, Risk IT and Operations: Strengthening Capabilities (June 2011).

supervision, issued on 4 November 2011.

- "The FSB, in collaboration with the standard setters, will develop a set of supervisory expectations to move firms', particularly SIFIs, data aggregation capabilities to a level where supervisors, firms, and other users (eg resolution authorities) of the data are confident that the MIS reports accurately capture the risks. A timeline should be set for all SIFIs to meet supervisory expectations; the deadline for G – SIBs to meet these expectations should be the beginning of 2016, which is the date when the added loss absorbency requirement begins to be phased in for G – SIBs."

- The development of a new common data template for global systemically important financial institutions (G – SIFIs) in order to address key information gaps identified during the crisis, such as bi – lateral exposures and exposures to countries/sectors/instruments. This should provide the authorities with a stronger framework for assessing potential systemic risks.

- A public – private sector initiative to develop a Legal Entity Identifier (LEI) system. The LEI system will identify unique parties to financial transactions across the globe and is designed to be a key building block for improvements in the quality of financial data across the globe.

7. There are also other initiatives and requirements relating to data that will have to be implemented in the following years. [①] The Committee considers that upgraded risk data aggregation and risk reporting practices will allow banks to comply effectively with those initiatives.

Definition

8. For the purpose of this paper, the term "risk data aggregation" means defining, gathering and processing risk data according to the bank's risk reporting requirements to enable the bank to measure its performance against its risk tolerance/

---

① For instance, data reporting requirements arising from Basel III and the Solvency II rules; recovery and resolution plans; revisions to the supervisory reporting frameworks of financial reporting (FINREP) and common reporting (COREP) as well as to the international financial reporting standards (IFRS) and to the Foreign Account Tax Compliance Act (FATCA).

appetite. [①] This includes sorting, merging or breaking down sets of data.

Objectives

9. This paper presents a set of principles to strengthen banks' risk data aggregation capabilities and internal risk reporting practices (the Principles). In turn, effective implementation of the Principles is expected to enhance risk management and decision – making processes at banks.

10. The adoption of these Principles will enable fundamental improvements to the management of banks. The Principles are expected to support a bank's efforts to:

- Enhance the infrastructure for reporting key information, particularly that used by the board and senior management to identify, monitor and manage risks;

- Improve the decision – making process throughout the banking organisation;

- Enhance the management of information across legal entities, while facilitating a comprehensive assessment of risk exposures at the global consolidated level;

- Reduce the probability and severity of losses resulting from risk management weaknesses;

- Improve the speed at which information is available and hence decisions can be made; and

- Improve the organisation's quality of strategic planning and the ability to manage the risk of new products and services.

11. Strong risk management capabilities are an integral part of the franchise value of a bank. Effective implementation of the Principles should increase the value of the bank. The Committee believes that the long – term benefits of improved risk data aggregation capabilities and risk reporting practices will outweigh the investment costs incurred by banks.

---

① "Risk appetite is the level and type of risk a firm is able and willing to assume in its exposures and business activities, given its business objectives and obligations to stakeholders" as defined by the Senior Supervisors Group report, Observations on Developments in Risk Appetite Frameworks and IT Infrastructure (December 2010).

12. For bank supervisors, these Principles will complement other efforts to improve the intensity and effectiveness of bank supervision. For resolution authorities, improved risk data aggregation should enable smoother bank resolution, thereby reducing the potential recourse to taxpayers.

Scope and initial considerations

13. These Principles are initially addressed to SIBs and apply at both the banking group and on a solo basis. Common and clearly stated supervisory expectations regarding risk data aggregation and risk reporting are necessary for these institutions. National supervisors may nevertheless choose to apply the Principles to a wider range of banks, in a way that is proportionate to the size, nature and complexity of these banks' operations.

14. Banks identified as G – SIBs by the FSB in November 2011[①] or November 2012[②] must meet these Principles by January 2016; G – SIBs designated in subsequent annual updates will need to meet the Principles within three years of their designation. [③] G – SIBs subject to the 2016 timeline are expected to start making progress towards effectively implementing the Principles from early 2013. National supervisors and the Basel Committee will monitor and assess this progress in accordance with section V of this document.

15. It is strongly suggested that national supervisors also apply these Principles to banks identified as D – SIBs by their national supervisors three years after their designation as D – SIBs. [④]

16. The Principles and supervisory expectations contained in this paper apply to a bank's risk management data. This includes data that is critical to enabling the

---

[①] See the FSB, Policy Measures to Address to Systemically Important Financial Institutions (4 November 2011) at www. financialstabilityboard. org/publications/r_ 111104bb. pdf.

[②] See the FSB, Update of Group of Global Systemically Important Banks – G – SIBs (1 November 2012) at www. financialstabilityboard. org/publications/r_ 121031ac. pdf.

[③] This is in line with the FSB's Update of Group of Global Systemically Important Banks – G – SIBs (1 November 2012).

[④] See Basel Committee, A Framework for Dealing with Domestic Systemically Important Banks (October 2012) at www. bis. org/publ/bcbs233. pdf.

bank to manage the risks it faces. Risk data and reports should provide management with the ability to monitor and track risks relative to the bank's risk tolerance/appetite.

17. These Principles also apply to all key internal risk management models, including but not limited to, Pillar 1 regulatory capital models (eg internal ratings – based approaches for credit risk and advanced measurement approaches for operational risk), Pillar 2 capital models and other key risk management models (eg value – at – risk).

18. The Principles apply to a bank's group risk management processes. However, banks may also benefit from applying the Principles to other processes, such as financial and operational processes, as well as supervisory reporting.

19. All the Principles included in this paper are also applicable to processes that have been outsourced to third parties.

20. The Principles cover four closely related topics:

- Overarching governance and infrastructure
- Risk data aggregation capabilities
- Risk reporting practices
- Supervisory review, tools and cooperation

21. Risk data aggregation capabilities and risk reporting practices are considered separately in this paper, but they are clearly inter – linked and cannot exist in isolation. High quality risk management reports rely on the existence of strong risk data aggregation capabilities, and sound infrastructure and governance ensures the information flow from one to the other.

22. Banks should meet all risk data aggregation and risk reporting principles simultaneously. However, trade – offs among Principles could be accepted in exceptional circumstances such as urgent/ad hoc requests of information on new or unknown areas of risk. There should be no trade – offs that materially impact risk management decisions. Decision – makers at banks, in particular the board and senior management, should be aware of these trade – offs and the limitations or shortcomings associated with them.

Supervisors expect banks to have policies and processes in place regarding the application of trade – offs. Banks should be able to explain the impact of these trade – offs on their decision – making process through qualitative reports and, to the extent possible, quantitative measures.

23. The concept of materiality used in this paper means that data and reports can exceptionally exclude information only if it does not affect the decision – making process in a bank (ie decision – makers, in particular the board and senior management, would have been influenced by the omitted information or made a different judgment if the correct information had been known).

In applying the materiality concept, banks will take into account considerations that go beyond the number or size of the exposures not included, such as the type of risks involved, or the evolving and dynamic nature of the banking business. Banks should also take into account the potential future impact of the information excluded on the decision – making process at their institutions. Supervisors expect banks to be able to explain the omissions of information as a result of applying the materiality concept.

24. Banks should develop forward looking reporting capabilities to provide early warnings of any potential breaches of risk limits that may exceed the bank's risk tolerance/appetite. These risk reporting capabilities should also allow banks to conduct a flexible and effective stress testing which is capable of providing forward – looking risk assessments. Supervisors expect risk management reports to enable banks to anticipate problems and provide a forward looking assessment of risk.

25. Expert judgment may occasionally be applied to incomplete data to facilitate the aggregation process, as well as the interpretation of results within the risk reporting process. Reliance on expert judgment in place of complete and accurate data should occur only on an exception basis, and should not materially impact the bank's compliance with the Principles. When expert judgment is applied, supervisors expect that the process be clearly documented and transparent so as to allow for an independent review of the process followed and the criteria used in the decision – making process.

I. Overarching governance and infrastructure

26. A bank should have in place a strong governance framework, risk data architecture and IT infrastructure. These are preconditions to ensure compliance with the other Principles included in this document. In particular, a bank's board should oversee senior management's ownership of implementing all the risk data aggregation and risk reporting principles and the strategy to meet them within a timeframe agreed with their supervisors.

Principle 1

Governance – A bank's risk data aggregation capabilities and risk reporting practices should be subject to strong governance arrangements consistent with other principles and guidance established by the Basel Committee. [①]

27. A bank's board and senior management should promote the identification, assessment and management of data quality risks as part of its overall risk management framework. The framework should include agreed service level standards for both outsourced and in – house risk data – related processes, and a firm's policies on data confidentiality, integrity and availability, as well as risk management policies.

28. A bank's board and senior management should review and approve the bank's group risk data aggregation and risk reporting framework and ensure that adequate resources are deployed.

29. A bank's risk data aggregation capabilities and risk reporting practices should be:

(a) Fully documented and subject to high standards of validation. This validation should be independent and review the bank's compliance with the Principles in this document. The primary purpose of the independent validation is to ensure that a bank's risk data aggregation and reporting processes are functioning as intended and are appropriate for the bank's risk profile. Independent validation activities should be

---

① For instance, the Basel Committee's Principles for Enhancing Corporate Governance (October 2010) and Enhancements to the Basel II Framework (July 2009).

aligned and integrated with the other independent review activities within the bank's risk management program,[①] and encompass all components of the bank's risk data aggregation and reporting processes. Common practices suggest that the independent validation of risk data aggregation and risk reporting practices should be conducted using staff with specific IT, data and reporting expertise. [②]

(b) Considered as part of any new initiatives, including acquisitions and/or divestitures, new product development, as well as broader process and IT change initiatives. When considering a material acquisition, a bank's due diligence process should assess the risk data aggregation capabilities and risk reporting practices of the acquired entity, as well as the impact on its own risk data aggregation capabilities and risk reporting practices. The impact on risk data aggregation should be considered explicitly by the board and inform the decision to proceed. The bank should establish a timeframe to integrate and align the acquired risk data aggregation capabilities and risk reporting practices within its own framework.

(c) Unaffected by the bank's group structure. The group structure should not hinder risk data aggregation capabilities at a consolidated level or at any relevant level within the organisation (eg sub-consolidated level, jurisdiction of operation level). In particular, risk data aggregation capabilities should be independent from the choices a bank makes regarding its legal organisation and geographical presence. [③]

30. A bank's senior management should be fully aware of and understand the limitations that prevent full risk data aggregation, in terms of coverage (eg risks not captured or subsidiaries not included), in technical terms (eg model performance indicators or degree of reliance on manual processes) or in legal terms (legal impediments to data sharing across jurisdictions). Senior management should ensure that the bank's IT strategy includes ways to improve risk data aggregation capabilities and risk reporting practices and to remedy any shortcomings against the Principles set

---

① In particular the so-called "second line of defence" within the bank's internal control system.

② Furthermore, validation should be conducted separately from audit work to ensure full adherence to the distinction between the second and third lines of defence, within a bank's internal control system. See, inter alia, Principles 2 and 13 in the Basel Committee's Internal Audit Function in Banks (June 2012).

③ While taking into account any legal impediments to sharing data across jurisdictions.

forth in this document taking into account the evolving needs of the business. Senior management should also identify data critical to risk data aggregation and IT infrastructure initiatives through its strategic IT planning process, and support these initiatives through the allocation of appropriate levels of financial and human resources.

31. A bank's board is responsible for determining its own risk reporting requirements and should be aware of limitations that prevent full risk data aggregation in the reports it receives. The board should also be aware of the bank's implementation of, and ongoing compliance with the Principles set out in this document.

Principle 2

Data architecture and IT infrastructure – A bank should design, build and maintain data architecture and IT infrastructure which fully supports its risk data aggregation capabilities and risk reporting practices not only in normal times but also during times of stress or crisis, while still meeting the other Principles.

32. Risk data aggregation capabilities and risk reporting practices should be given direct consideration as part of a bank's business continuity planning processes and be subject to a business impact analysis.

33. A bank should establish integrated[①] data taxonomies and architecture across the banking group, which includes information on the characteristics of the data (metadata), as well as use of single identifiers and/or unified naming conventions for data including legal entities, counterparties, customers and accounts.

34. Roles and responsibilities should be established as they relate to the ownership and quality of risk data and information for both the business and IT functions. The owners (business and IT functions), in partnership with risk managers, should ensure there are adequate controls throughout the lifecycle of the data and for all aspects of the technology infrastructure. The role of the business owner includes ensuring data is correctly entered by the relevant front office unit, kept current and aligned with the data definitions, and also ensuring that risk data aggregation capa-

---

① Banks do not necessarily need to have one data model; rather, there should be robust automated reconciliation procedures where multiple models are in use.

bilities and risk reporting practices are consistent with firms' policies.

II. Risk data aggregation capabilities

35. Banks should develop and maintain strong risk data aggregation capabilities to ensure that risk management reports reflect the risks in a reliable way (ie meeting data aggregation expectations is necessary to meet reporting expectations). Compliance with these Principles should not be at the expense of each other. These risk data aggregation capabilities should meet all Principles below simultaneously in accordance with paragraph 22 of this document.

Principle 3

Accuracy and Integrity – A bank should be able to generate accurate and reliable risk data to meet normal and stress/crisis reporting accuracy requirements. Data should be aggregated on a largely automated basis so as to minimise the probability of errors.

36. A bank should aggregate risk data in a way that is accurate and reliable.

(a) Controls surrounding risk data should be as robust as those applicable to accounting data.

(b) Where a bank relies on manual processes and desktop applications (eg spreadsheets, databases) and has specific risk units that use these applications for software development, it should have effective mitigants in place (eg end – user computing policies and procedures) and other effective controls that are consistently applied across the bank's processes.

(c) Risk data should be reconciled with bank's sources, including accounting data where appropriate, to ensure that the risk data is accurate. ①

(d) A bank should strive towards a single authoritative source for risk data per each type of risk.

(e) A bank's risk personnel should have sufficient access to risk data to ensure

---

① For the purposes of this paper, reconciliation means the process of comparing items or outcomes and explaining the differences.

they can appropriately aggregate, validate and reconcile the data to risk reports.

37. As a precondition, a bank should have a "dictionary" of the concepts used, such that data is defined consistently across an organisation.

38. There should be an appropriate balance between automated and manual systems. Where professional judgements are required, human intervention may be appropriate. For many other processes, a higher degree of automation is desirable to reduce the risk of errors.

39. Supervisors expect banks to document and explain all of their risk data aggregation processes whether automated or manual (judgement based or otherwise). Documentation should include an explanation of the appropriateness of any manual workarounds, a description of their criticality to the accuracy of risk data aggregation and proposed actions to reduce the impact.

40. Supervisors expect banks to measure and monitor the accuracy of data and to develop appropriate escalation channels and action plans to be in place to rectify poor data quality.

Principle 4

Completeness – A bank should be able to capture and aggregate all material risk data across the banking group. Data should be available by business line, legal entity, asset type, industry, region and other groupings, as relevant for the risk in question, that permit identifying and reporting risk exposures, concentrations and emerging risks.

41. A bank's risk data aggregation capabilities should include all material risk exposures, including those that are off – balance sheet.

42. A banking organisation is not required to express all forms of risk in a common metric or basis, but risk data aggregation capabilities should be the same regardless of the choice of risk aggregation systems implemented. However, each system should make clear the specific approach used to aggregate exposures for any given risk measure, in order to allow the board and senior management to assess the results properly.

43. Supervisors expect banks to produce aggregated risk data that is complete

and to measure and monitor the completeness of their risk data. Where risk data is not entirely complete, the impact should not be critical to the bank's ability to manage its risks effectively. Supervisors expect banks' data to be materially complete, with any exceptions identified and explained.

Principle 5

Timeliness – A bank should be able to generate aggregate and up – to – date risk data in a timely manner while also meeting the principles relating to accuracy and integrity, completeness and adaptability. The precise timing will depend upon the nature and potential volatility of the risk being measured as well as its criticality to the overall risk profile of the bank. The precise timing will also depend on the bank – specific frequency requirements for risk management reporting, under both normal and stress/crisis situations, set based on the characteristics and overall risk profile of the bank.

44. A bank's risk data aggregation capabilities should ensure that it is able to produce aggregate risk information on a timely basis to meet all risk management reporting requirements.

45. The Basel Committee acknowledges that different types of data will be required at different speeds, depending on the type of risk, and that certain risk data may be needed faster in a stress/crisis situation. Banks need to build their risk systems to be capable of producing aggregated risk data rapidly during times of stress/crisis for all critical risks.

46. Critical risks include but are not limited to:

(a) The aggregated credit exposure to a large corporate borrower. By comparison, groups of retail exposures may not change as critically in a short period of time but may still include significant concentrations;

(b) Counterparty credit risk exposures, including, for example, derivatives;

(c) Trading exposures, positions, operating limits, and market concentrations by sector and region data;

(d) Liquidity risk indicators such as cash flows/settlements and funding; and

(e) Operational risk indicators that are time – critical (eg systems availability, unauthorised access).

47. Supervisors will review that the bank specific frequency requirements, for both normal and stress/crisis situations, generate aggregate and up – to – date risk data in a timely manner.

Principle 6

Adaptability – A bank should be able to generate aggregate risk data to meet a broad range of on – demand, ad hoc risk management reporting requests, including requests during stress/crisis situations, requests due to changing internal needs and requests to meet supervisory queries.

48. A bank's risk data aggregation capabilities should be flexible and adaptable to meet ad hoc data requests, as needed, and to assess emerging risks. Adaptability will enable banks to conduct better risk management, including forecasting information, as well as to support stress testing and scenario analyses.

49. Adaptability includes:

(a) Data aggregation processes that are flexible and enable risk data to be aggregated for assessment and quick decision – making;

(b) Capabilities for data customisation to users' needs (eg dashboards, key takeaways, anomalies), to drill down as needed, and to produce quick summary reports;

(c) Capabilities to incorporate new developments on the organisation of the business and/or external factors that influence the bank's risk profile; and

(d) Capabilities to incorporate changes in the regulatory framework.

50. Supervisors expect banks to be able to generate subsets of data based on requested scenarios or resulting from economic events. For example, a bank should be able to aggregate risk data quickly on country credit exposures[1] as of a specified date based on a list of countries, as well as industry credit exposures as of a specified date based on a list of industry types across all business lines and geographic areas.

---

[1]　Including, for instance, sovereign, bank, corporate and retail exposures.

III. Risk reporting practices

51. Accurate, complete and timely data is a foundation for effective risk management. However, data alone does not guarantee that the board and senior management will receive appropriate information to make effective decisions about risk. To manage risk effectively, the right information needs to be presented to the right people at the right time. Risk reports based on risk data should be accurate, clear and complete. They should contain the correct content and be presented to the appropriate decision – makers in a time that allows for an appropriate response. To effectively achieve their objectives, risk reports should comply with the following principles. Compliance with these principles should not be at the expense of each other in accordance with paragraph 22 of this document.

Principle 7

Accuracy – Risk management reports should accurately and precisely convey aggregated risk data and reflect risk in an exact manner. Reports should be reconciled and validated.

52. Risk management reports should be accurate and precise to ensure a bank's board and senior management can rely with confidence on the aggregated information to make critical decisions about risk.

53. To ensure the accuracy of the reports, a bank should maintain, at a minimum, the following:

(a) Defined requirements and processes to reconcile reports to risk data;

(b) Automated and manual edit and reasonableness checks, including an inventory of the validation rules that are applied to quantitative information. The inventory should include explanations of the conventions used to describe any mathematical or logical relationships that should be verified through these validations or checks; and

(c) Integrated procedures for identifying, reporting and explaining data errors or weaknesses in data integrity via exceptions reports.

54. Approximations are an integral part of risk reporting and risk manage-ment. Results from models, scenario analyses, and stress testing are examples of approximations that provide critical information for managing risk. While the expec-tations for approximations may be different than for other types of risk reporting, banks should follow the reporting principles in this document and establish expecta-tions for the reliability of approximations (accuracy, timeliness, etc) to ensure that management can rely with confidence on the information to make critical deci-sions about risk. This includes principles regarding data used to drive these ap-proximations.

55. Supervisors expect that a bank's senior management should establish accura-cy and precision requirements for both regular and stress/crisis reporting, including critical position and exposure information. These requirements should reflect the crit-icality of decisions that will be based on this information.

56. Supervisors expect banks to consider accuracy requirements analogous to ac-counting materiality. For example, if omission or misstatement could influence the risk decisions of users, this may be considered material. A bank should be able to support the rationale for accuracy requirements. Supervisors expect a bank to consid-er precision requirements based on validation, testing or reconciliation processes and results.

Principle 8

Comprehensiveness – Risk management reports should cover all material risk areas within the organisation. The depth and scope of these reports should be consistent with the size and complexity of the bank's operations and risk profile, as well as the requirements of the recipients.

57. Risk management reports should include exposure and position information for all significant risk areas (eg credit risk, market risk, liquidity risk, operational risk) and all significant components of those risk areas (eg single name, country and industry sector for credit risk). Risk management reports should also cover risk – re-lated measures (eg regulatory and economic capital).

58. Reports should identify emerging risk concentrations, provide information in

the context of limits and risk appetite/tolerance and propose recommendations for action where appropriate. Risk reports should include the current status of measures agreed by the board or senior management to reduce risk or deal with specific risk situations. This includes providing the ability to monitor emerging trends through for-ward – looking forecasts and stress tests.

59. Supervisors expect banks to determine risk reporting requirements that best suit their own business models and risk profiles. Supervisors will need to be satisfied with the choices a bank makes in terms of risk coverage, analysis and interpretation, scalability and comparability across group institutions. For example, an aggregated risk report should include, but not be limited to, the following information: capital adequacy, regulatory capital, capital and liquidity ratio projections, credit risk, market risk, operational risk, liquidity risk, stress testing results, inter – and intra – risk concentrations, and funding positions and plans.

60. Supervisors expect that risk management reports to the board and senior management provide a forward – looking assessment of risk and should not just rely on current and past data. The reports should contain forecasts or scenarios for key market variables and the effects on the bank so as to inform the board and senior management of the likely trajectory of the bank's capital and risk profile in the future.

Principle 9

Clarity and usefulness – Risk management reports should communicate in-formation in a clear and concise manner. Reports should be easy to under-stand yet comprehensive enough to facilitate informed decision – making. Re-ports should include meaningful information tailored to the needs of the recipi-ents.

61. A bank's risk reports should contribute to sound risk management and deci-sion – making by their relevant recipients, including, in particular, the board and senior management. Risk reports should ensure that information is meaningful and tailored to the needs of the recipients.

62. Reports should include an appropriate balance between risk data, analysis

and interpretation, and qualitative explanations. The balance of qualitative versus quantitative information will vary at different levels within the organisation and will also depend on the level of aggregation that is applied to the reports. Higher up in the organisation, more aggregation is expected and therefore a greater degree of qualitative interpretation will be necessary.

63. Reporting policies and procedures should recognise the differing information needs of the board, senior management, and the other levels of the organisation (for example risk committees).

64. As one of the key recipients of risk management reports, the bank's board is responsible for determining its own risk reporting requirements and complying with its obligations to shareholders and other relevant stakeholders. The board should ensure that it is asking for and receiving relevant information that will allow it to fulfil its governance mandate relating to the bank and the risks to which it is exposed. This will allow the board to ensure it is operating within its risk tolerance/appetite.

65. The board should alert senior management when risk reports do not meet its requirements and do not provide the right level and type of information to set and monitor adherence to the bank's risk tolerance/appetite. The board should indicate whether it is receiving the right balance of detail and quantitative versus qualitative information.

66. Senior management is also a key recipient of risk reports and it is responsible for determining its own risk reporting requirements. Senior management should ensure that it is receiving relevant information that will allow it to fulfil its management mandate relative to the bank and the risks to which it is exposed.

67. A bank should develop an inventory and classification of risk data items which includes a reference to the concepts used to elaborate the reports.

68. Supervisors expect that reports will be clear and useful. Reports should reflect an appropriate balance between detailed data, qualitative discussion, explanation and recommended conclusions. Interpretation and explanations of the data, including observed trends, should be clear.

69. Supervisors expect a bank to confirm periodically with recipients that the information aggregated and reported is relevant and appropriate, in terms of both

amount and quality, to the governance and decision – making process.

Principle 10

Frequency – The board and senior management (or other recipients as appropriate) should set the frequency of risk management report production and distribution. Frequency requirements should reflect the needs of the recipients, the nature of the risk reported, and the speed, at which the risk can change, as well as the importance of reports in contributing to sound risk management and effective and efficient decision – making across the bank. The frequency of reports should be increased during times of stress/ crisis.

70. The frequency of risk reports will vary according to the type of risk, purpose and recipients. A bank should assess periodically the purpose of each report and set requirements for how quickly the reports need to be produced in both normal and stress/crisis situations. A bank should routinely test its ability to produce accurate reports within established timeframes, particularly in stress/crisis situations.

71. Supervisors expect that in times of stress/crisis all relevant and critical credit, market and liquidity position/exposure reports are available within a very short period of time to react effectively to evolving risks. Some position/exposure information may be needed immediately (intraday) to allow for timely and effective reactions.

Principle 11

Distribution – Risk management reports should be distributed to the relevant parties while ensuring confidentiality is maintained.

72. Procedures should be in place to allow for rapid collection and analysis of risk data and timely dissemination of reports to all appropriate recipients. This should be balanced with the need to ensure confidentiality as appropriate.

73. Supervisors expect a bank to confirm periodically that the relevant recipients receive timely reports.

IV. Supervisory review, tools and cooperation

74. Supervisors will have an important role to play in monitoring and providing incentives for a bank's implementation of, and ongoing compliance with the Principles. They should also review compliance with the Principles across banks to determine whether the Principles themselves are achieving their desired outcome and whether further enhancements are required.

Principle 12

Review – Supervisors should periodically review and evaluate a bank's compliance with the eleven Principles above.

75. Supervisors should review a bank's compliance with the Principles in the preceding sections. Reviews should be incorporated into the regular programme of supervisory reviews and may be supplemented by thematic reviews covering multiple banks with respect to a single or selected issue. Supervisors may test a bank's compliance with the Principles through occasional requests for information to be provided on selected risk issues (for example, exposures to certain risk factors) within short deadlines, thereby testing the capacity of a bank to aggregate risk data rapidly and produce risk reports. Supervisors should have access to the appropriate reports to be able to perform this review.

76. Supervisors should draw on reviews conducted by the internal or external auditors to inform their assessments of compliance with the Principles. Supervisors may require work to be carried out by a bank's internal audit functions or by experts independent from the bank. Supervisors must have access to all appropriate documents such as internal validation and audit reports, and should be able to meet with and discuss risk data aggregation capabilities with the external auditors or independent experts from the bank, when appropriate.

77. Supervisors should test a bank's capabilities to aggregate data and produce reports in both stress/crisis and steady – state environments, including sudden sharp increases in business volumes.

Principle 13

Remedial actions and supervisory measures – Supervisors should have and use the appropriate tools and resources to require effective and timely remedial action by a bank to address deficiencies in its risk data aggregation capabilities and risk reporting practices. Supervisors should have the ability to use a range of tools, including Pillar 2.

78. Supervisors should require effective and timely remedial action by a bank to address deficiencies in its risk data aggregation capabilities and risk reporting practices and internal controls.

79. Supervisors should have a range of tools at their disposal to address material deficiencies in a bank's risk data aggregation and reporting capabilities. Such tools may include, but are not limited to, requiring a bank to take remedial action; increasing the intensity of supervision; requiring an independent review by a third party, such as external auditors; and the possible use of capital add – ons as both a risk mitigant and incentive under Pillar 2. [①]

80. Supervisors should be able to set limits on a bank's risks or the growth in their activities where deficiencies in risk data aggregation and reporting are assessed as causing significant weaknesses in risk management capabilities.

81. For new business initiatives, supervisors may require that banks' implementation plans ensure that robust risk data aggregation is possible before allowing a new business venture or acquisition to proceed.

82. When a supervisor requires a bank to take remedial action, the supervisor should set a timetable for completion of the action. Supervisors should have escalation procedures in place to require more stringent or accelerated remedial action in the event that a bank does not adequately address the deficiencies identified, or in the case that supervisors deem further action is warranted.

---

① Basel Committee, Enhancements to the Basel II Framework (July 2009).

Principle 14

Home/host cooperation – Supervisors should cooperate with relevant supervisors in other jurisdictions regarding the supervision and review of the Principles, and the implementation of any remedial action if necessary.

83. Effective cooperation and appropriate information sharing between the home and host supervisory authorities should contribute to the robustness of a bank's risk management practices across a bank's operations in multiple jurisdictions. Wherever possible, supervisors should avoid performing redundant and uncoordinated reviews related to risk data aggregation and risk reporting.

84. Cooperation can take the form of sharing of information within the constraints of applicable laws, as well as discussion between supervisors on a bilateral or multilateral basis (eg through colleges of supervisors), including, but not limited to, regular meetings. Communication by conference call and email may be particularly useful in tracking required remedial actions. Cooperation through colleges should be in line with the Basel Committee's Good practice principles on supervisory colleges. ①

85. Supervisors should discuss their experiences regarding the quality of risk data aggregation capabilities and risk reporting practices in different parts of the group. This should include any impediments to risk data aggregation and risk reporting arising from cross – border issues and also whether risk data is distributed appropriately across the group. Such exchanges will enable supervisors to identify significant concerns at an early stage and to respond promptly and effectively.

V. Implementation timeline and transitional arrangements

86. Supervisors expect that a bank's data and IT infrastructures will be enhanced in the coming years to ensure that its risk data aggregation capabilities and risk reporting practices are sufficiently robust and flexible enough to address their potential needs in normal times and particularly during times of stress/crisis.

---

① Basel Committee, Good Practice Principles on Supervisory Colleges (October 2010) www. bis. org/publ/bcbs177. pdf.

87. National banking supervisors will start discussing implementation of the Principles with G – SIB's senior management in early 2013. This will ensure that banks they develop a strategy to meet the Principles by 2016.

88. In order for G – SIBs to meet the Principles in accordance with the 2016 timeline, national banking supervisors will discuss banks' analysis of risk data aggregation capabilities with their senior management and agree to timelines for required improvements. Supervisory approaches are likely to include requiring self – assessments by G – SIBs against these expectations in early 2013, with the goal of closing significant gaps before 2016. Supervisors may also engage technical experts to support their assessments of banks' plans in respect of the 2016 deadline. [1]

89. The Basel Committee will track G – SIBs progress towards complying with the Principles through its Standards Implementation Group (SIG) from 2013 onwards. This will include any observations on the effectiveness of the Principles themselves and whether any enhancements or other revisions of the Principles are necessary in order to achieve the desired outcomes. The Basel Committee will share its findings with the FSB at least annually starting from the end of 2013.

---

[1] The Basel Committee recognises that under very specific and exceptional circumstances, national supervisors might have to apply some degree of flexibility in implementing the 2016 deadline. For instance, in cases where processes have been outsourced to third parties, there could be impacts on implementation timelines as some outsourcing contracts may have terms extending beyond 2016.

Annex 1
Terms used in the document

Accuracy	Closeness of agreement between a measurement or record or representation and the value to be measured, recorded or represented. This definition applies to both risk data aggregation and risk reports.
Adaptability	The ability of risk data aggregation capabilities to change (or be changed) in response to changed circumstances (internal or external).
Approximation	A result that is not necessarily exact, but acceptable for its given purpose.
Clarity	The ability of risk reporting to be easily understood and free from indistinctness or ambiguity.
Completeness	Availability of relevant risk data aggregated across all firm's constituent units (eg legal entities, business lines, jurisdictions, etc)
Comprehensiveness	Extent to which risk reports include or deal with all risks relevant to the firm.
Distribution	Ensuring that the adequate people or groups receive the appropriate risk reports.
Frequency	The rate at which risk reports are produced over time.
Integrity	Freedom of risk data from unauthorised alteration and unauthorised manipulation that compromise its accuracy, completeness and reliability.
Manual workarounds	Employing human – based processes and tools to transfer, manipulate or alter data used to be aggregated or reported.
Precision	Closeness of agreement between indications or measured quantity values obtained by replicating measurements on the same or similar objects under specified conditions.

Reconciliation	The process of comparing items or outcomes and explaining the differences.
Risk tolerance/appetite	The level and type of risk a firm is able and willing to assume in its exposures and business activities, given its business and obligations to stakeholders. It is generally expressed through both quantitative and qualitative means.
Risk Data aggregation	Defining, gathering, and processing risk data according to the bank's risk reporting requirements to enable the bank to measure its performance against its risk tolerance/appetite. This includes sorting, merging or breaking down sets of data.
Timeliness	Availability of aggregated risk data within such a timeframe as to enable a bank to produce risk reports at an established frequency.
Validation	The process by which the correctness (or not) of inputs, processing, and outputs is identified and quantified.

Annex 2
Summary of the Principles

The Principles cover four closely related sections:

(i) Overarching governance and infrastructure

(ii) Risk data aggregation capabilities

(iii) Risk reporting practices

(iv) Supervisory review, tools and cooperation

I. Overarching governance and infrastructure

Principle 1

Governance – A bank's risk data aggregation capabilities and risk reporting practices should be subject to strong governance arrangements consistent with other principles and guidance established by the Basel Committee. ①

Principle 2

Data architecture and IT infrastructure – A bank should design, build and maintain data architecture and IT infrastructure which fully supports its risk data aggregation capabilities and risk reporting practices not only in normal times but also during times of stress or crisis, while still meeting the other Principles.

II. Risk data aggregation capabilities

Principle 3

Accuracy and Integrity – A bank should be able to generate accurate and reliable risk data to meet normal and stress/crisis reporting accuracy requirements. Data

---

① For instance, the Basel Committee's Principles for Enhancing Corporate Governance (October 2010) and Enhancements to the Basel II Framework (July 2009).

should be aggregated on a largely automated basis so as to minimise the probability of errors.

Principle 4

Completeness – A bank should be able to capture and aggregate all material risk data across the banking group. Data should be available by business line, legal entity, asset type, industry, region and other groupings, as relevant for the risk in question, that permit identifying and reporting risk exposures, concentrations and emerging risks.

Principle 5

Timeliness – A bank should be able to generate aggregate and up – to – date risk data in a timely manner while also meeting the principles relating to accuracy and integrity, completeness and adaptability. The precise timing will depend upon the nature and potential volatility of the risk being measured as well as its criticality to the overall risk profile of the bank. The precise timing will also depend on the bank – specific frequency requirements for risk management reporting, under both normal and stress/crisis situations, set based on the characteristics and overall risk profile of the bank.

Principle 6

Adaptability – A bank should be able to generate aggregate risk data to meet a broad range of on – demand, ad hoc risk management reporting requests, including requests during stress/crisis situations, requests due to changing internal needs and requests to meet supervisory queries.

III. Risk reporting practices

Principle 7

Accuracy – Risk management reports should accurately and precisely convey aggregated risk data and reflect risk in an exact manner. Reports should be reconciled and validated.

Principle 8

Comprehensiveness – Risk management reports should cover all material risk areas within the organisation. The depth and scope of these reports should be consistent with the size and complexity of the bank's operations and risk profile, as well as the requirements of the recipients.

Principle 9

Clarity and usefulness – Risk management reports should communicate information in a clear and concise manner. Reports should be easy to understand yet comprehensive enough to facilitate informed decision – making. Reports should include an appropriate balance between risk data, analysis and interpretation, and qualitative explanations. Reports should include meaningful information tailored to the needs of the recipients.

Principle 10

Frequency – The board and senior management (or other recipients as appropriate) should set the frequency of risk management report production and distribution. Frequency requirements should reflect the needs of the recipients, the nature of the risk reported, and the speed at which the risk can change, as well as the importance of reports in contributing to sound risk management and effective and efficient decision – making across the bank. The frequency of reports should be increased during times of stress/crisis.

Principle 11

Distribution – Risk management reports should be distributed to the relevant parties and while ensuring confidentiality is maintained.

IV. Supervisory review, tools and cooperation

Principle 12

Review – Supervisors should periodically review and evaluate a bank's compliance with the eleven Principles above.

Principle 13

Remedial actions and supervisory measures – Supervisors should have and use the appropriate tools and resources to require effective and timely remedial action by a bank to address deficiencies in its risk data aggregation capabilities and risk reporting practices. Supervisors should have the ability to use a range of tools, including Pillar 2.

Principle 14

Home/host cooperation – Supervisors should cooperate with relevant supervisors in other jurisdictions regarding the supervision and review of the Principles, and the implementation of any remedial action if necessary.

后　记

　　科技发展造就了信息化社会，大数据时代推动着新一轮的信息化革命。信息技术在为企业创造巨大价值的同时，也迫使我们必须面对信息科技系统失效所带来的巨大风险。银行业近年来开展了一系列风险管理实践活动，但对信息科技风险管理与监管的研究，目前却还处于初级阶段。什么是信息科技风险？它在银行业风险体系中如何定位，特别是与操作风险有着怎样的关系？信息科技风险管理的基本理论和方法是什么？哪些工具可以被用来更科学、有效地管理信息科技风险？科学地解答这些问题，是银行业信息科技风险有效管理的基础，也是银行业完善风险管理体系的必备前提。一年多来，笔者对当前国际国内有关银行业信息科技风险的文献进行了认真梳理，在对大量资料分析比较的基础上，通过严格的数据模型测试，反复研究，广泛论证，从而最终形成了《银行业金融机构信息科技风险监管研究》一书。本书对建立包括风险定位、核心监管指标和风险资本计量等要素在内的信息科技风险监管框架进行了探索，尝试设计一整套信息科技风险核心监管指标和风险资本计量方法，并对银行业科技风险监管的发展状况进行了总结与展望。

　　本书由中国银行业监督管理委员会主席尚福林作序，副主席郭利作课题指导，从选题、立项到写作以及出版的过程中均得到了中国金融四十人论坛的资助，同时也得到了许多学术咨询机构、商业银行、监管部门的专家和同仁的支持。李丹、张晓朴、刘荣、宋永明、张艳、杨兵兵、程平、金磐石、王燕、陈忠阳、吴永飞、刘逸明、蔡红艳、石蕾、姚红玲、常利红、章晓仁、于乐宽、黄登玺、赵锁柱、张橙艳、曹文中、金建新、陈立节、赵伟、王贵智、杨宝辉、汤阳、焦基林、卢朝阳、程琰、李潇、丁昱英、陈莉、勾凯、刘志洋、宋玉颖、张伟强、梁峰、武娟娟等同志在材料整理和文字校对方面也做了大量工作，在此向上述同志表示衷心的感谢。

　　本书可供从事银行业风险管理研究和实务的人员研读参考，也可供经济、管理和信息科技人员参阅。因成书时间仓促，错误和纰漏在所难免，恳请各位读者批评指正。

作者

2013 年 3 月

附录一

中国金融四十人论坛简介

2008年4月12日，"中国金融四十人论坛成立仪式暨首届主题研讨会"在北京金融街隆重举行，致力于以金融学术奉献社会的独立智库自此诞生。

"中国金融四十人论坛"由40位40岁上下的金融精锐组成，即"40×40俱乐部"。作为非官方、非营利性金融学术研究机构，本智库以前瞻视野和探索精神，致力于夯实中国金融学术基础，探究金融界前沿课题，推动中国金融业改革实践，为民族金融振兴与繁荣竭尽所能。

Introduction of CF40

On April 12th, 2008, China Finance 40 Forum ("CF40" or the Forum) held its inauguration ceremony and first seminar in Beijing's Finance Street. The events received heated responses as they marked the establishment of an independent thinktank dedicated to policy – oriented researches in the financial field.

"CF40", also known as "40 × 40 club", comprises of 40 Chinese financial elites at the age of around 40, including prominent scholars, senior government officials and experienced financial professionals. As a leading non – government and non – profit thinktank, CF40 is committed to in – depth researches with solid academic foundation, foresighted perspectives and pioneering spirits.

附录二

中国金融四十人论坛组织架构与成员名单
（2013 年）

论坛学术顾问（按姓氏拼音排序）：

1	胡怀邦	国家开发银行董事长
2	黄奇帆	重庆市市长
3	蒋超良	中国农业银行股份有限公司董事长
4	林毅夫	北京大学国家发展研究院教授
5	钱颖一	清华大学经济管理学院院长
6	秦 晓	博源基金会理事长
7	沈联涛	中国银行业监督管理委员会首席顾问
8	王 江	美国麻省理工学院斯隆管理学院金融学教授
9	吴敬琏	国务院发展研究中心资深研究员
10	吴晓灵	全国人大财经委副主任委员、中国人民银行原副行长
11	谢 平	中国投资有限责任公司副总经理
12	易 纲	中国人民银行副行长、国家外汇管理局局长
13	余永定	中国社会科学院世界经济与政治研究所研究员
14	朱 民	国际货币基金组织副总裁

论坛常务理事会主席：

陈 元 全国政协副主席

论坛理事（按姓氏拼音排序）：

1	蔡明兴	富邦金融控股公司副董事长

2	陈德贤	平安集团首席投资执行官
3	陈东升	泰康人寿保险股份有限公司董事长兼 CEO
4	陈一松	中信信托有限责任公司总经理
5	樊大志	华夏银行行长
6	甘为民	重庆银行董事长
7	郭广昌	上海复星高科技（集团）有限公司董事长
8	哈继铭	高盛投资管理部中国副主席暨首席投资策略师
9	胡正衡	中国外汇交易中心党委书记
10	吉晓辉	上海浦东发展银行董事长
11	康 典	新华人寿保险股份有限公司董事长
12	李剑阁	中国国际金融有限公司董事长
13	李若谷	中国进出口银行董事长兼行长
14	连 平	交通银行首席经济学家
15	林 涌	海通国际行政总裁
16	刘 勇	国家开发银行业务发展局局长
17	马 骏	德意志银行董事总经理、大中华区首席经济学家
18	马蔚华	招商银行原行长
19	缪建民	中国人寿资产管理有限公司董事长
20	裘国根	上海重阳投资有限公司董事长
21	任汇川	中国平安集团总经理
22	沈 颢	21 世纪传媒总裁兼 CEO
23	万建华	国泰君安证券股份有限公司董事长
24	王东明	中信证券股份有限公司董事长
25	吴万善	华泰证券股份有限公司董事长
26	吴 焰	中国人民保险集团股份有限公司董事长
27	夏 蜀	富滇银行股份有限公司董事长
28	邢自强	SAC 中国宏观研究主管
29	殷洪强	大和资本市场香港中国区主席、投资银行中国区主管
30	于业明	太平洋资产管理有限责任公司总经理
31	张家林	北京艾亿新融资本管理有限公司董事长
32	赵 民	北京正略钧策企业管理咨询有限公司董事长

33　　周万阜　中国农业银行战略规划部总经理

34　　周　伟　上海市黄浦区委书记

论坛会员单位

中银国际证券有限责任公司

论坛学术委员会主席：

钱颖一　清华大学经济管理学院院长

论坛学术委员会成员（按姓氏拼音排序）

1　　管　涛　国家外汇管理局国际收支司司长

2　　黄海洲　中国国际金融公司研究部联席主管

3　　潘功胜　中国人民银行副行长

4　　魏加宁　国务院发展研究中心宏观经济部副部长

5　　阎庆民　中国银行业监督管理委员会主席助理

6　　袁　力　国家开发银行副行长

7　　钟　伟　北京师范大学金融研究中心主任

论坛监事长：

寿梅生　交通银行副行长

论坛监事会成员（按姓氏拼音排序）：

1　　管　涛　国家外汇管理局国际收支司司长

2　　陆　磊　广东金融学院院长

3　　沈　颢　21世纪传媒总裁兼 CEO

4　　巫和懋　北京大学国家发展研究院教授

5　　钟　伟　北京师范大学金融研究中心主任

论坛秘书长：

王海明

40×40俱乐部成员名单（按姓氏拼音排序）：

政府机关人员：

1　巴曙松　国务院发展研究中心金融研究所副所长

2　陈文辉　中国保险监督管理委员会副主席

3　范文仲　中国银行业监督管理委员会国际部主任

4　方星海　上海市人民政府金融服务办公室主任

5　管　涛　国家外汇管理局国际收支司司长

6　贾　康　财政部财政科学研究所所长

7　李　波　中国人民银行货币政策二司司长

8　李伏安　中国银行业监督管理委员会河南监管局局长

9　刘春航　中国银行业监督管理委员会研究局局长

10　廖　岷　中国银行业监督管理委员会上海监管局局长

11　隆国强　国务院发展研究中心办公厅主任

12　潘功胜　中国人民银行副行长

13　祁　斌　中国证券监督管理委员会研究中心主任

14　沈晓晖　国务院研究室国际司司长

15　魏加宁　国务院发展研究中心宏观经济部副部长

16　阎庆民　中国银行业监督管理委员会主席助理

17　张健华　中国人民银行杭州中心支行行长

18　张　涛　国际货币基金组织中国执行董事

19　张育军　中国证券监督管理委员会主席助理

研究机构人员：

20　白重恩　清华大学经济管理学院副院长

21　丁志杰　对外经贸大学金融学院院长

22　黄　明　中欧国际工商学院教授、康奈尔大学终身教授

23　黄益平　北京大学国家发展研究院教授

24　李稻葵　清华大学经济管理学院金融系主任

25　陆　磊　广东金融学院院长

26　瞿　强　中国人民大学金融与证券研究所副所长

27　魏尚进　哥伦比亚大学金融学教授

28	巫和懋	北京大学国家发展研究院教授
29	姚 洋	北京大学国家发展研究院院长、中国经济研究中心主任
30	殷剑峰	中国社会科学院金融研究所副所长
31	钟 伟	北京师范大学金融研究中心主任

商业性机构人员：

32	高善文	安信证券首席经济学家
33	哈继铭	高盛投资管理部中国副主席
34	黄海洲	中国国际金融公司研究部联席主管
35	黄金老	华夏银行副行长
36	连 平	交通银行首席经济学家
37	马 骏	德意志银行董事总经理、大中华区首席经济学家
38	孙明春	大和资本市场香港公司大中华区首席经济学家
39	徐 刚	中信证券董事总经理
40	袁 力	国家开发银行副行长

论坛特邀成员：

1	陈雨露	中国人民大学校长
2	何 东	香港金融管理局助理总裁
3	胡一帆	海通国际研究部主管兼首席经济学家
4	纪志宏	中国人民银行研究局局长
5	姜 洪	国家开发银行研究院常务副院长
6	李 麟	浦发银行战略发展部总经理
7	李迅雷	海通证券首席经济学家
8	林采宜	国泰君安证券高级经济学家
9	梅建平	长江商学院金融学教授
10	彭文生	中国国际金融有限公司首席经济学家
11	孙国峰	中国人民银行货币政策司副司长
12	王志浩	渣打银行大中华区研究主管
13	吴高连	中国光大银行专职董事
14	武 剑	中国光大银行专职董事

15	谢 多	中国人民银行金融市场司司长
16	熊志国	中国保险监督管理委员会政策研究室主任
17	郑京平	国家统计局总工程师
18	诸建芳	中信证券首席经济学家
19	朱 宁	上海交通大学上海高级金融学院副院长
20	周道许	贵州省人民政府副秘书长、贵州省政府金融工作办公室主任
21	邹加怡	财政部国际司司长

论坛特邀研究员：

1	程漫江	中银国际证券董事总经理、研究部主管
2	马 宁	高华证券公司副总经理、研究总监
3	沈建光	瑞穗证券亚洲公司董事总经理、首席经济学家
4	王 信	中国人民银行法兰克福代表处首席代表
5	徐 忠	中国人民银行金融市场司副司长
6	向松祚	中国农业银行首席经济学家
7	张 斌	中国社科院世界经济与政治研究所全球宏观经济研究室主任
8	张 明	中国社科院世界经济与政治研究所国际投资研究室主任
9	祝丹涛	中央财经领导小组办公室处长

中国金融四十人论坛书系

《突围2009》
谢平　主编

《转型之惑》
谢平　主编

《中国先机》
管涛　著

《中国政策性金融
向何处去》
贾康　等著

《反思中国模式》

谢平　管涛　黄益平
魏加宁　阎庆民　袁力
钟伟　主编

《金融的变革》

谢平　管涛　黄益平
魏加宁　阎庆民　袁力
钟伟　主编

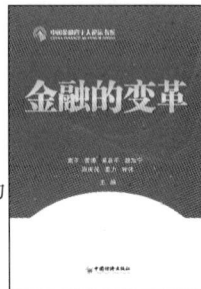

《价格的逻辑》

谢平　管涛　黄益平
魏加宁　阎庆民　袁力
钟伟　主编

《欧元的使命与挑战》

缪建民　著

《货币的轨迹》
马骏 著

《迷途难返》
钟伟 谢婷 著

《美债与欧债》
陈元 谢平 钱颖一
主编

《第一排》
孙国峰 著

《动荡未定》
钟伟 顾弦 著

《不能看空中国》
陈元 钱颖一 主编

《站在衰退的起点上》
陈元 钱颖一 主编

《欧债的救赎》
陈元 钱颖一 主编

《HOLD住中国经济》

中国金融40人·青年
论坛管委会　主编

《操作风险管理"中国
化"探索》

阎庆民　著

《跨越与转型》

连平　著

《人民币走出国门之路》

马骏　徐剑刚　等著

《人民币走出国门之路》

马骏　徐剑刚　等著

《大碰撞》

陈元　钱颖一　主编

《地震保险制度研究》

袁力　王和　著

《我国城乡居民大病保险
发展模式研究》

陈文辉　等著